中國金石學圖譜叢刊

浙江人民美術出版社

〔清〕陳介祺 藏器 鄧 實 編次

簠齋吉金錄

上

圖書在版編目(CIP)數據

簠齋吉金録 / （清）陳介祺藏器 ; 鄧實編次. -- 杭州 : 浙江人民美術出版社, 2024.10
（中國金石學圖譜叢刊）
ISBN 978-7-5340-6598-9

Ⅰ. ①簠… Ⅱ. ①陳… ②鄧… Ⅲ. ①金石－拓本－中國－古代－圖録 Ⅳ. ①K877.22

中國版本圖書館 CIP 數據核字（2018）第 052881 號

出版説明

《簠齋吉金録》八卷，陳介祺藏器，鄧實編次，所收爲陳介祺藏青銅器拓本。陳介祺（一八一三—一八八四），字壽卿，又字酉生，號伯潛、簠齋，晚年自號萬印樓主人、海濱病史，山東濰縣（今山東省濰坊市）人。道光二十五年（一八四五）進士，官至翰林院編修。陳介祺是清代著名的金石學家，富收藏，精鑒定，所藏鐘鼎彝器之宏富爲近代之冠。陳氏又精金石傳拓之法，每有收藏，則精拓若干份，親自檢點著録，葉昌熾《語石》稱：「濰縣陳簠齋前輩拓法爲古今第一，家藏石刻，皆以拓尊彝之法拓之，定造宣紙，堅薄無比，不用椎拓，但以綿包輕按，曲折坳垤，無微不到，墨淡而有神，非惟不失古人筆意，并不損石。」

陳介祺「生青齊之故墟，爲古物所萃，生平抱傳古之高志，老而彌篤。其所藏弆，實集古今吉金之大成，惜未成書而卒」。清末，鄧實（一八七七—一九五一）由廣東移居上海，命所居爲「風雨樓」，并創立神州國光社，主持刊行藝術圖籍。鄧氏善鑒古，好收藏，極力搜羅簠齋吉金墨本十餘年，又假得鄒安、褚德彝所藏，集三家之力，編次整理爲《簠齋吉金録》。《簠齋吉金録》共得三百八十九器，較江建霞《靈鶼閣叢書》所刊《簠齋藏器目》多出一百二十六器，鄧實云：「今編《簠齋吉金録》四卷，略依江氏所刊兩目，而補其所未備，復增入秦權量刻辭、弩機、泉范、造像等，共得三百八十九器，較江目多出百二十六器，簠齋藏器太略已備矣。」

《簠齋吉金録》原於一九一八年鄧氏風雨樓出版，今即據此本影印出版。此次出版，重新編製了頁碼，同時因開本、版面所限，拓片圖像做了縮小處理，尚祈讀者留意。

浙江人民美術出版社
二〇二四年九月

目録

上册

簠……二五六
簋……二六一
盉……二六三
甗……二六六
雜器……二六八

下册

古兵器……二七六
秦量……三六一
秦詔版……三六六
漢器……三八〇
鼎……三八〇
甗鍑……三九六
壺……三九七
鍾……三九八
鋈……四〇五
鐙……四〇六
薰鑪……四二二
飯幘……四二四
葆調……四二五
車飾……四二七
金刀……四二九
弩機……四三〇
笵……四五二
造像……五八八

簠齋吉金録

褚德彝題

戊午十二月風雨樓影印

鐘鼎款識之學萌芽於東漢至趙宋始雧有嫥書而有清一代爲極盛由清寧壽提倡於朝廷積古筠清臧沫於學者足以媲媺宣政遠過王薛矣近代收臧彝器之富推吳縣潘氏濰水陳氏潘氏曾編攀古樓款識學者藉以窺見一斑陳氏收臧彝器鑒别精審遠勝攀古嘗謂今傳

六經文字皆秦燔孔壁之餘婁經傳寫獨吉金款識爲燔歬文字當與六經並重其致吳退樓書曰傳古在精摹文字多見則釋可通而鼓疑以待後則書易成洵眞知竺好之言也曰過于矜慎及身竟未將藏器編集成書好古家以爲憾事其椎搨款識精眇絕倫爲向來所未有非同好者不輕贈與偶見於收藏

家者一鱗片甲不能見其全豹余舊藏盦齋藏器拓本乃當時贈予齋者每種間有自書考釋約二百品秋枚先生敦書樂古見之從臾付印公之同好因以藏本相假吾友適廬藏盦翁藏器拓片多並有盦翁自定藏古目錄因屬適廬分類排比粹為一編近聞陳氏所藏古器半為驅儈販售輸之海舶他日好古家

欲見墨本而不可得亦如題来堂之圖書墨妙亭之碑刻僅供目録家之考索幸得秋枚集其墨本景印傳世簠齋吉金菁華悉粹若得好事者取其石刻專瓦匋器文字萃為巨編藉存國粹於萬一則是編猶其椎輪也戊午十一月餘杭褚德彝記

簠齋吉金録題辭

簠齋吉金録者濰陳氏墨本也吾友順德鄧秋枚得之將重摹傳世以至樸眎示余棼儷卒特何其壯也余于商周銅器非素不敢爲贋言觀博古圖及薛氏法帖款多跂紕君自攄古爲也獨歐陽公初爲集古好爲異似得其真也哉

以壇山石刻得之宋畢文簡傳之歐陽公其所稱吉日癸巳書案文乃癸巳耳古金石固多別字其殽亂不齊如今隸意者其亦晚世所為而兩公誤以為眞至鄭以某文書證小學猶有譌誤其佗文未足怪也近世善治彝器者始于易疇處士阮氏吳氏繼焉而箸録亦

滋多無出數公者皆博聞多識能辨
情僞而文辭精六書視襄宋諸公爲可
任然其說常專斷此事尚數數而見
也逮及末世龜甲牛骨諸刻日出而
世艾其文譌觚造作文理易以說參經
銅器結信雖相半猶大較近真陳氏
所集紙墨椎拓尤工精美特附級訂而

不敢逸其辭將所謂多見闕疑慎言
其餘者纂古也建圖室如是也方今成
學治吉金者宜察其形勢以為款集先
頗善蔡中郎衛巨山世為篆勢斯出
矣文字雖變形體不正自孔子言史闕
文已然況于梨刻也豈務麗靡取姿
不一切如常軌欲以是裁訂篆籀多所

段作斯乃為證因矣事涉商周兩漢
義草略歷證氏族多非知為據孤文
以證經記甚多所謂御璧靈遺者對
余跋喜秋枚為忠刻因以悉贊所見質
之秋枚秋枚善識古器物語非過吾
輩遠甚其亦以為有當得邪民國十
年孟冬章炳麟

年來拓金文寄兩罍軒復寄藏古目請
錄校已寄眷光緒丙子八月以裝冊寄六
金凡六十三代合上一瓦器字又五秦詔瓦
一并題字徵再檢所未寄唯企
愉庭兄與南中大雅好古諸君子攷而
論之幸幸甚甚廿又五日紫玖濰陳介祺記

簠齋藏三代吉金共三百餘品拓墨
之精自來收藏家所未有也此二冊
乃當時拓贈吳得廬者皆三代器中
文字最精之品享予簠齋自書後
證連酒器計一百種今年又見彝器
及古氏共一百餘品計盧翁藏器已得
半數今古緣也丙辰年正月德彝

簠齋吉金錄目錄

尊　一○一

觚

觶　一三九

三 父丁告田觶 一四一
四 ⿸厂幺子父丁觶 一四二
五 子魚父丁作𣎵觶 一四二
六 子孫父己觶 一四三
七 聿貝父辛觶 一四三
八 舉父己觶 一四四
九 子父庚觶 一四四
十 亞中子形父乙觶 一四五
十一 毛觶 一四五
十二 舉且戊觶 一四六

二龍奉中父癸爵	一五五　四
父己非子孫爵	一五六　五
父戊舟爵	一五八　六
又	一五九　七
子在祿象形子執干爵	一六〇　八
立瞿口甲爵	一六一　九
子壬乙辛爵	一六二　十
函且癸爵	一六三　十一
且乙爵	一六四　十二
且辛爵	一六五　十三

山丁爵	一六六
子丁爵	一六七
丁舉爵	一六八
作乙公爵	一六九
父甲爵	一七〇
子甲父乙殘爵	一七一
吳作父乙爵	一七二
旅單父丙爵	一七三
魚父丙爵	一七四
㚔父丁爵	一七五

子提卣父癸爵	一八六
雙雀形父癸爵	一八七
雀形父癸爵	一八八
雀集木形父癸爵	一八九
饕餮爵	一九〇
又	一九一
鶉形爵	一九二
魚爵	一九三
鬲爵	一九四
犖爵	一九五

又	二七二 四
古距末	二七四 五
秦宰箕�	二七五
古兵器四十二不列目	二七六 六
秦量三	三六一
秦詔版十一	三六六
漢器	三八〇
鼎	三八〇
犛車宮鼎器	三八〇 一
陽周倉鼎器	三八二 二

杜共鼎蓋器 三八三 三

乘輿十湅鼎器 三八四 四

雲陽鼎器 三八六 五

廢邱鼎蓋 三八七 六

臨菑鼎器 三八八 七

上林鼎器 三八九 八

美陽鼎器 三九〇 九

□□鼎器 三九一 十

菑川鼎蓋 三九二 十一

菑川鼎蓋器 三九三 十二

未央尚浴府燭鐙	四一七　九
韓侯燭豆	四一八　十
曲成家錠	四一九　十一
晉大康鐙盤	四二〇　十二
薰鑪	四二二
陽泉使者舍薰鑪	四二三　一
飯幘	四二四
常樂衞士銅飯幘	四二四　一
葆調	四二五
畢少郎葆調	四二五　一

河內工官弩機殘件	四四九
南陽工官弩機殘件	四五〇
又	四五一
范銅六十七鐵一不列目	四五二
造像	
北魏延昌秦□囨造像	五八八
北魏太和丁柱造像	五九〇
北魏太和吳道興造像	五九二
北魏太和曹黨生造像	五九四
北魏太和□雨徂造像	五九六

北魏景明造像　五九八　六
北魏永平陽信范漢世造像　六〇〇　七
北魏興和劉目連造像　六〇二　八
北魏延昌孫梟翟造像　六〇四　九
北齊皇建蒙伯仁造像坐　六〇六　十
北齊天保辛始造像　六一〇　十一
北周保定鄧仲略造像殘坐　六一二　十二
北周武成邢定國造像坐　六一四　十三
隋大業□父綿造像坐　六一六　十四
隋仁壽張保亮造像　六一八　十五

胡十造像無年月	六二〇
隋開陽阿魯造像	六二二
隋孫買造像無年月	六二四
隋開皇緹□薄造像	六二六
隋開皇金孝緒顧嵩合造像	六二八
隋開皇李羕達造像	六三〇
隋開皇王□暉孫□侃造像	六三二
隋開皇吳市興造像	六三四
隋仁壽高容造像	六三六
僧遵造像無年月	六三八

簠齋藏器目江建霞太史曾兩次刊入靈鶼閣叢書中考其第一目共載二百六十三器其第二目共載一百七十九器其前目比後目多八十餘器者迺前目增入古兵器一類而後目不列也今編吉金錄略依江氏所刊兩目而補其所未備復增入秦權量刻辭及漢器弩機泉笵造像等共得三百八十九器較之江目多出百二十六器簠齋藏器太略已備矣先是寒家極力搜羅簠齋吉金墨本十餘年來集合不尠久思影印行世而校錄江目所缺尚多不無遺憾友人褚君禮堂鄒君適廬亦酷愛簠齋遺拓蒐集尤

勤今年夏閒假得兩家藏本合以寒家所有突過江
目迺另編目決付影印簠翁生青齊之故墟爲古物
所萃生平抱傳古之高志老而彌篤其所藏彝寶集
古今吉金之大成惜未成書而卒今遺拓晚出幸得
集錄成編手題墨蹟隻字必錄重器徵文約略在是
所遺或罕至於鏡印符牌之屬當另輯專書更思續
印以附於是錄之末云中華民國七年冬日順德鄧
實附識

井仁妄鐘一

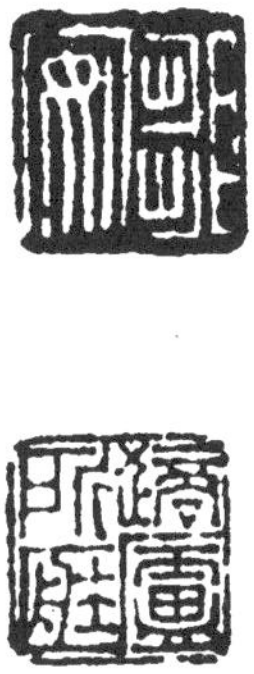

井人乍妄鐘

妄疑是古者佞字　鐘大而質佀少薄未稱

壬子冬十月直廬幽錄

簠齋藏古冊題記

𠭯鐘二

𪊁鐘 大者為其祖考小者為其父作

藏古冊題記

𠭯編鐘三

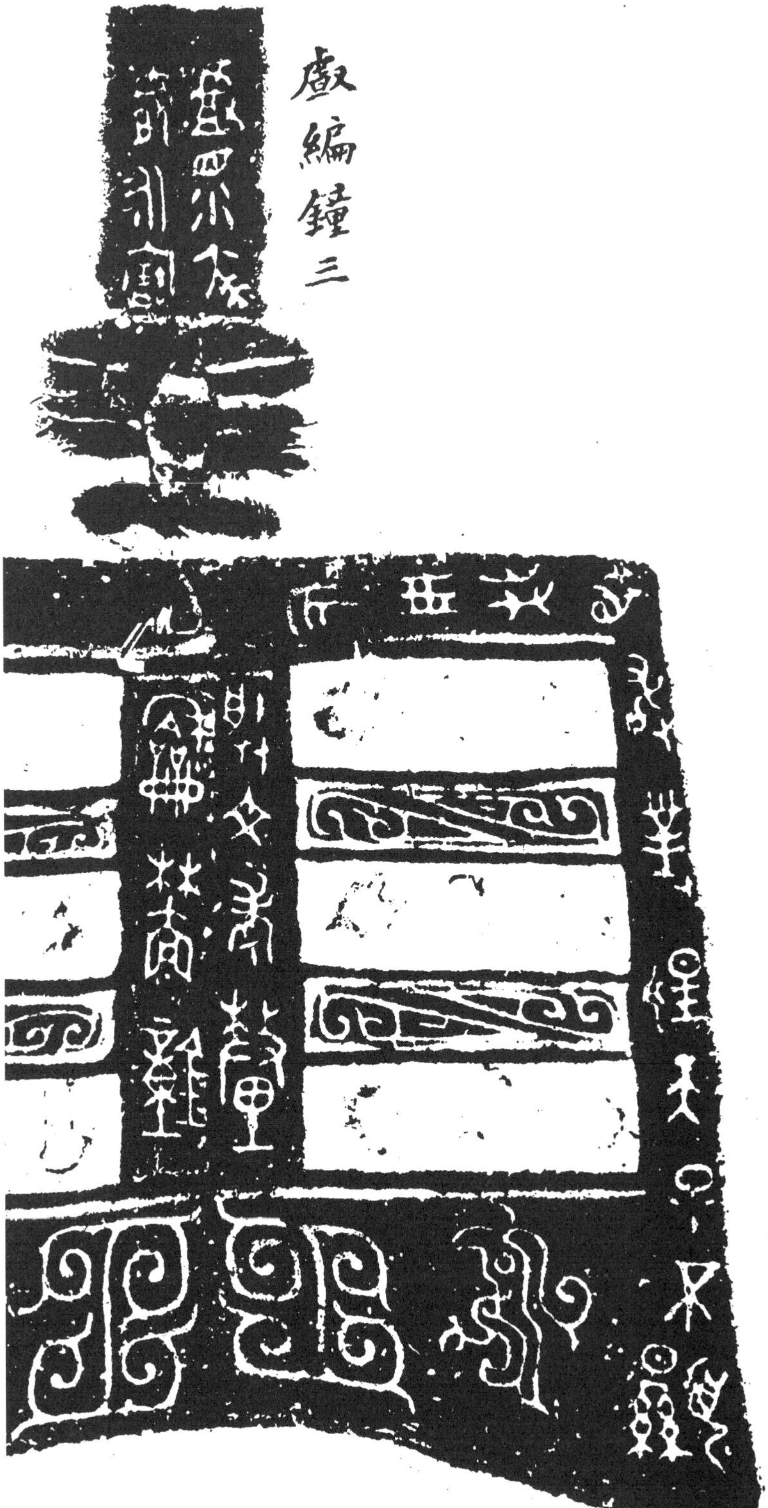

小者甬文與大者鉦間文同當是一人所作

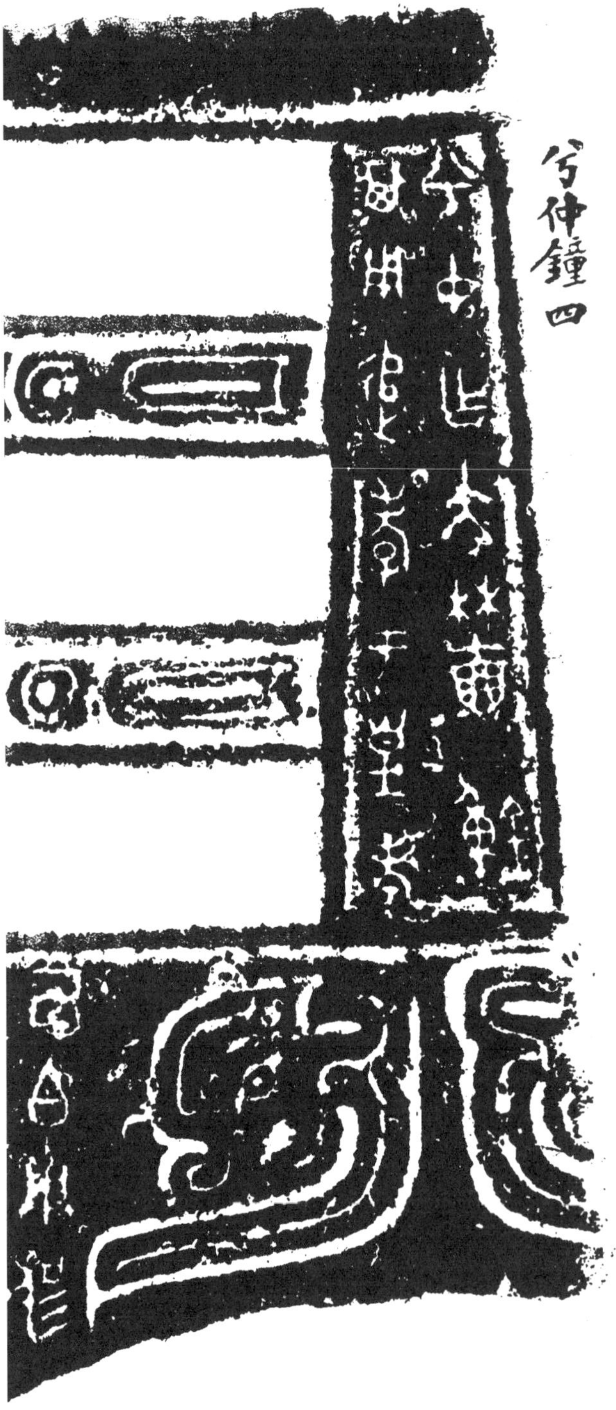

兮仲鐘四

一之四

書与鐘制俱似王朝者疑未旂編鐘同　簠所藏古册題記

已紀侯鐘　見山左金石志　甬有環者唯此古鐘有銅鈎

多無字唯南海吳氏所録有從鐘之鈎四字

紀侯鐘五

鐘小而厚倍定鐘當不中律國之所以早亡與
錄藏古冊題記　適廬

楚公鐘六

一之六

楚公豪鐘　大者

家从爪疑仍是受異文　簠齋藏古冊題記

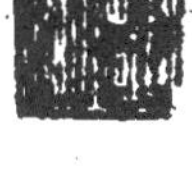

一之七

楚公鐘七

楚公冢鐘　次署　簠齋藏古册題記

一之八

楚公鐘八

楚公豪鐘　又次者簠齋藏古冊題記

壬子冬日遐錄

虘秉鐘九

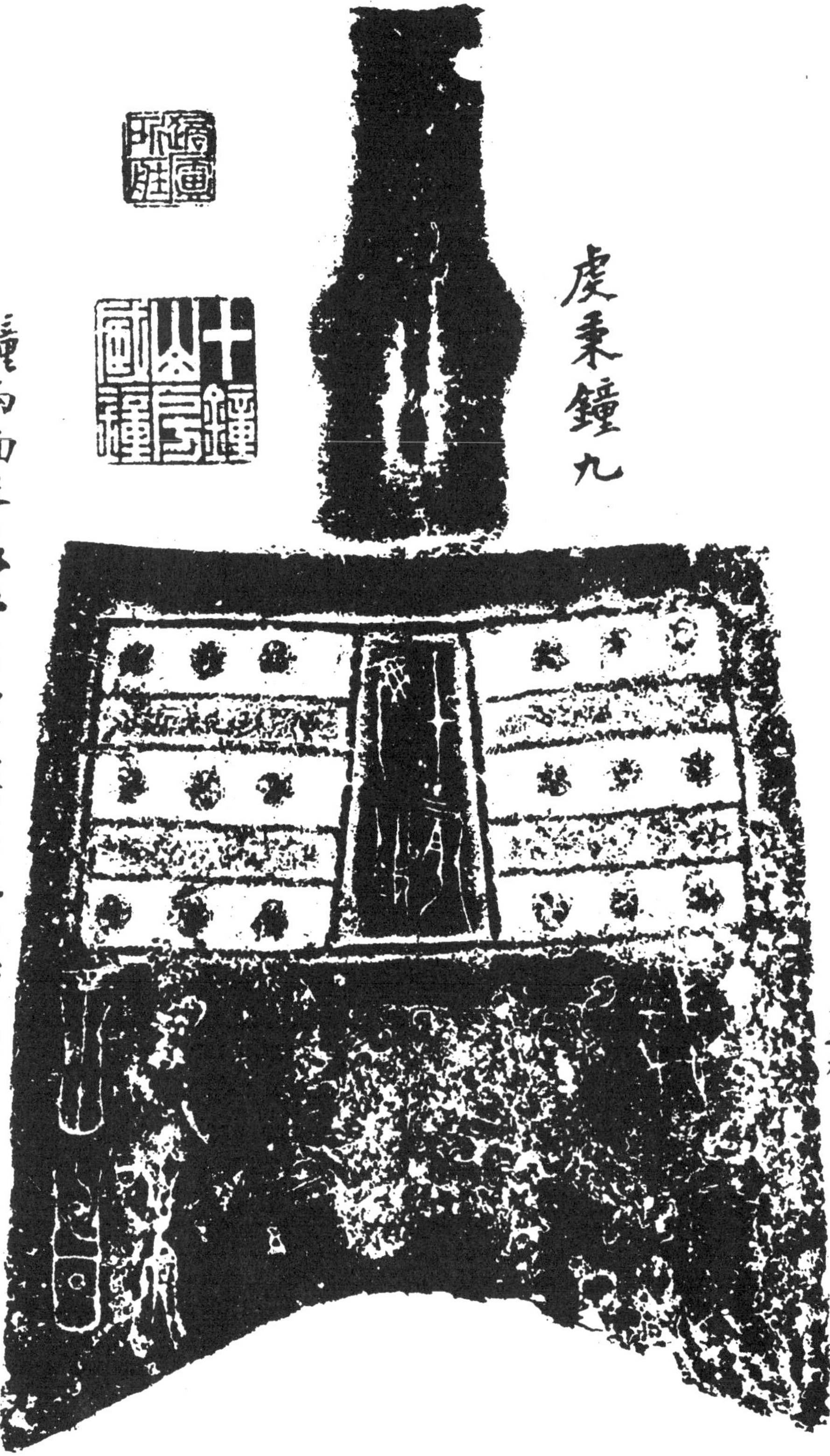

一之九

鐘兩面左右十二字與北董二式鐘相佀商器也

古奇字編鐘　補甬　其一歸蔣觀詧啟敭

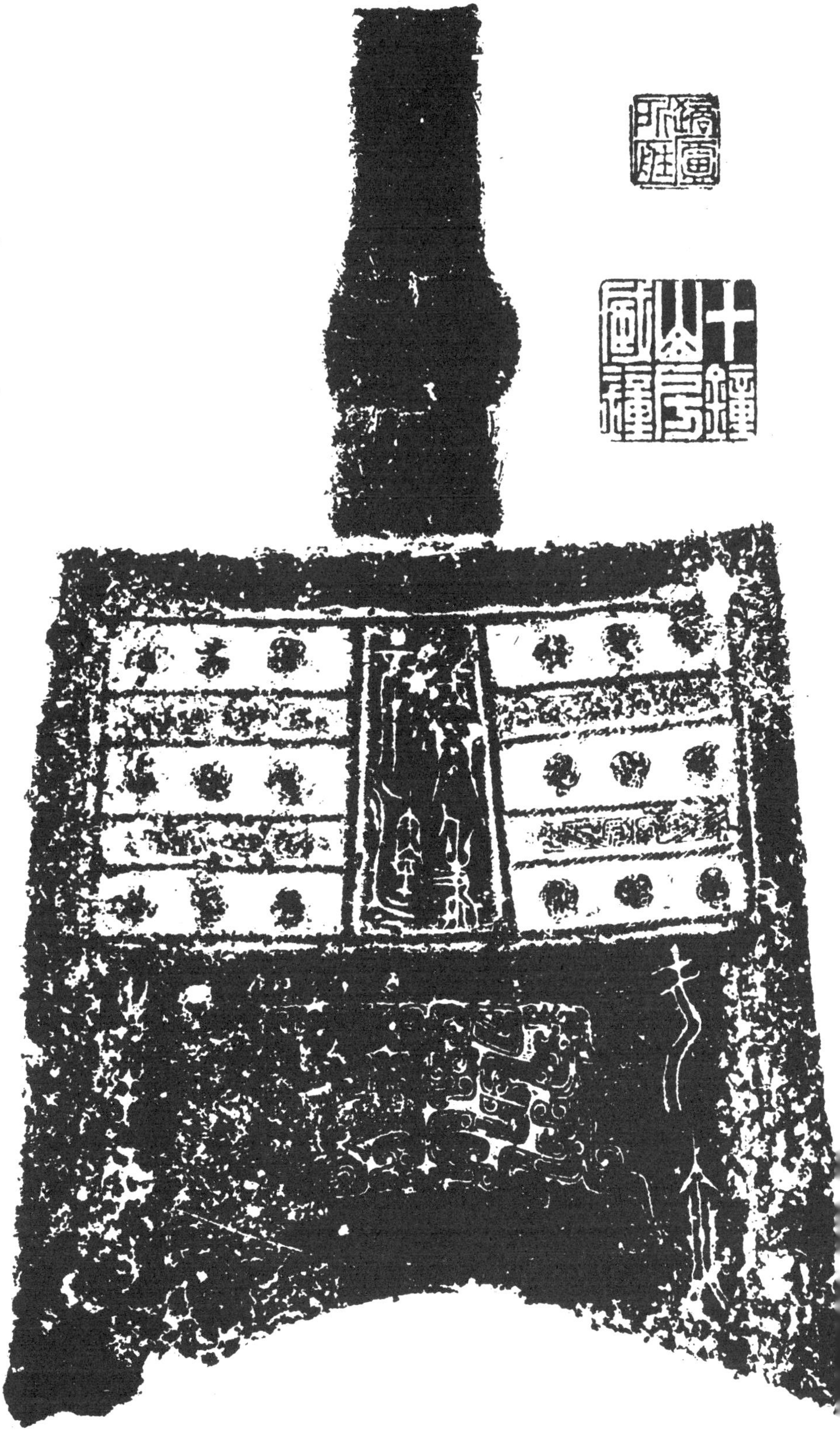

虢叔旅編鐘十

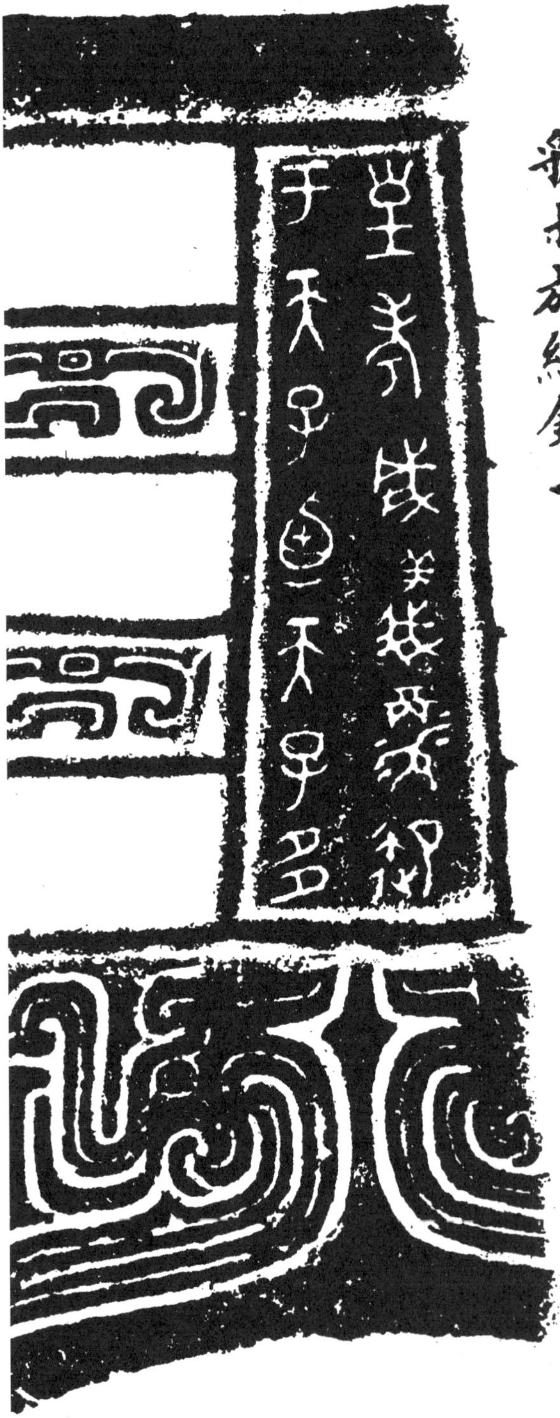

一之十

宗周鐘今不知所在世傳唯虢尗旅三鐘為冠

僕兒鐘十一

一之十一

龢許兒倪編鐘兩面　阮録全鐘今亦不知所在

簠齋藏古冊題記

十鐘山房藏鐘

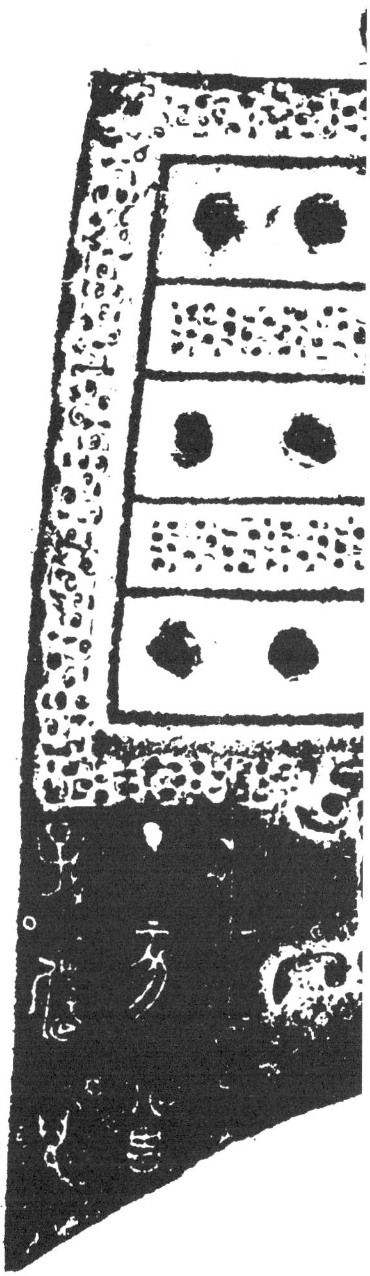

一之十二

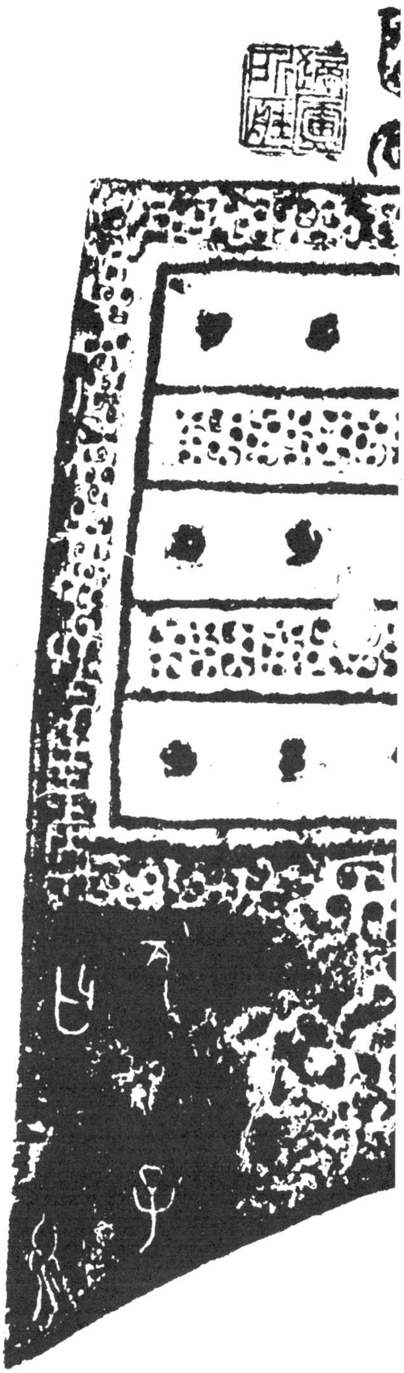

十鐘山房藏鐘

鐸文拓角

鐸一

曶鼎一

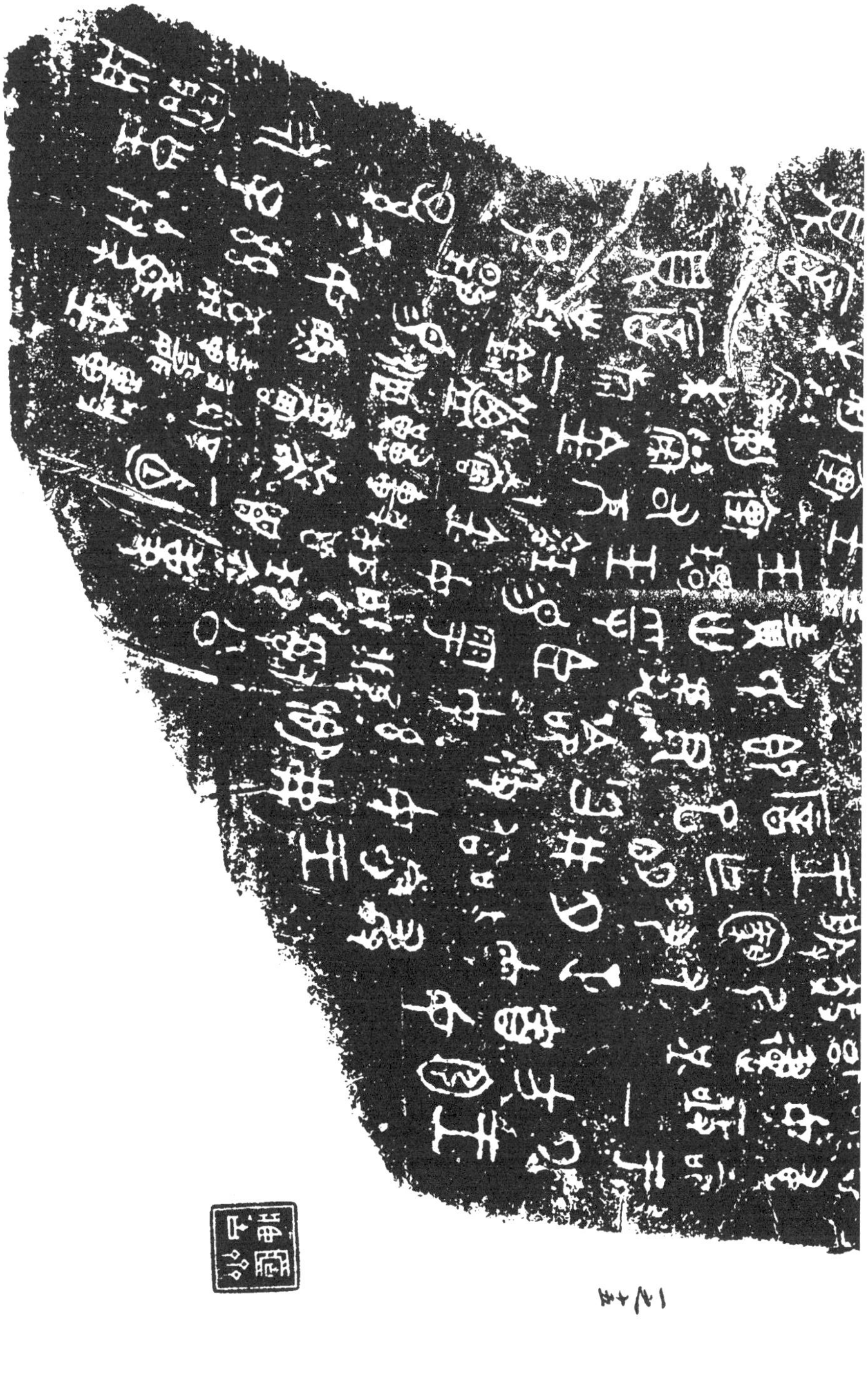

圜鼎二

一之十六

鼎三

方鼎

一之十七

殘方鼎

鼎四

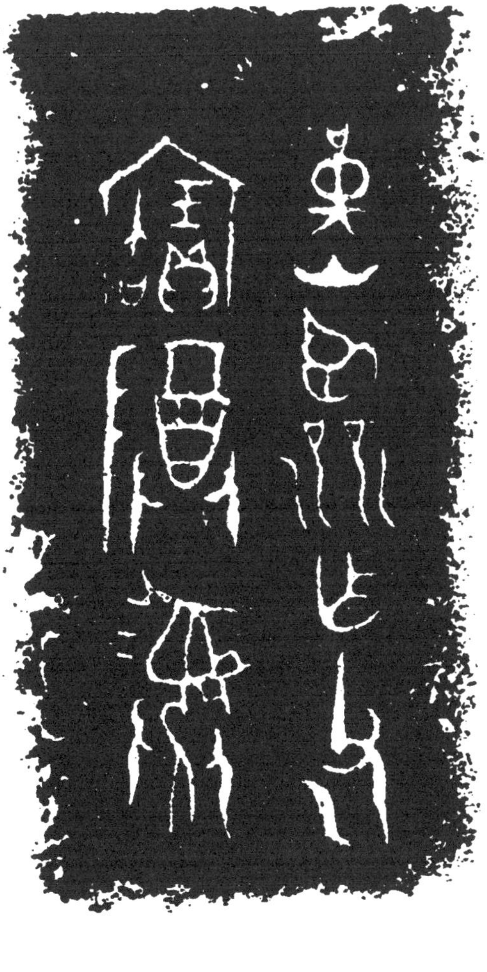

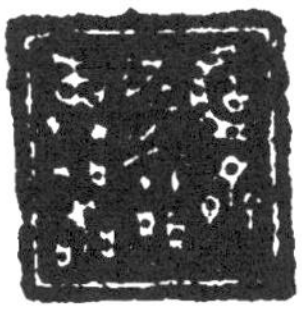

鼎五

鼎

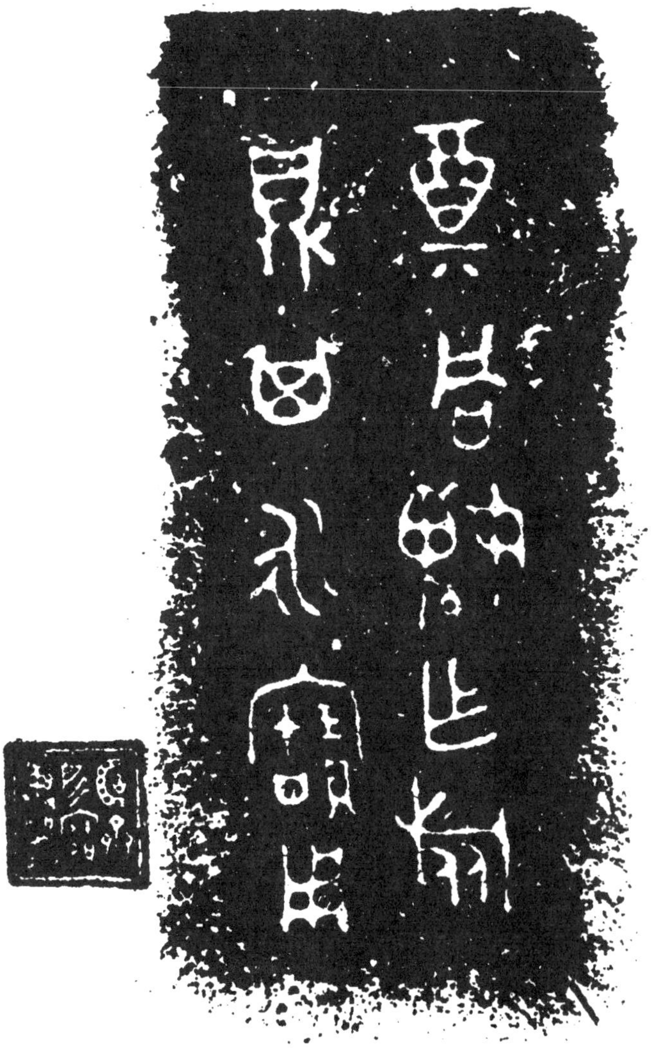

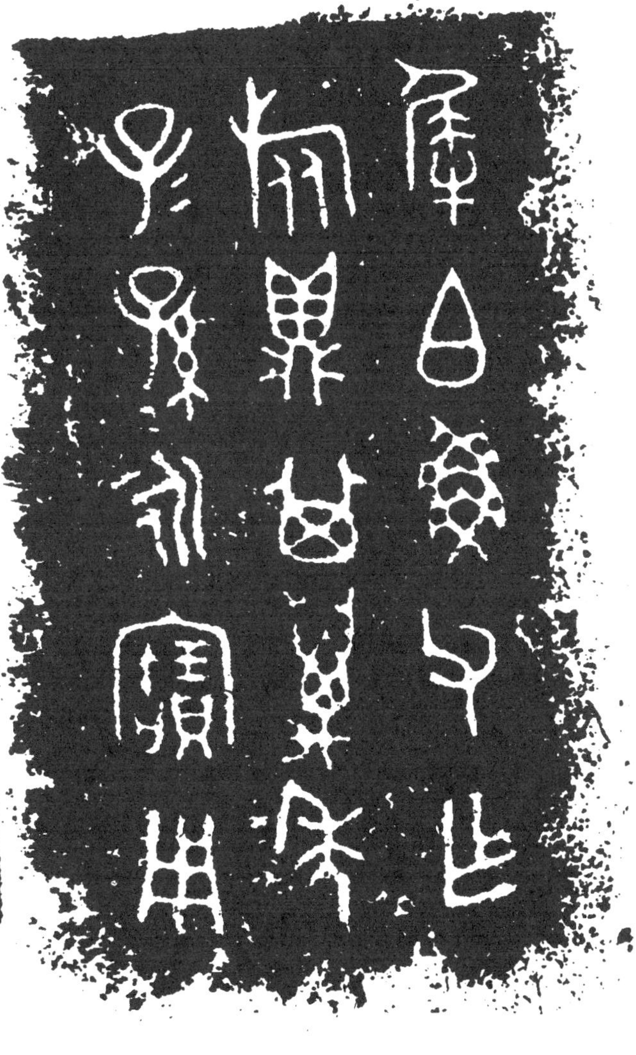

小鼎蓋七

一之十九

鼎器七

鼎八

鼎九

鼎十

一之二十

鼎十一

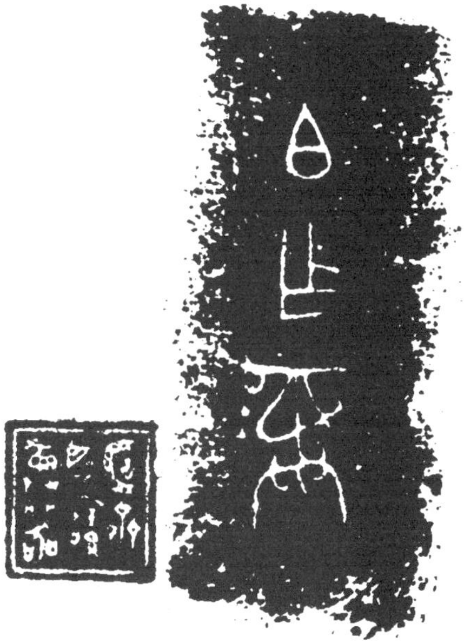

鼎十二

鼎十三

一之三十一

鼎十四

鼎十五

一之壬二

鼎十六

奇字可正說文

陽鼎

簠齋藏古冊題記

鼎十七

鼎十八

鼎十九

鼎二十

鼎廿一

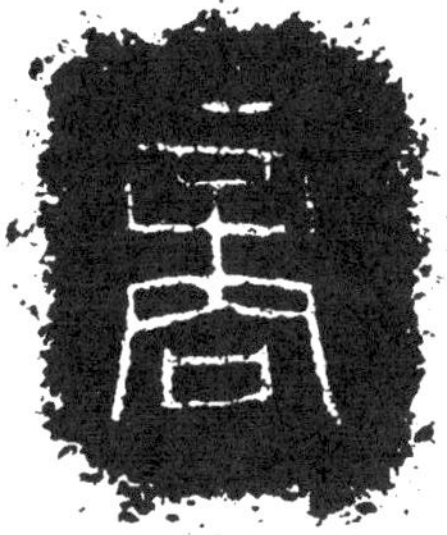

叔中眉朕鼎之蓋　丁巳七月鄧安記

鼎廿二

吳清卿學使平安君昰一時在東武李方赤外舅鼎東皋長公鼎姓同為周末梁器　為下脫鼎字

簠齋藏古冊題記

犧尊蓋一

商匕者名丕牛嚮形口半口也即古犧字也

一之廿六

犧尊蓋　疑後補者

亞中卜止犧尊器二

不可釋一字爲此

尊三

一之廿七

尊四

尊五

尊六

一之廿八

庈郘㯹〻宗也𨑥人名𧻚邑名侶識〻嵩此宕此省

尊七

尊八

尊九

一之廿九

尊十

卣器一

小卣二

二之二

卣三

卣三

戕卣弟四

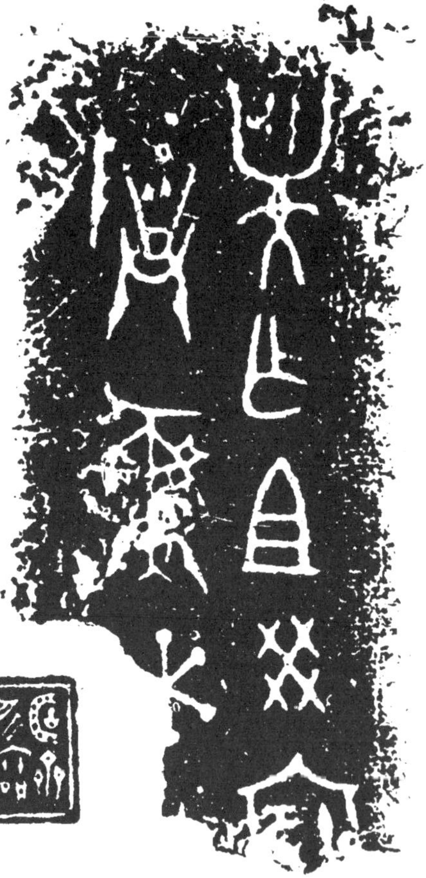

二之三

宣統元年余得矢朐氏槃拓本亦陳氏藏器也後簠齋自題謂氏槃出柳山寨與是卣為一家之物

卣五

山左金石志載是卣文云出臨朐縣柳山寨即古郱邑地推釋大為孫戜為雞又㠯是器為彝不兑承侯矢即矢當古掌矢之官以官為氏者戜疑古尊字

卣五蓋

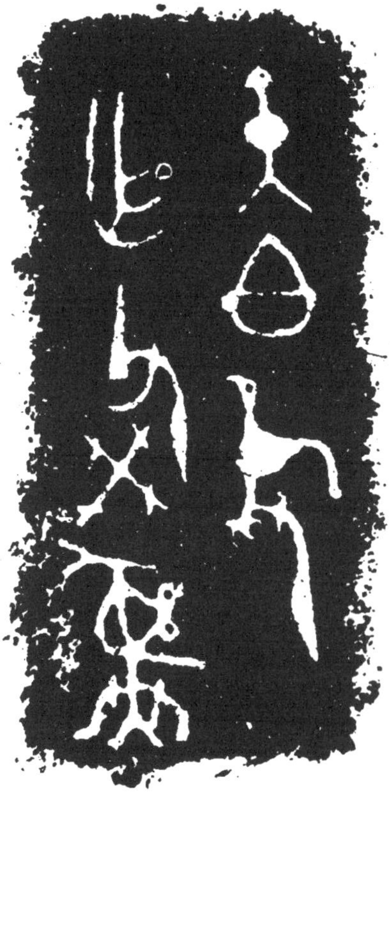

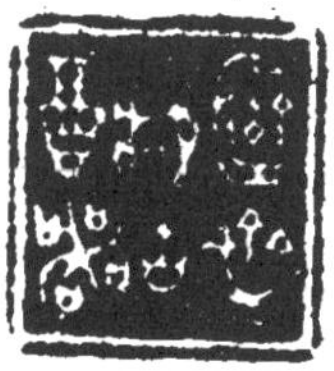

二之四

卣六

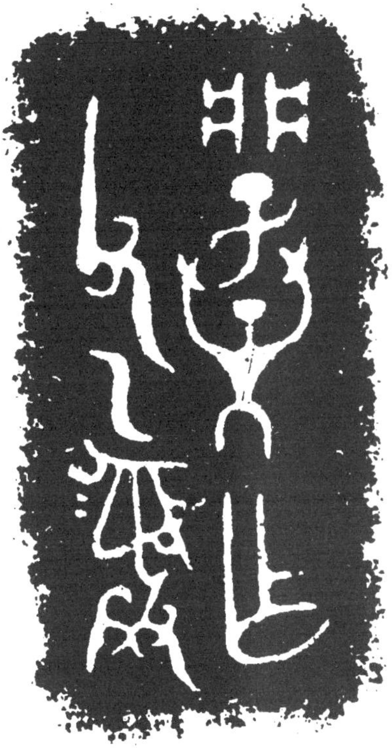

卣六

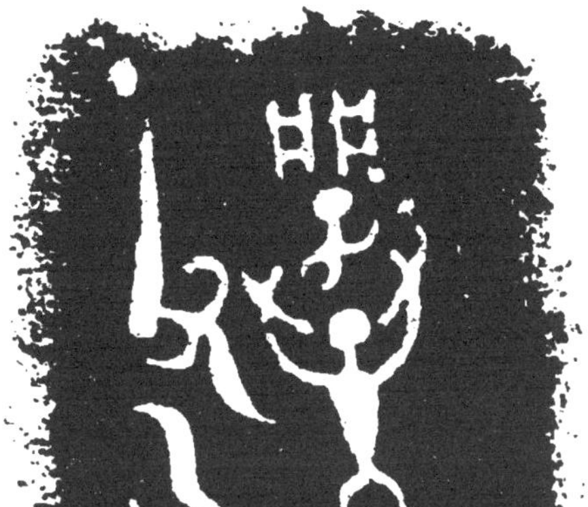

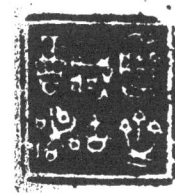

卣七

卣七

二之五

卣八

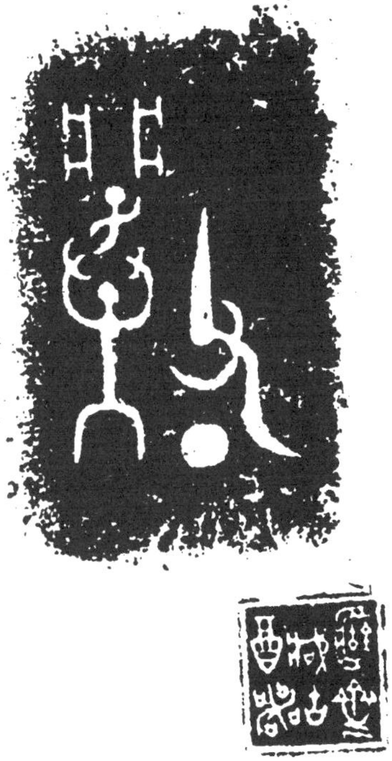

父丁卣八

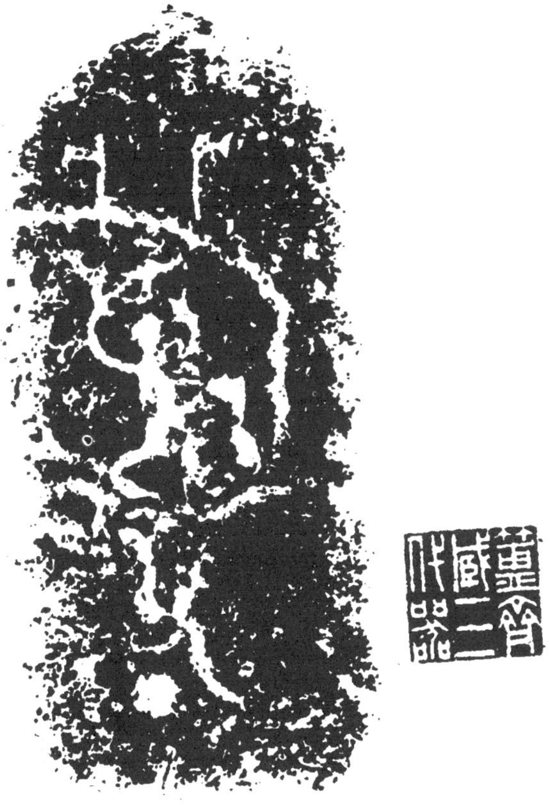

𡚬卣器九

二之六

卣十

卣十一

二之七

仲伯壺 蓋一

罍一

罍　有後鑿廿一字二

二之八

罍字俱在外

鉼一

鉼案是器文字方直漸近小篆當是秦代或戰國時物

二之九

箄一

簠齋吉金錄 斝

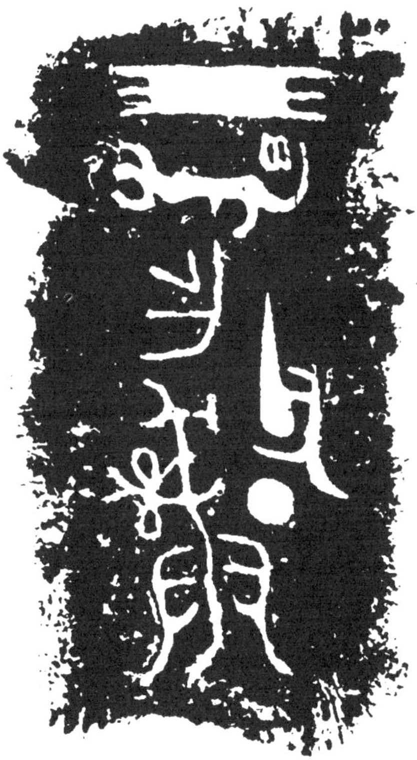

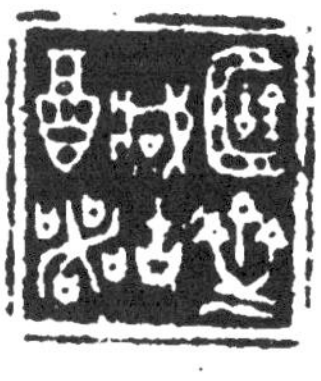

斝　二

觚一

觚有棱則古矣 班者頒全而占器也

第三字疑班〻卿頒大保四百毁第五字余

亦疑班〻師也故亦疑抚壺末字爲頒也

觚二

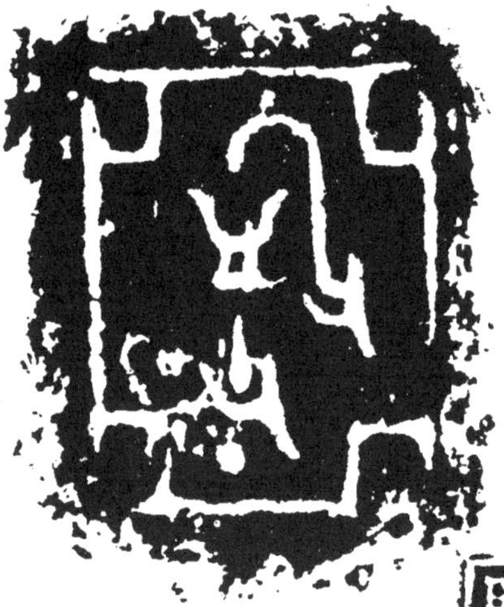

觚三

觚四

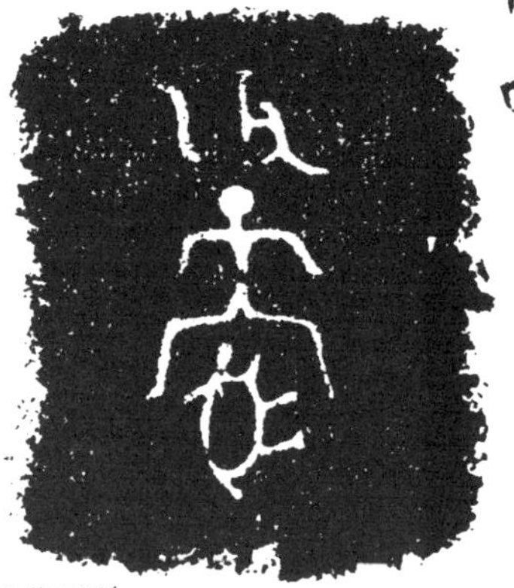

二之十一

□即家之古文父庚卣作□三家

敦作□□疑子家二字合文

亦觚扉棱五

今年夏見一觚止一
亦字偶識与此同
當是一家之物

觚六

二之十二

觶一

觶二

觶三

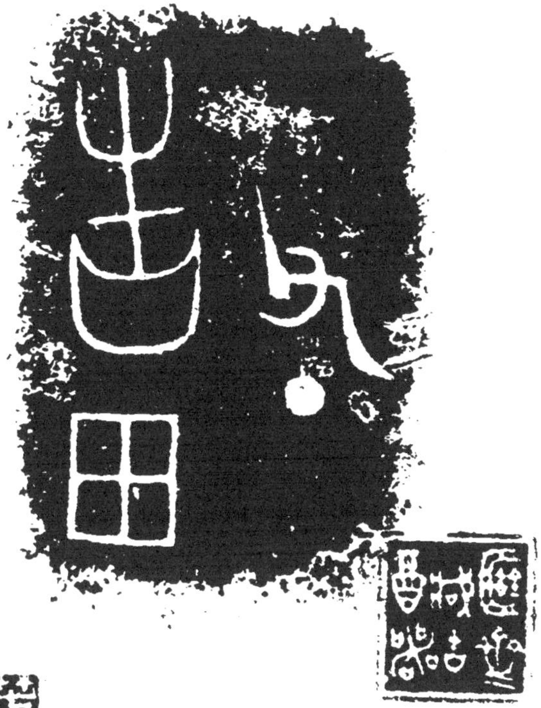

二之十三

觶四

觶五

觶六

觶七

二之十四

觶八

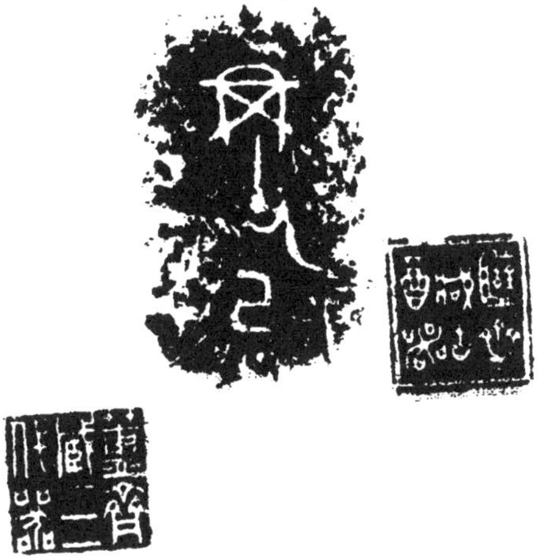

觶九

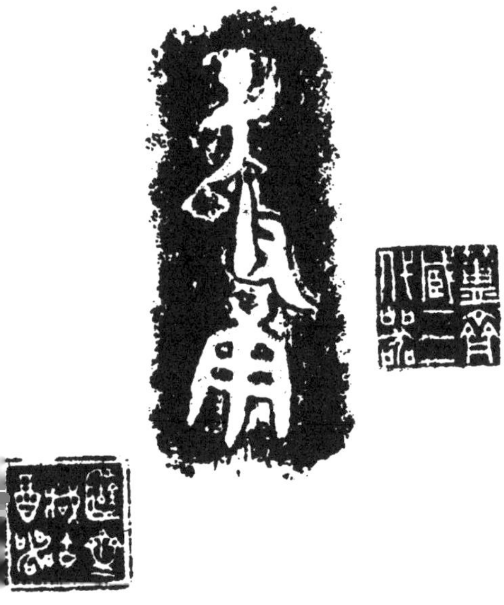

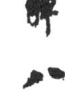

觶十

二之十五

觶十一

祖戊觶　十二

祖丙觶　十三

癸觶 十四

二之十六

子觶十五

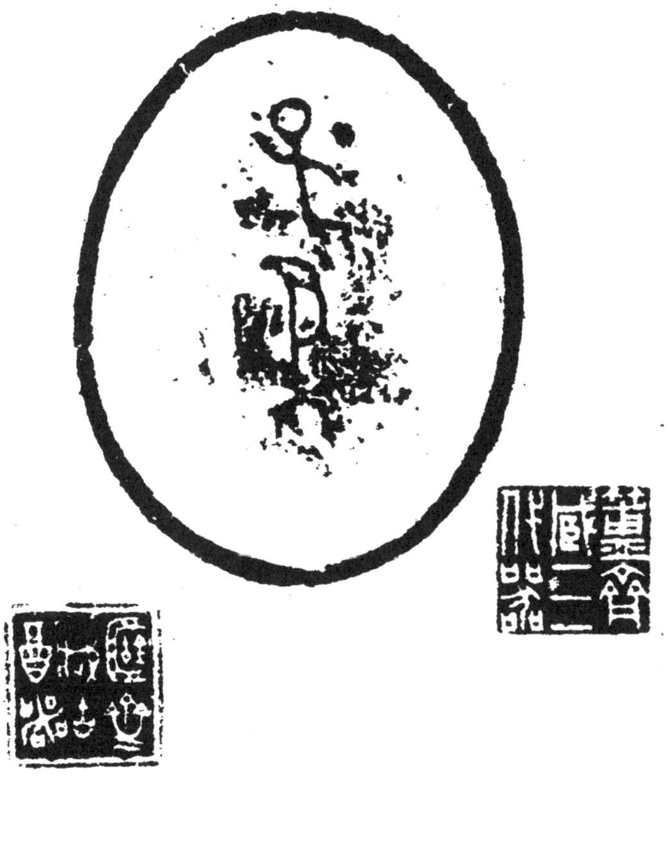

父癸觶 十六

二之十七

觥一

婦門亥豩觥

粗

妹門亥豥酰器

文在腹内

盂爵一

成王時器

暴圖未南
爵拓先至

十鐘山房所藏
兩罍軒主人歿止

爵二

此爵文在口内與父戊角一器同為稀見之品余近得父丁爵文在腹内近柱處為潘氏攀古廔舊物載彝器款識中簠

爵三

二之十九

爵四

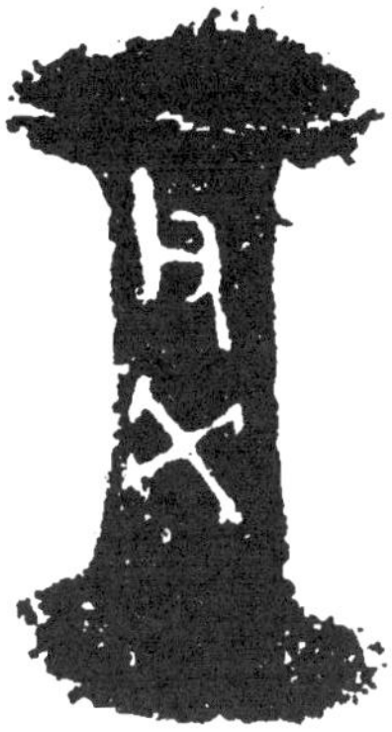

爵五

二之二十

簠齋藏古

爵 六

爵文通常多在鋬內在柱者已為罕覯此爵文在口外文字亦精湛乃彝器中僅有之品丙辰夏六月香慕樓燒燭記

爵七

二之廿一

𣪘八

爵九

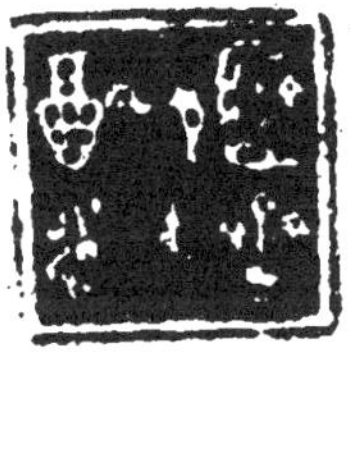

爵十

爵十一

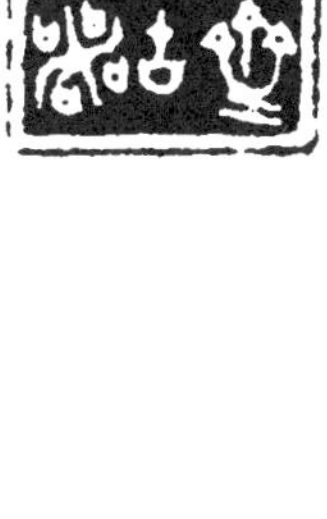

二之廿三

爵十二

爵十三

二之廿四

𣪘十四

簠齋吉金録　爵

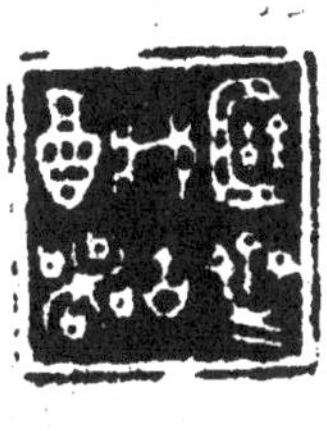

爵十五

二之廿五

爵十六

爵十七

二之廿六

爵十八

爵十九

二之廿七

爵二十

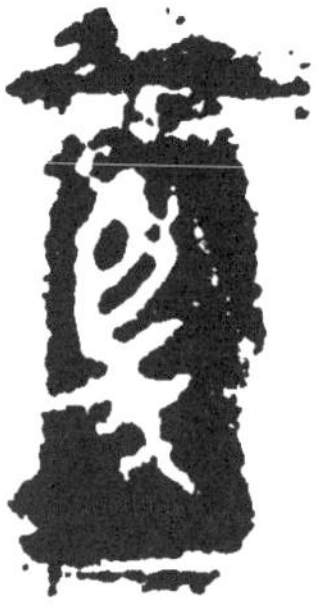

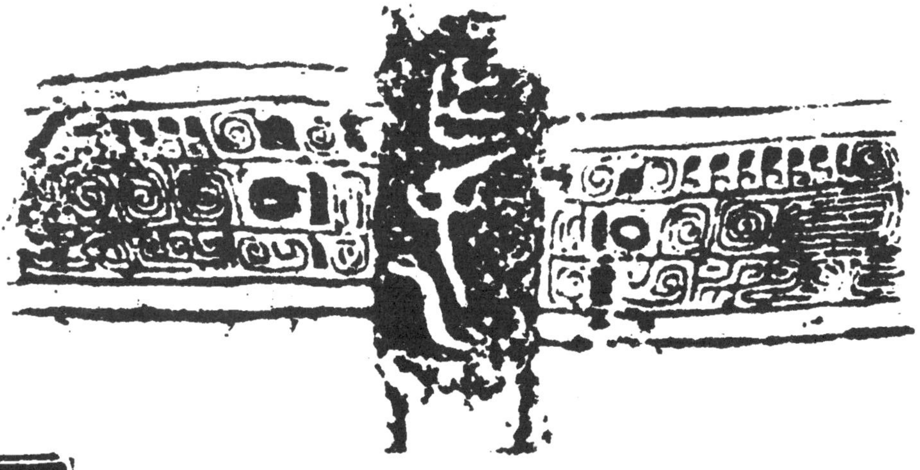

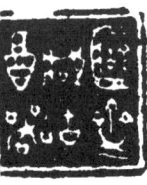

爵廿一

二之廿六

爵卅二

爵廿三

二之廿九

爵廿四

二之三十

爵廿六

品附廿七

二之卅一

爵廿八

爵卅九

二之卅二

爵　三十

爵卅一

二之廿三

爵卅二

爵卅三

二之卅四

爵卅四

爵卌五

二之卅五

爵卅六

爵卌七

二之卌六

爵卅八

爵卅九

二之卅七

爵四十

爵四十一

二之卅八

爵四十二

爵四十三

二之廿九

爵四十四

爵四十五

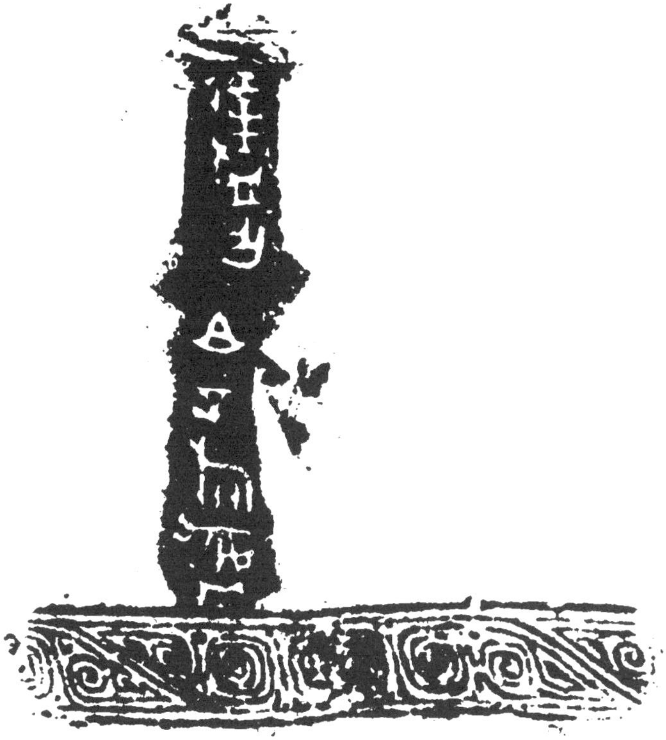

二之四十

卌四十三種皆款文也彝器中爵文在鋬內拓墨不易故款文精拓不易得匯齋藏古器多精品冊內款文有在流旁者有在柱者有在腹內者古款奇品幾盡於是而椎拓之精妙爲自來藏器家所無并將近字處花文拓出尤足補後來之攷証也

德彝記

敦一　武王時器　四耳方坐𣪘　名不見文以形稱也

余藏此三十年今日定爲毛公聃季𣪘　癸酉七月廿九日乙亥陳介祺記

敦二

敦三

三之二

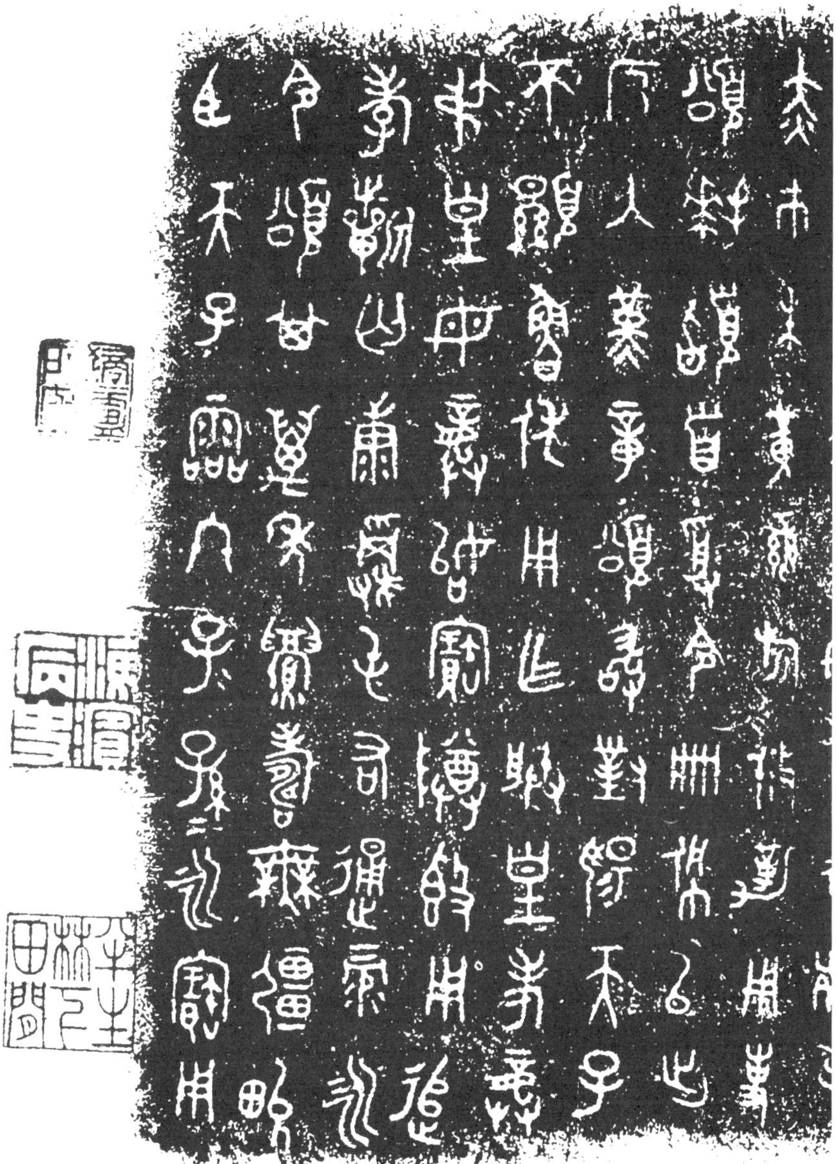

敦四蓋

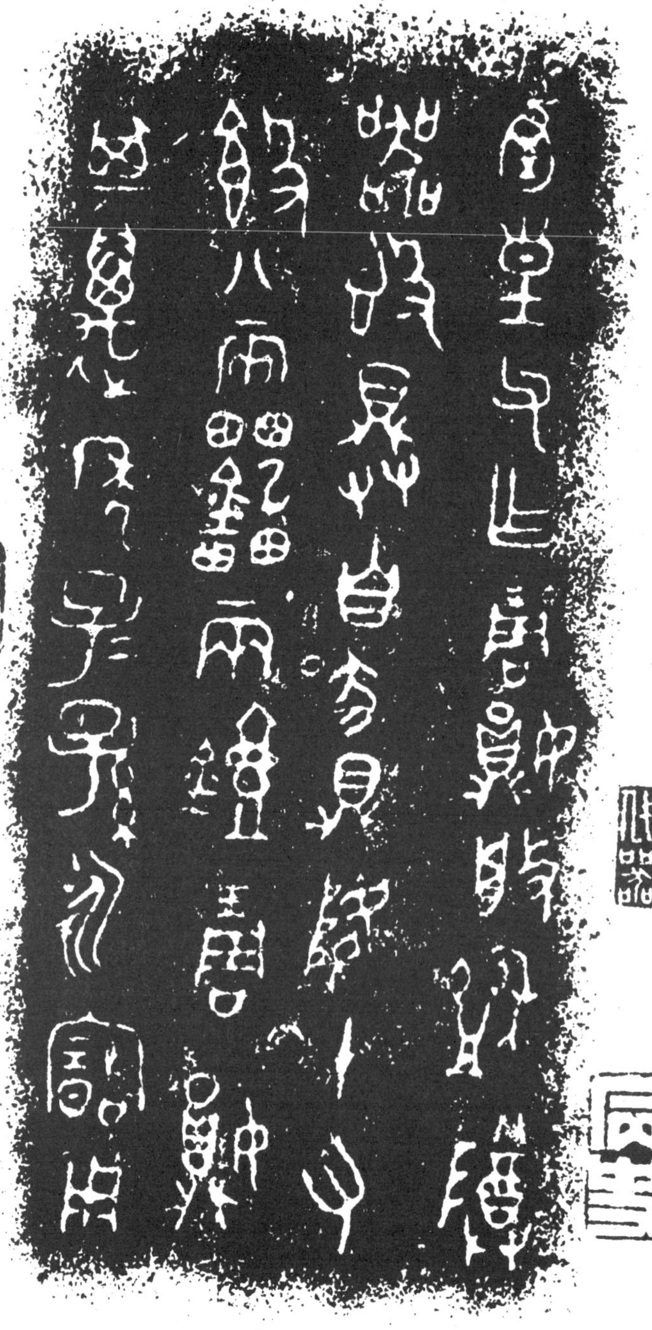

周作周猶盂鼎文王武王作玟珷

三之三

敦四器

𣪘蓋五

三之四

𣪘器五

毁蓋六

𣪘器六

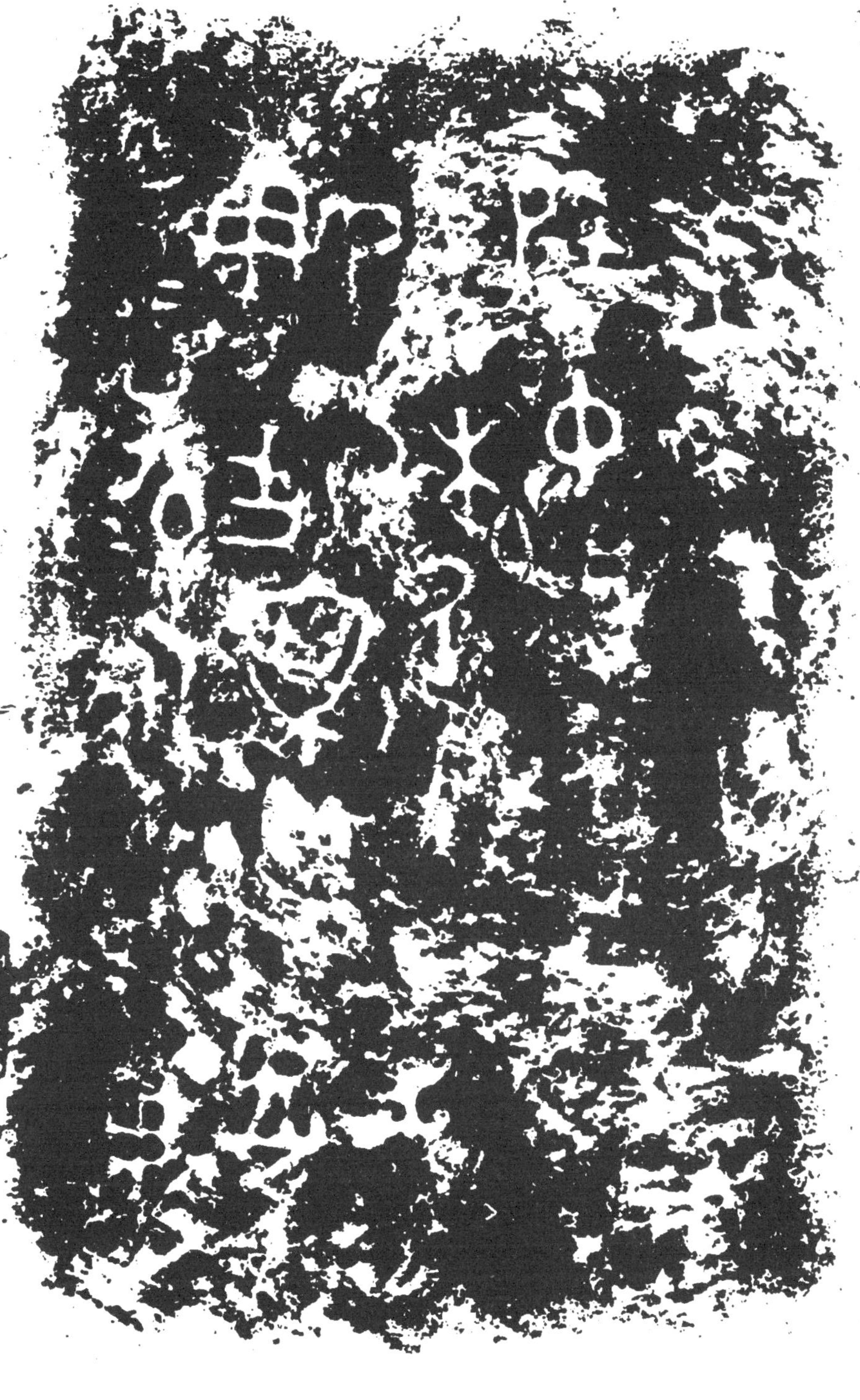

𣪘蓋七

三之六

毁器七

敦八三

三之七

敦八器

敦九

三之八

敦十

敦十二

三之九

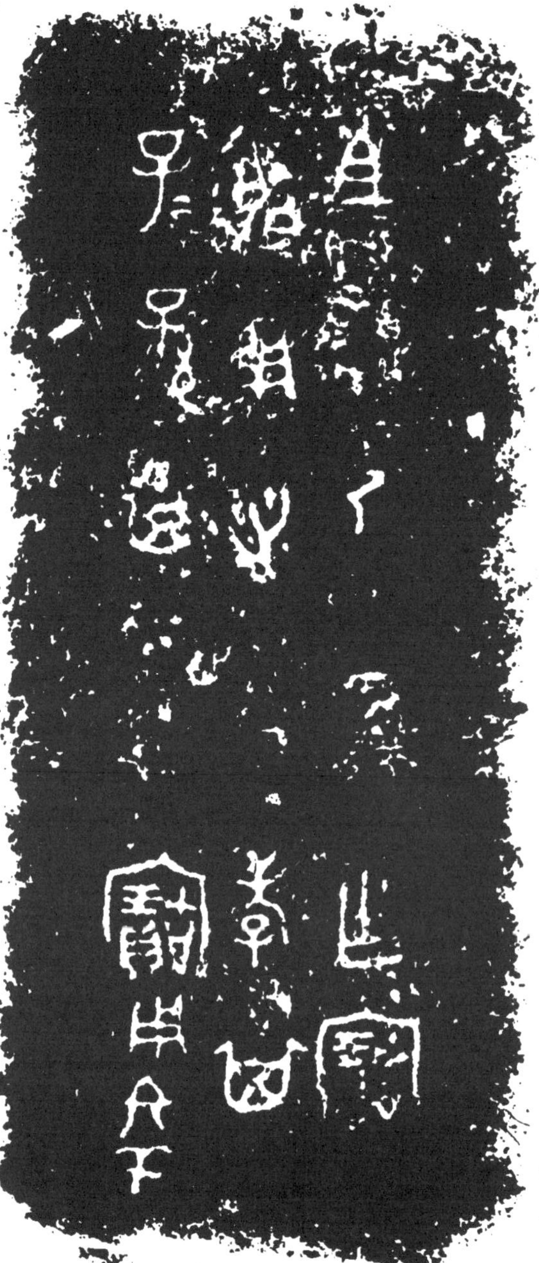

敦十二

敦器 肴敦 十五

三之十

敦吉

敦十五

三之十一

敦十五

敦十六

三之十二

敦十七

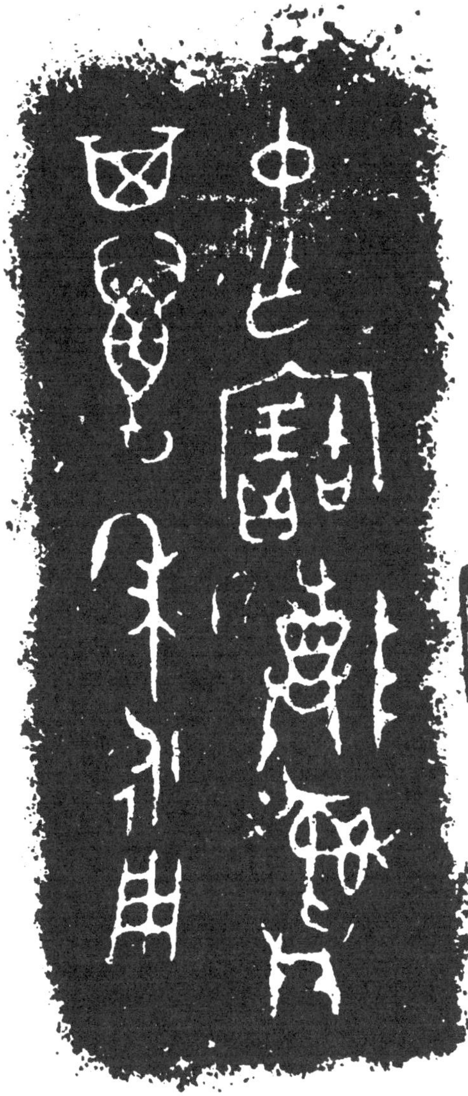

敦十七

三之十三

敦十八

伯魚𣪘

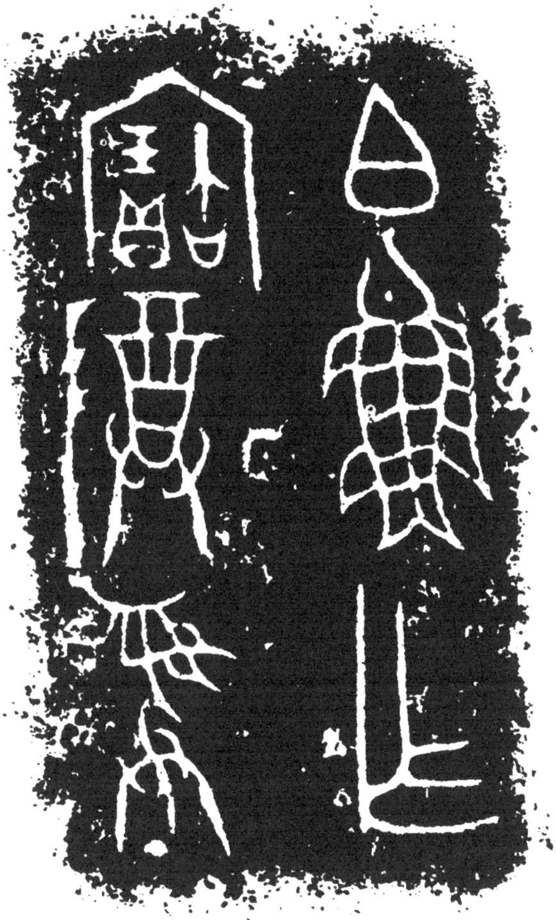

敦十八

三之十四

敦十九

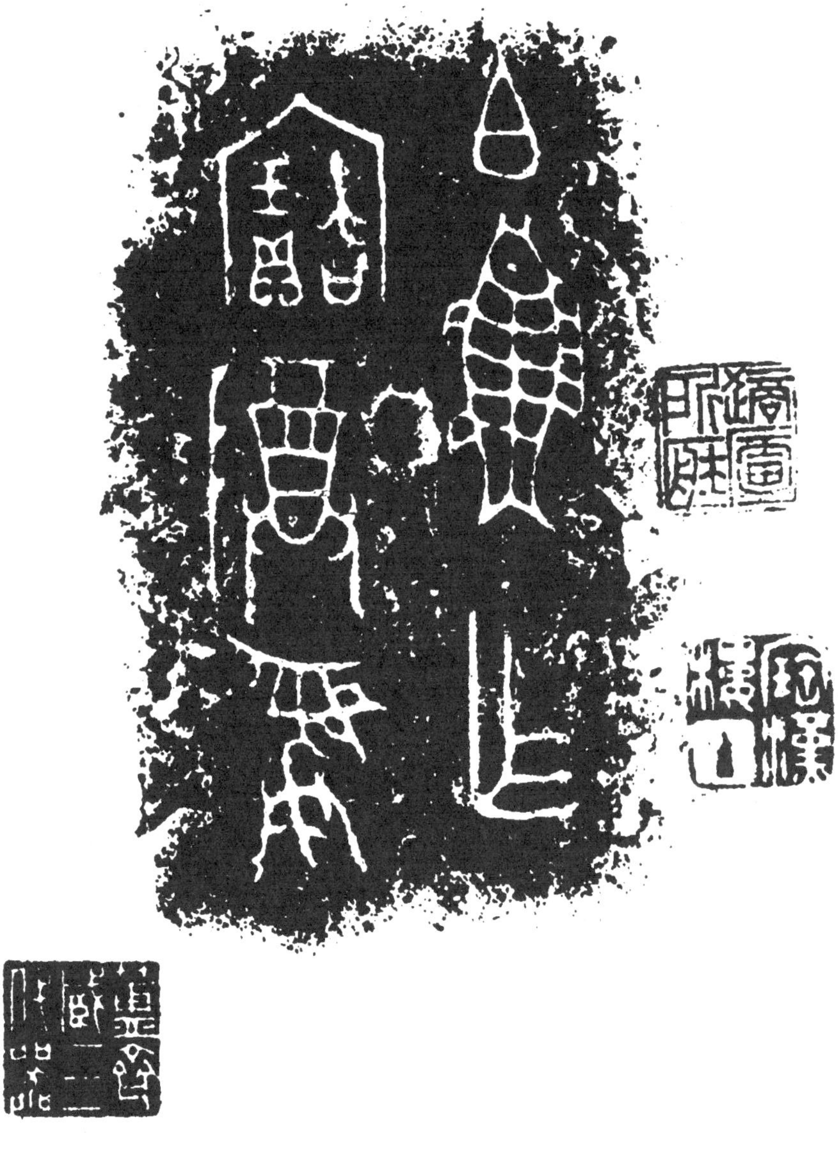

敦二十

三之十五

敦三十一

敦二十二

三之十六

敔

令謂各足田出埶井北

廿三

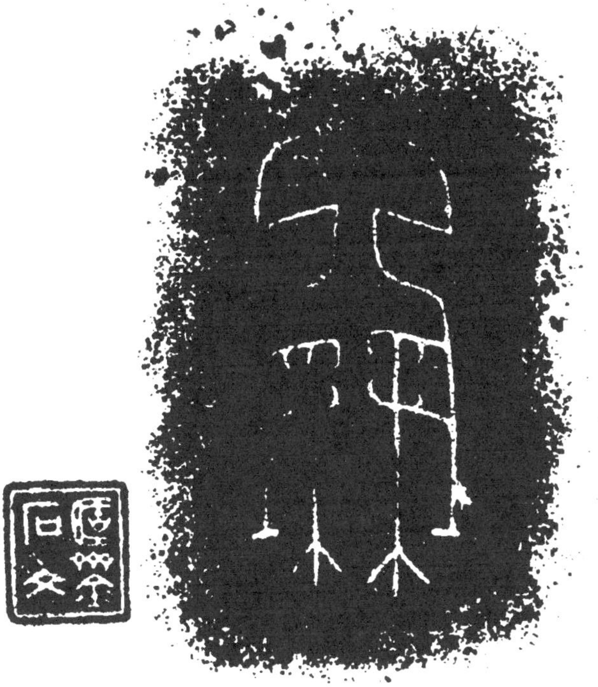

敦三十四

三之十七

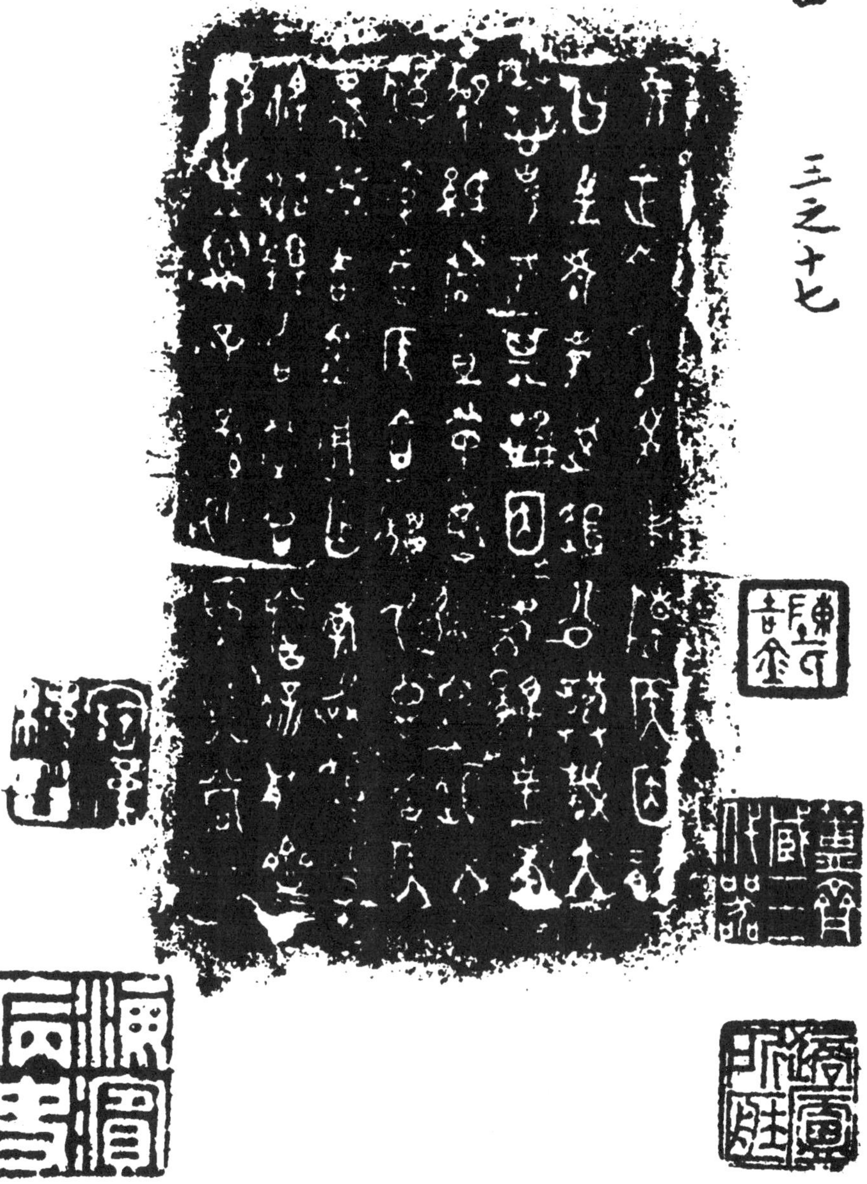

敦二十五

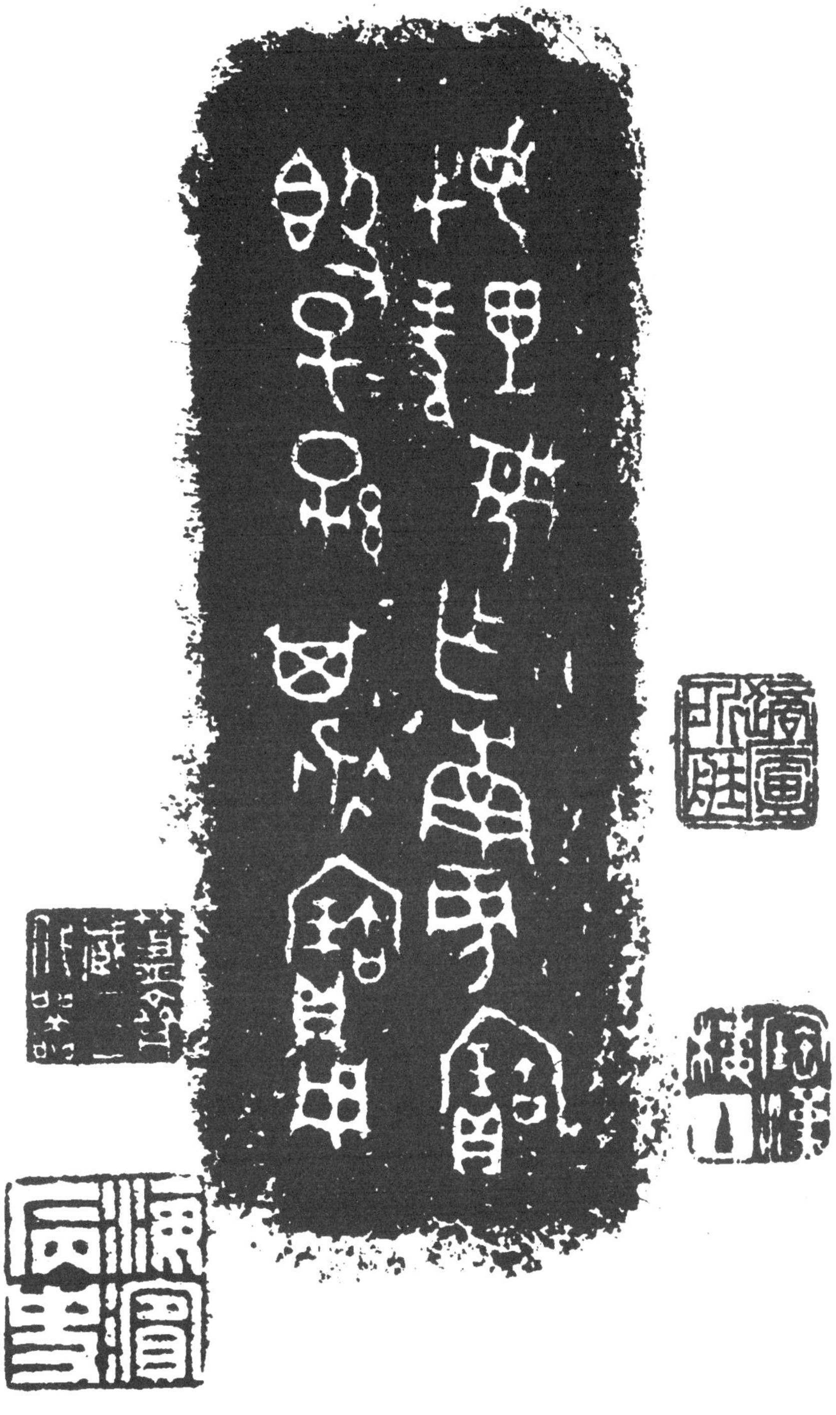

敦二十六

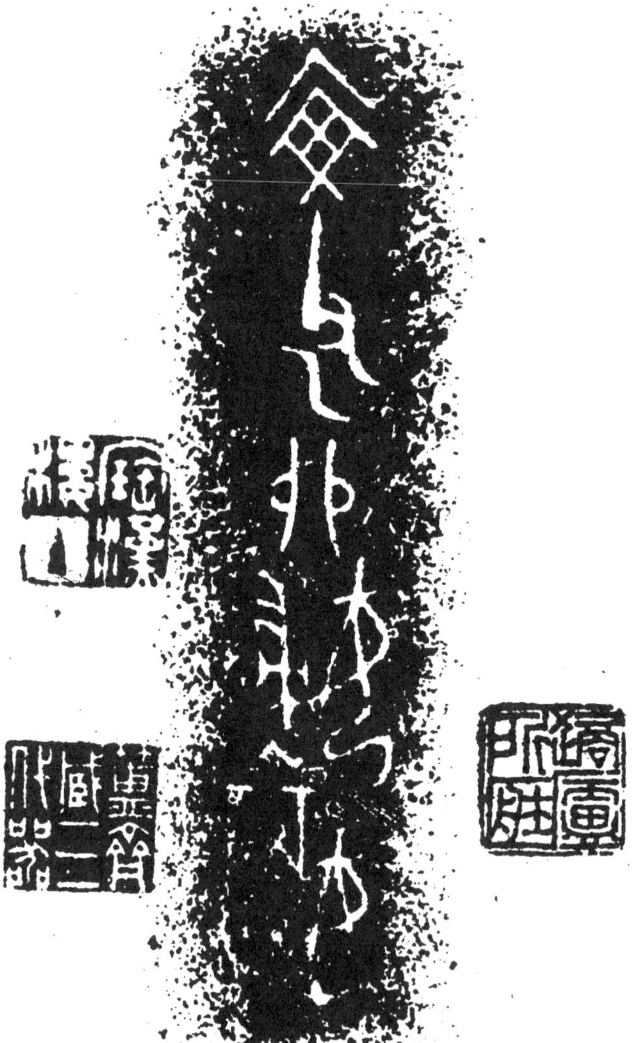

三之十八

敦二十六底

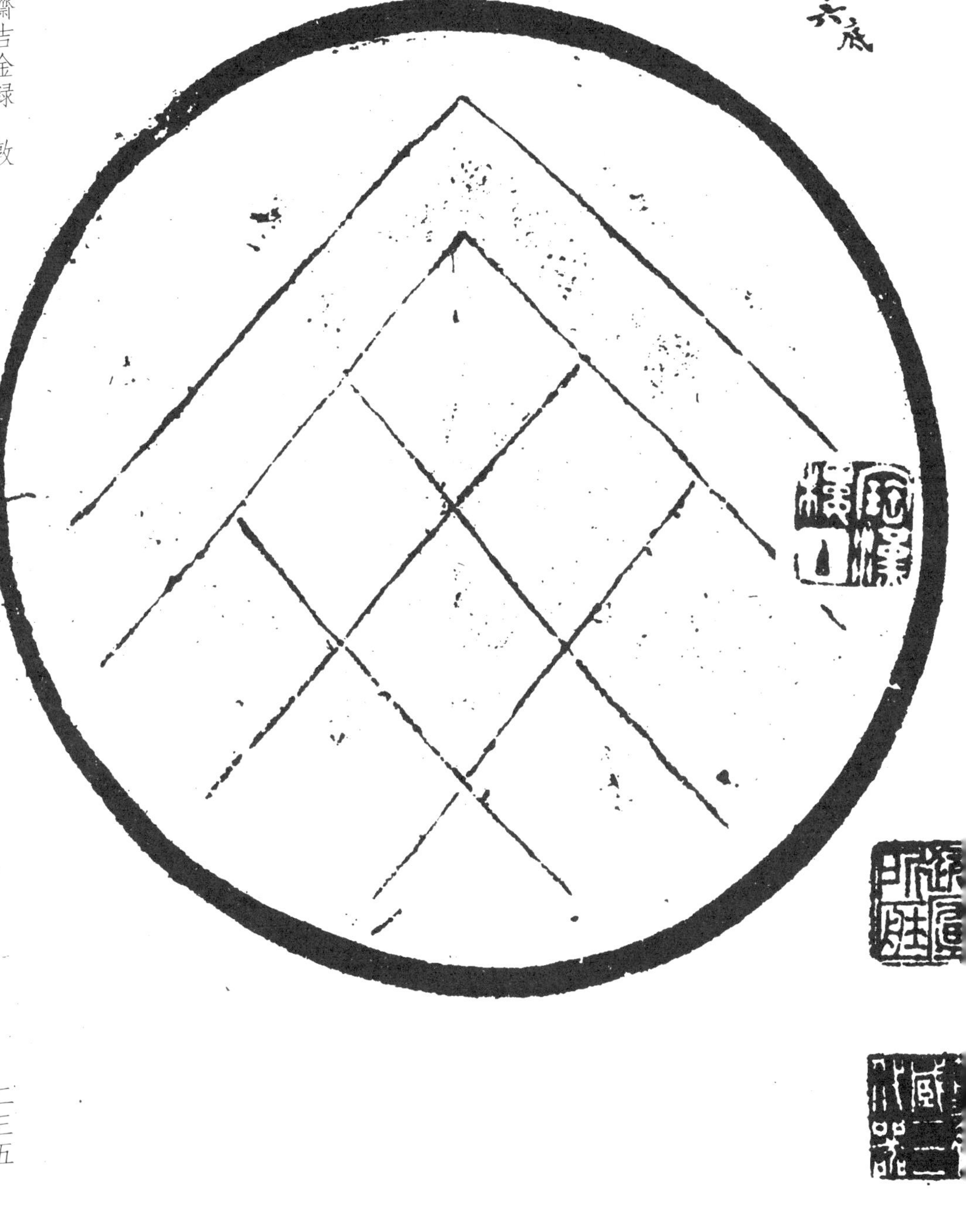

兮田盤一

三之十九

此銘与余藏不嬰敦蓋合 丁巳七月鄧安補記

殘盤二

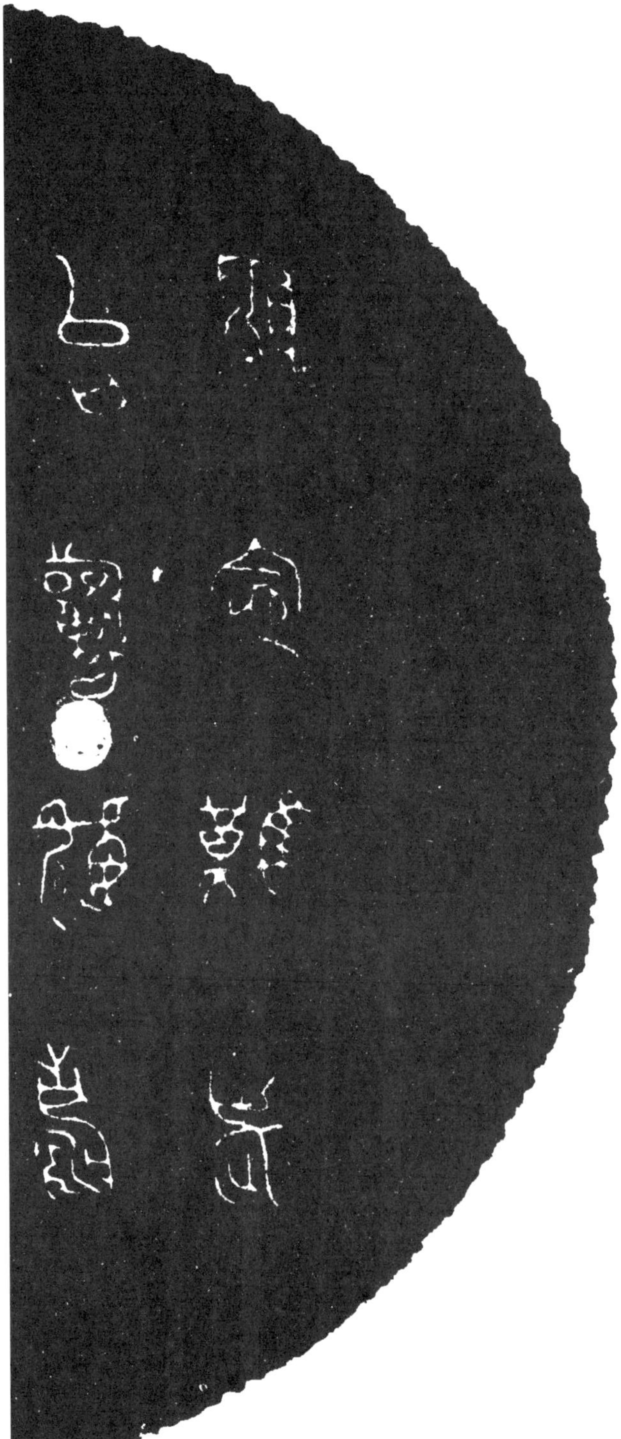

三之二十

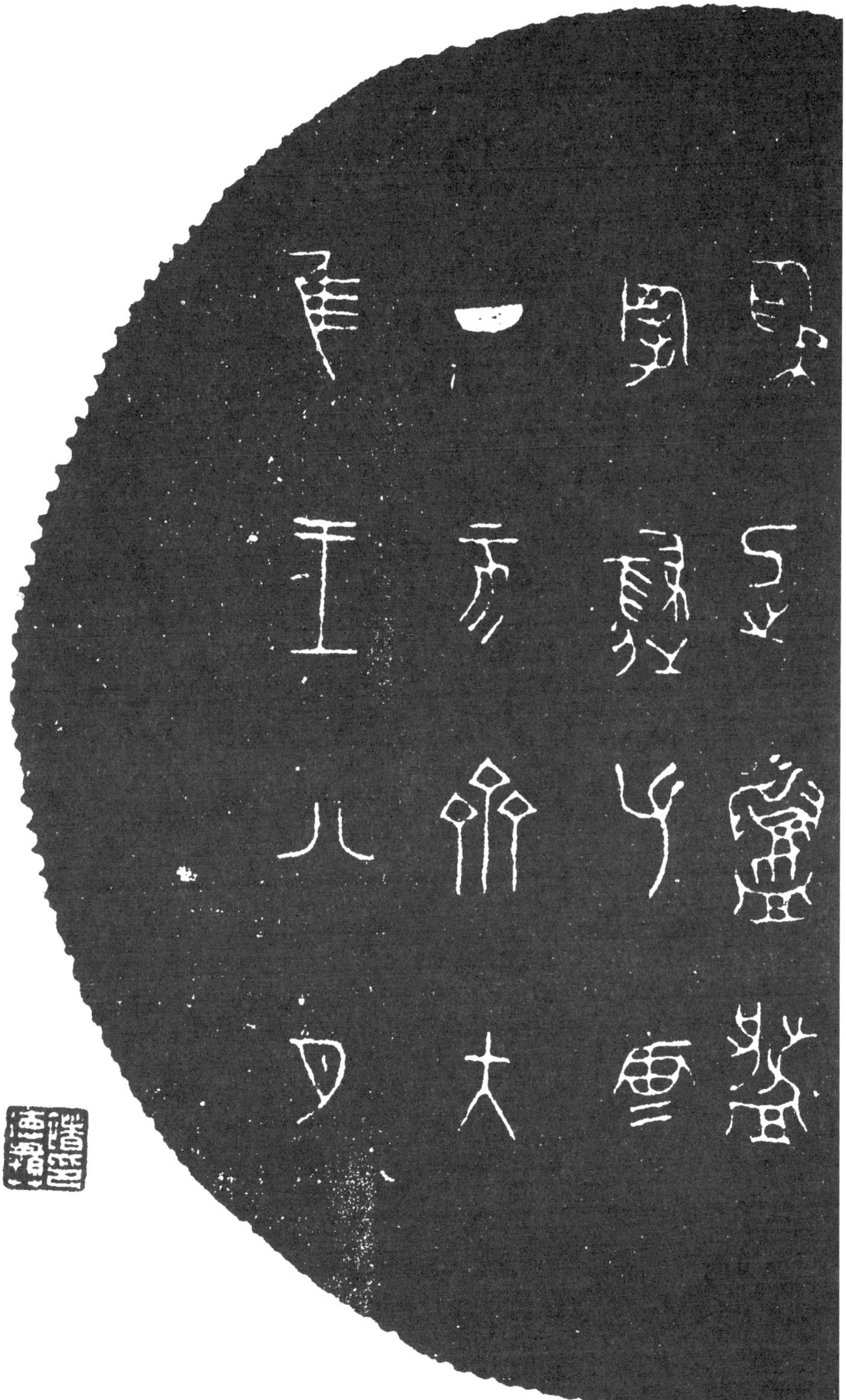

臤启盤三

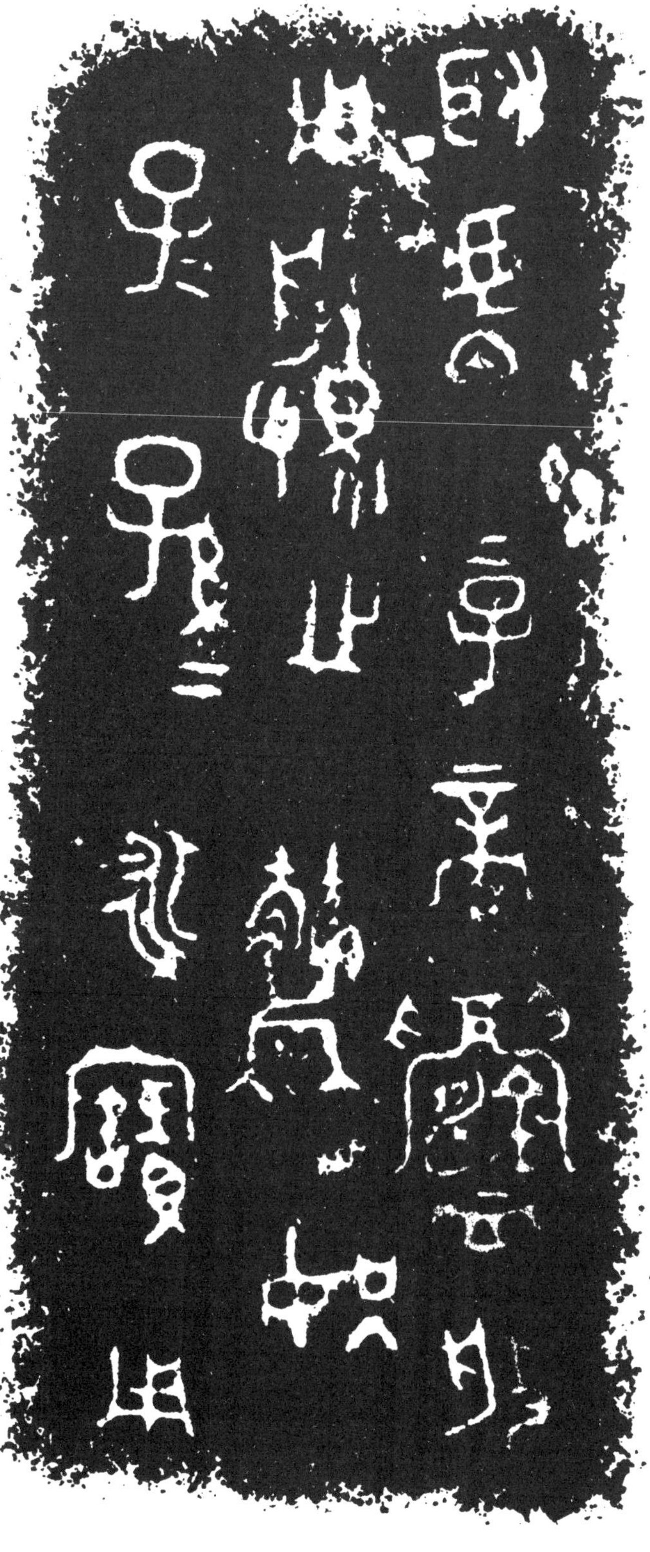

三之廿一

盤四

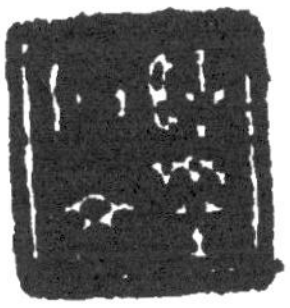

父丁盤五

三之廿二

繹父盤六

匜一

三之廿三

匜二

匜三

三之廿四

黄仲匜四

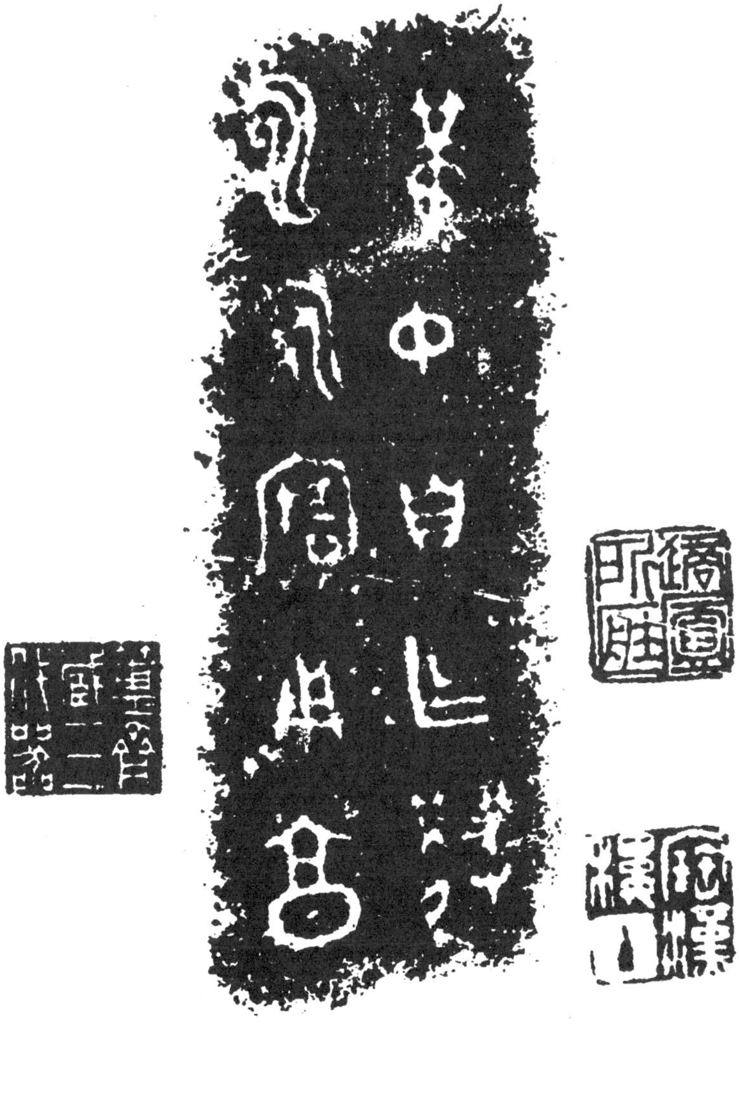

穌甫人匜五

三之廿五

王婦㠱匜六

齊太公田和區一咸豐丁巳閒出土於膠西靈山衛古城
簠老自有攷見藏古冊目題記皆將拓印之鄒安

三之廿六

陳猷區二　与上區出土另寳匠篋內著

左關鍨一

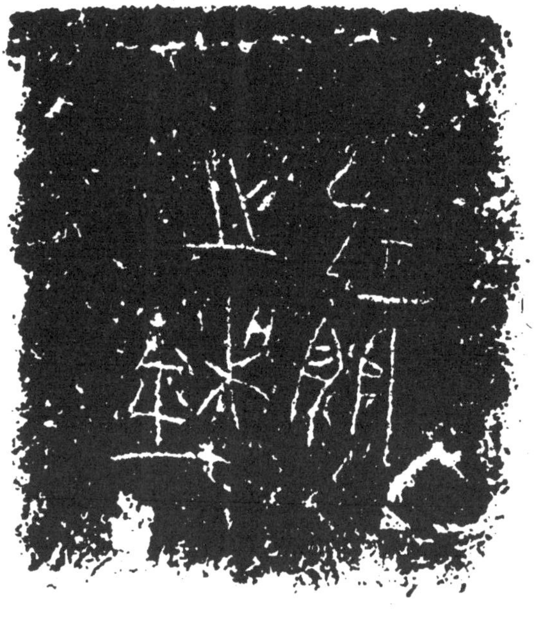

三之廿七

鬲一

三之廿六

鄭興伯鬲二

郳始遹鬲三

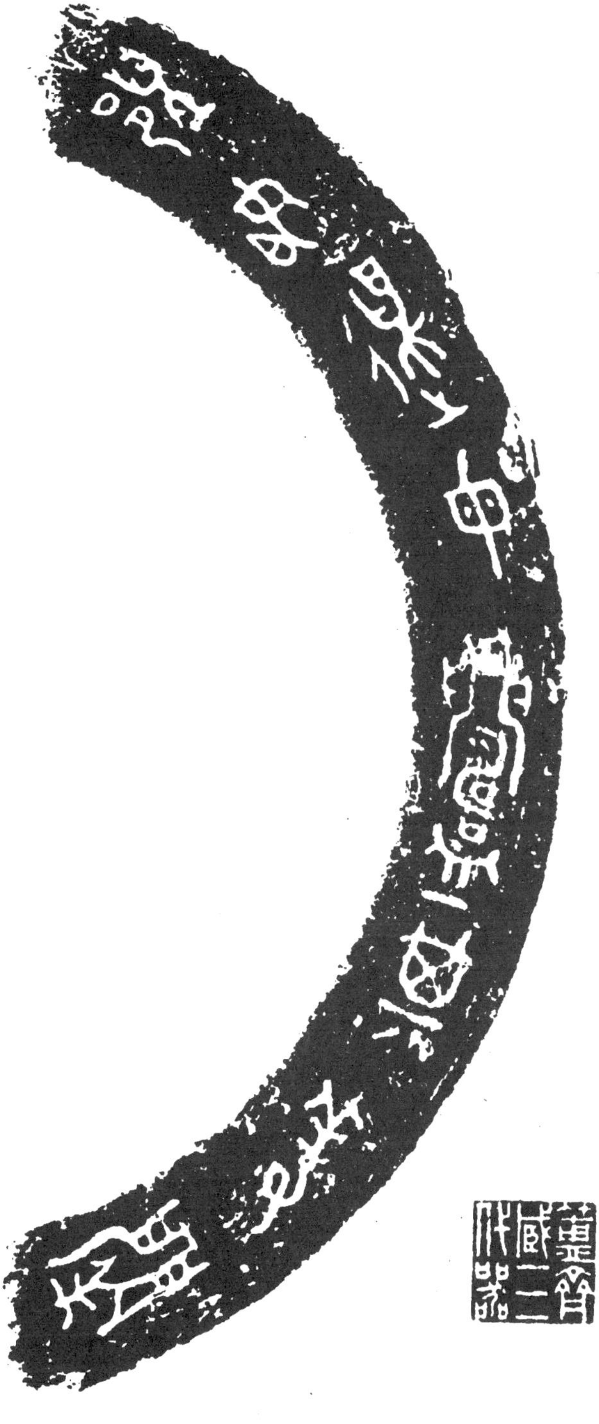

簋一

三之廿九

簠二

三之三十

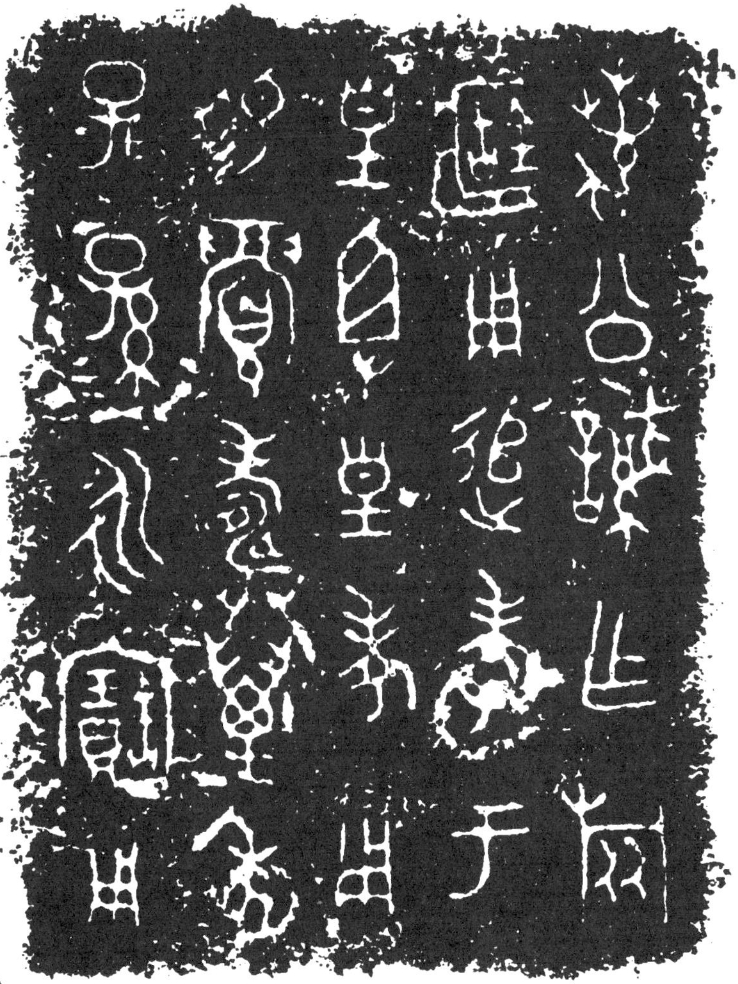

虢叔盨四

簠齋吉金録　簠

三之廿一

遟簋一

三之卅二

盉蓋一

盉器文在蓋內

子父辛盉 二

三之卅三

小和

盉三

簠齋吉金録　甗

殘甗片一

三之卅四

殘甗片　二

佑里啟盌

三之廿

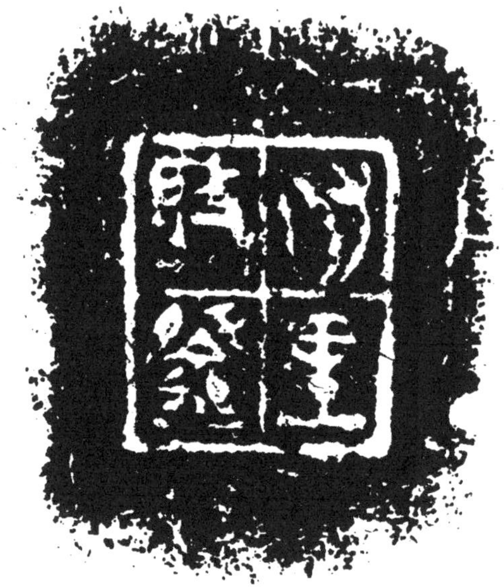

雜器一

右里啟銎二

雜器二

三之卅六

鐙器三

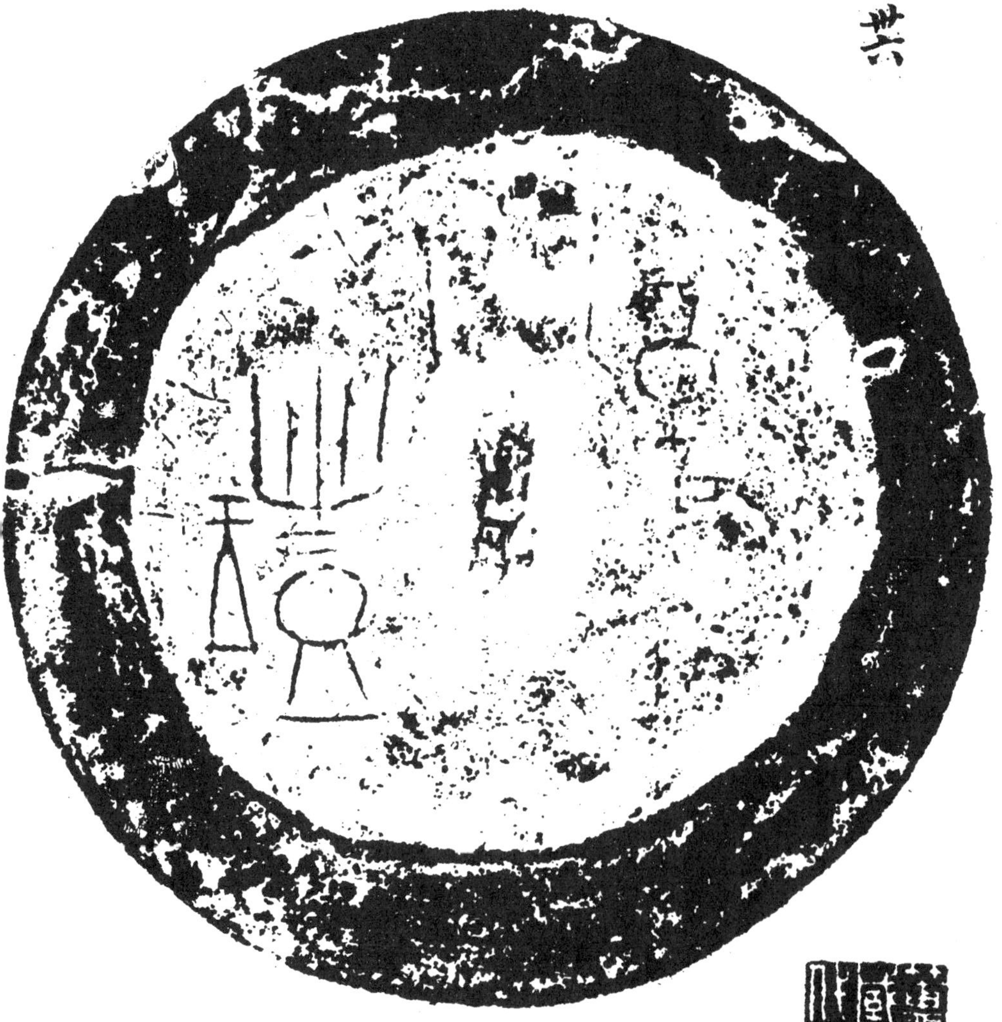

褋器四

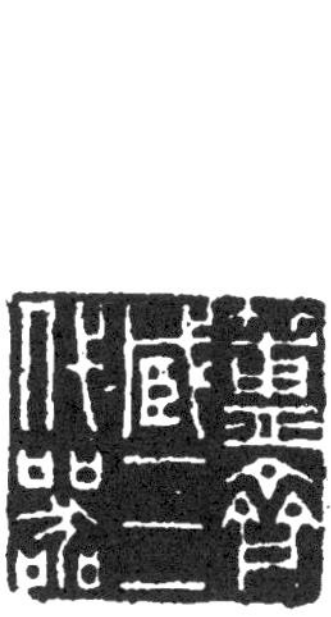

古距末

距末今傳世者唯悍乍距末用差商國一器展轉録款程木菴兵燹後不知尚存否同治甲戌六月望忽得此器文雖不逮彼亦足竝峙矣

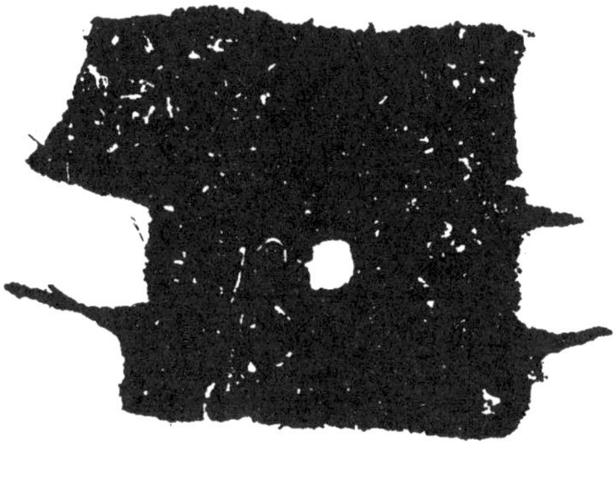

雜器五

雜器六

秦宰箕鑴　偕拓者

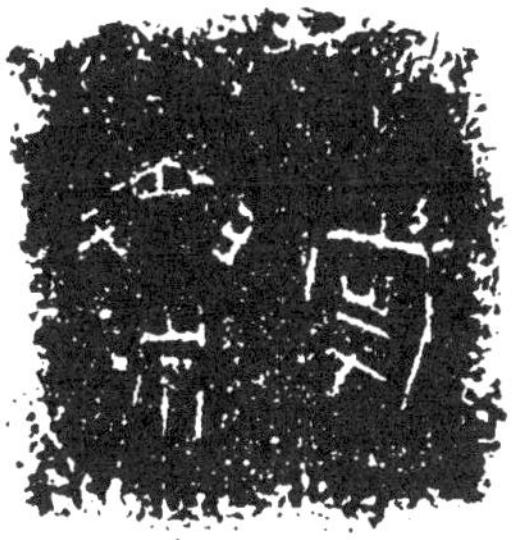

器似箕而有柄中空可容木
奇甚

彝案秦宰
鑴是海豐吴
式臧

此非彝而藏器以待拓
正本且有字記及器形
故附後　安記

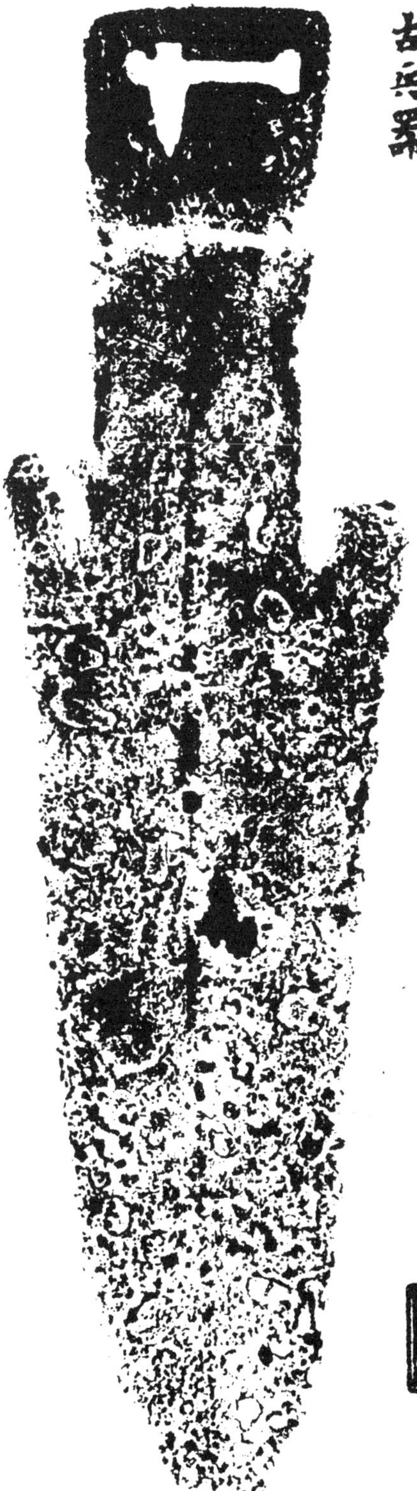

古兵器

古兵

濰縣陳編脩介祺藏

此戟題乃王文敏手書　傳以熙記

四之一

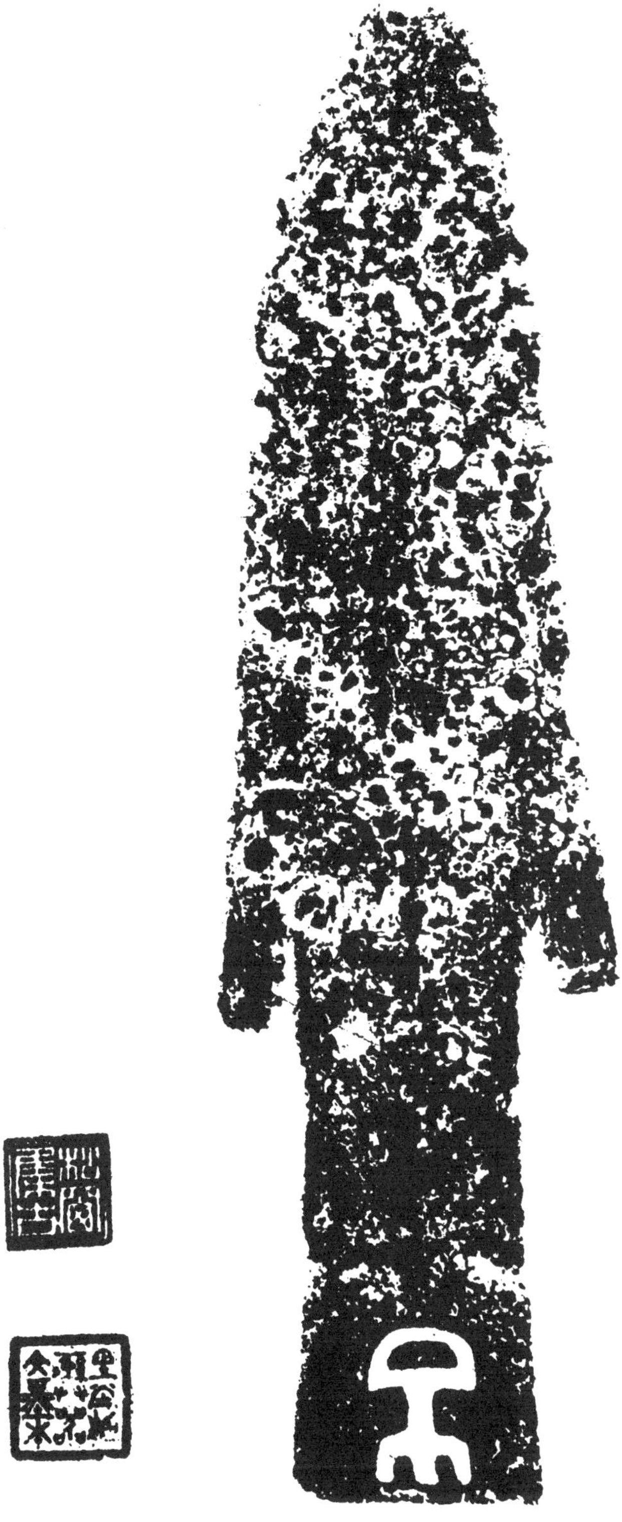

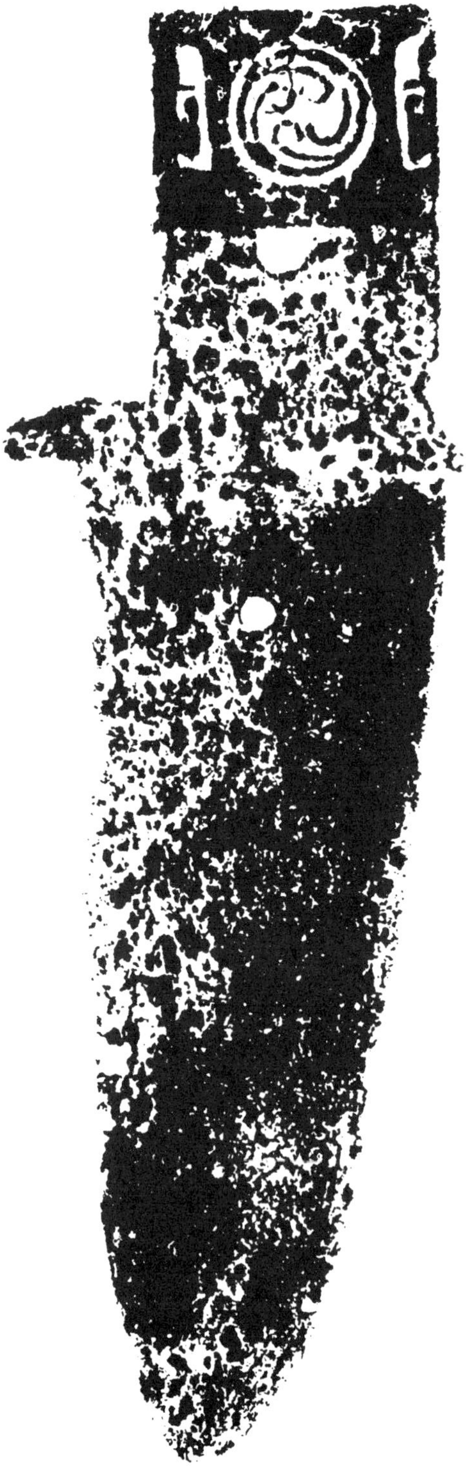

四之二

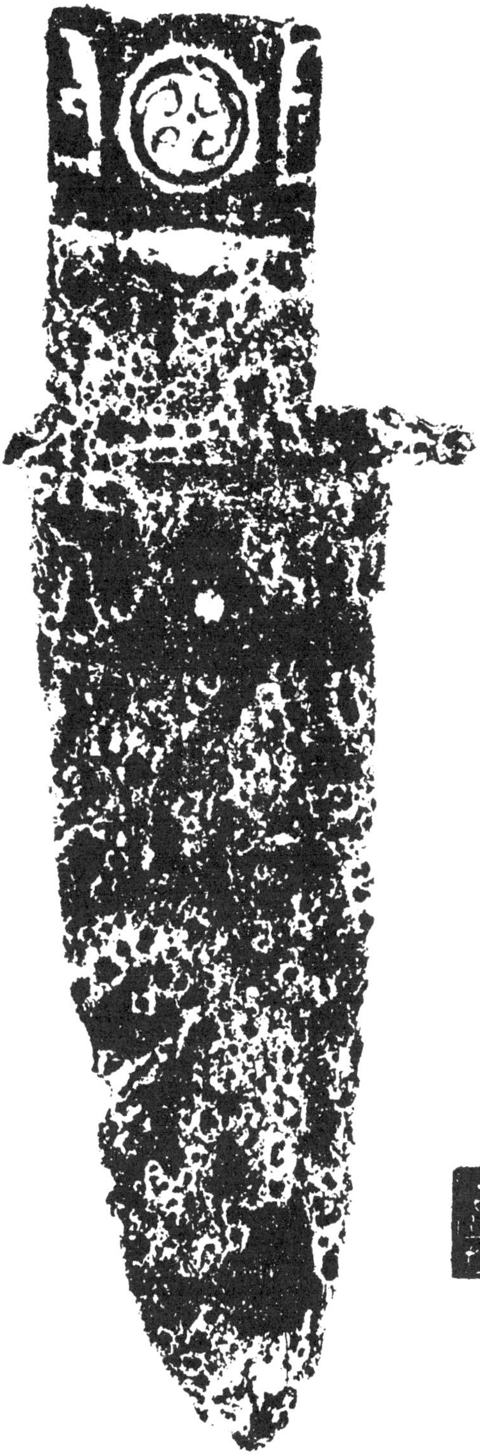

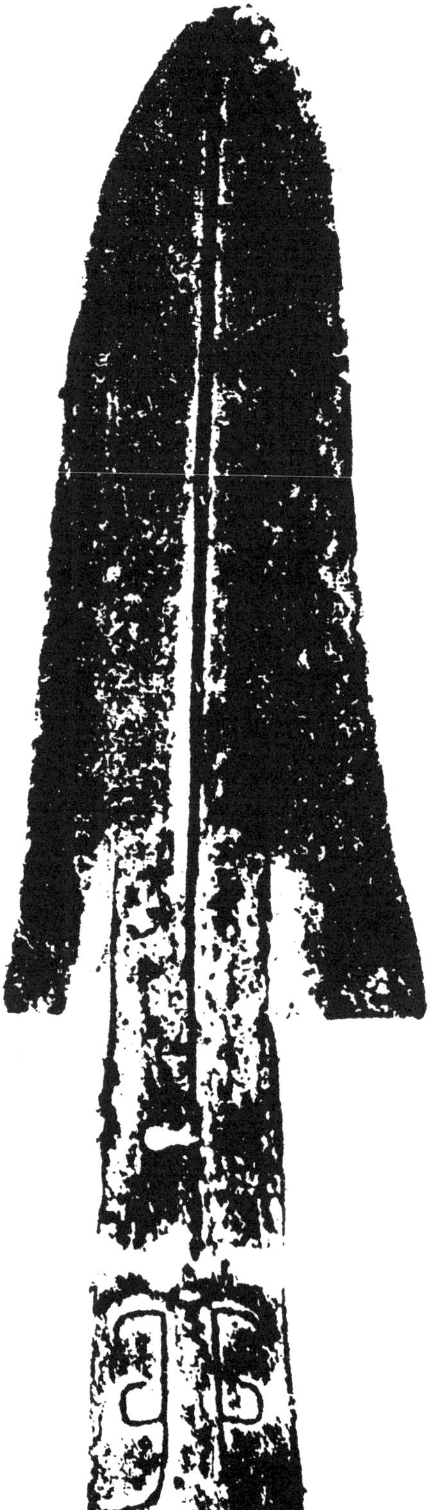

四之三

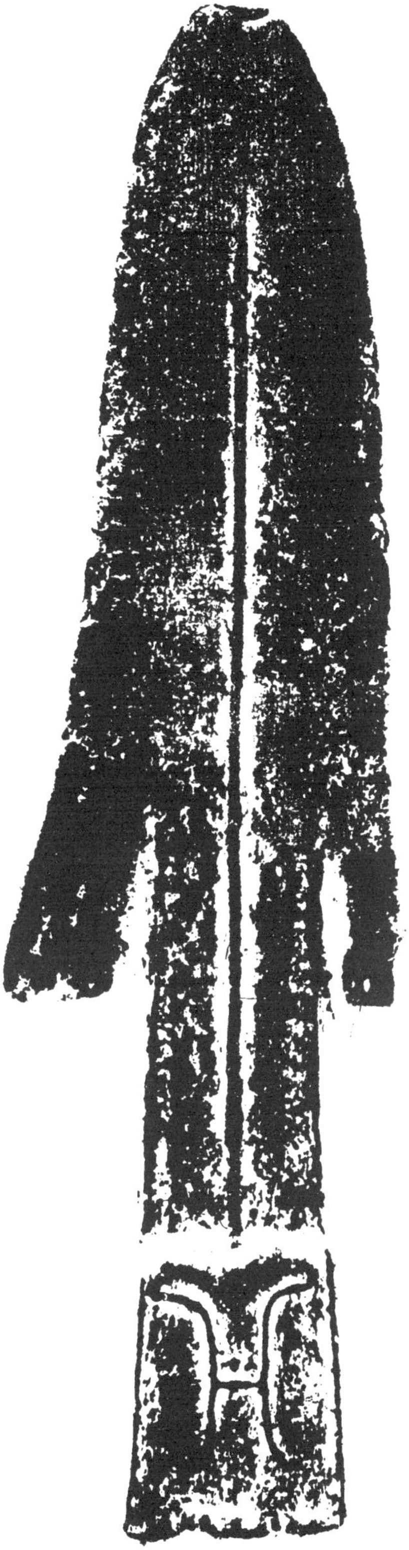

四之四

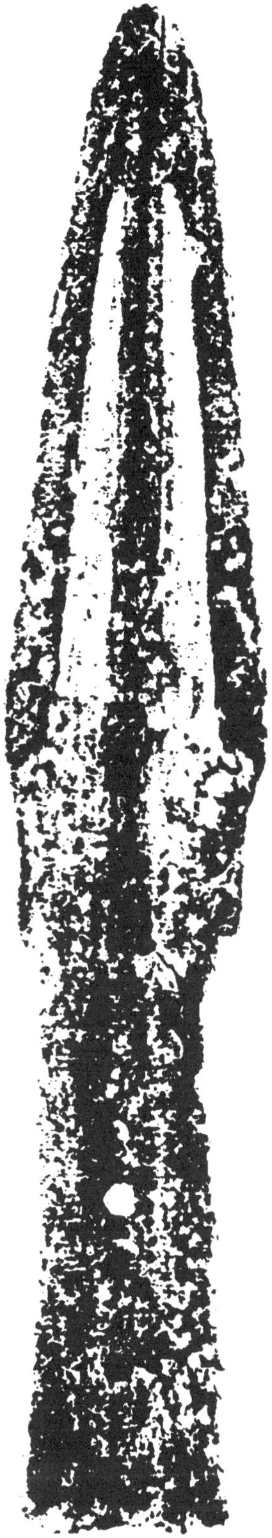

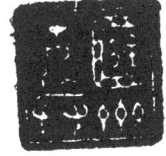

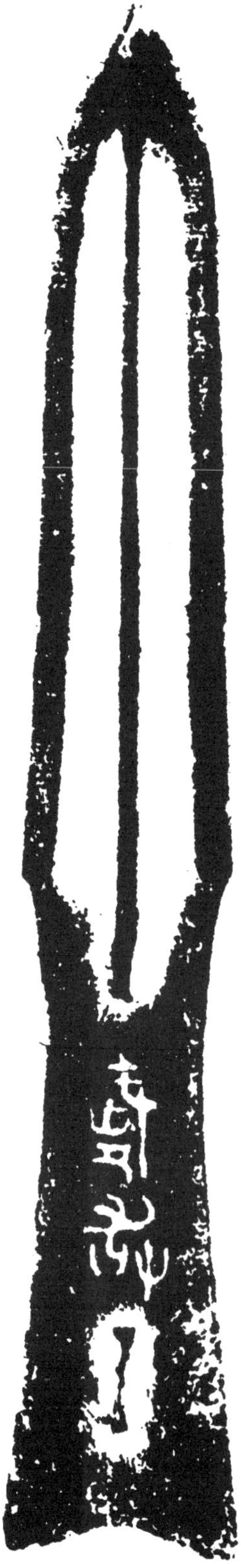

四之五

四之六

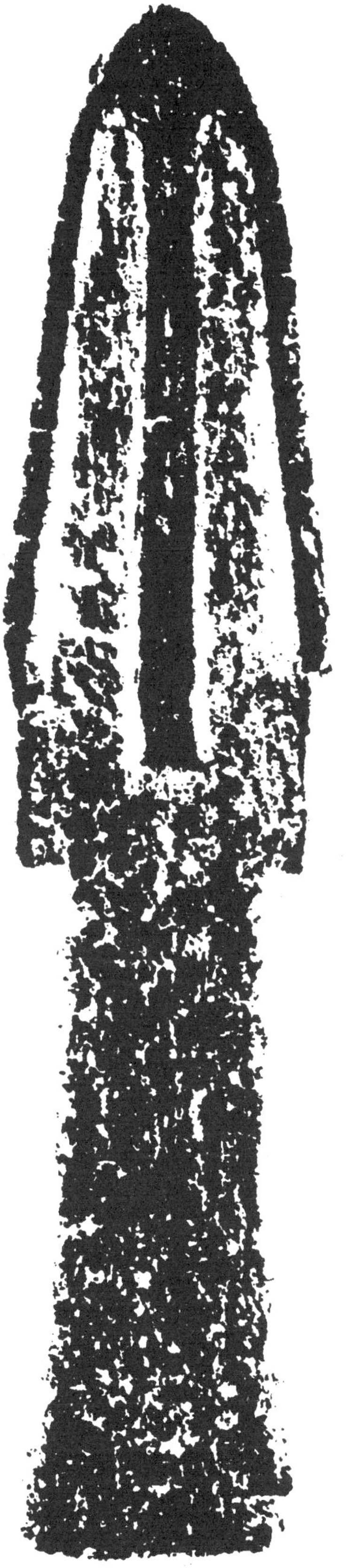

四之七

四之八

四之九

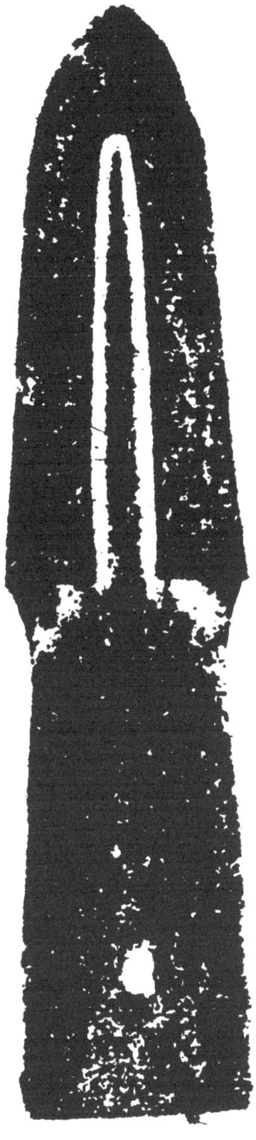

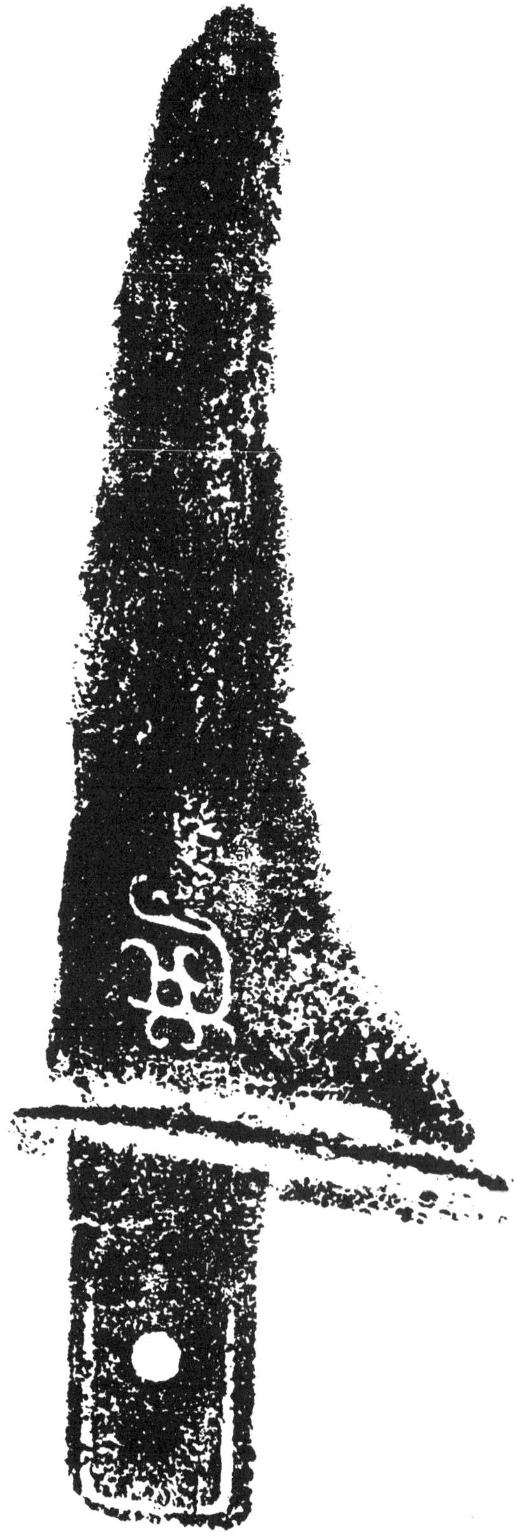

四之十

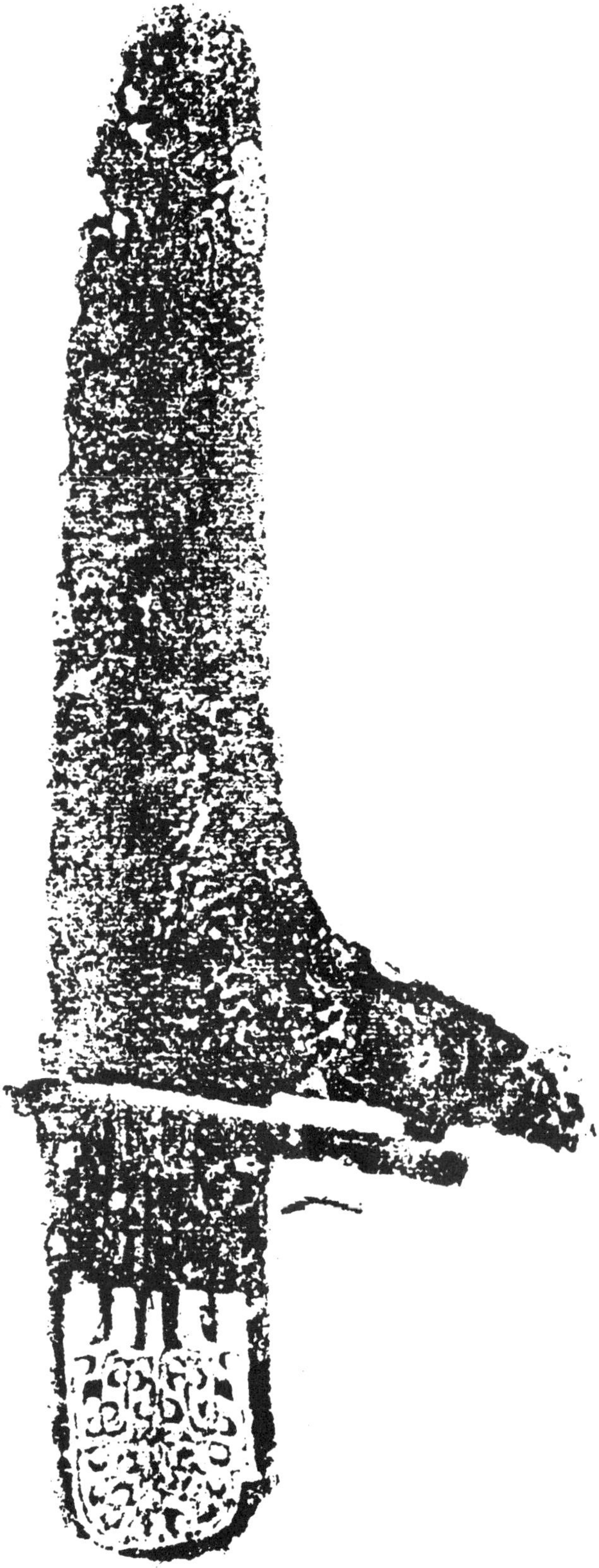

四之十一

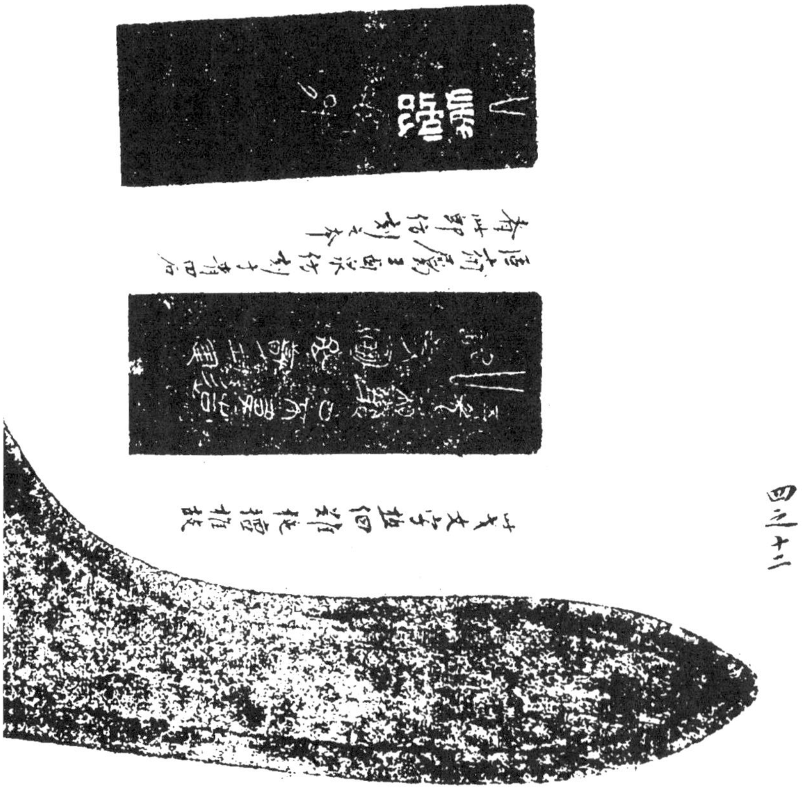

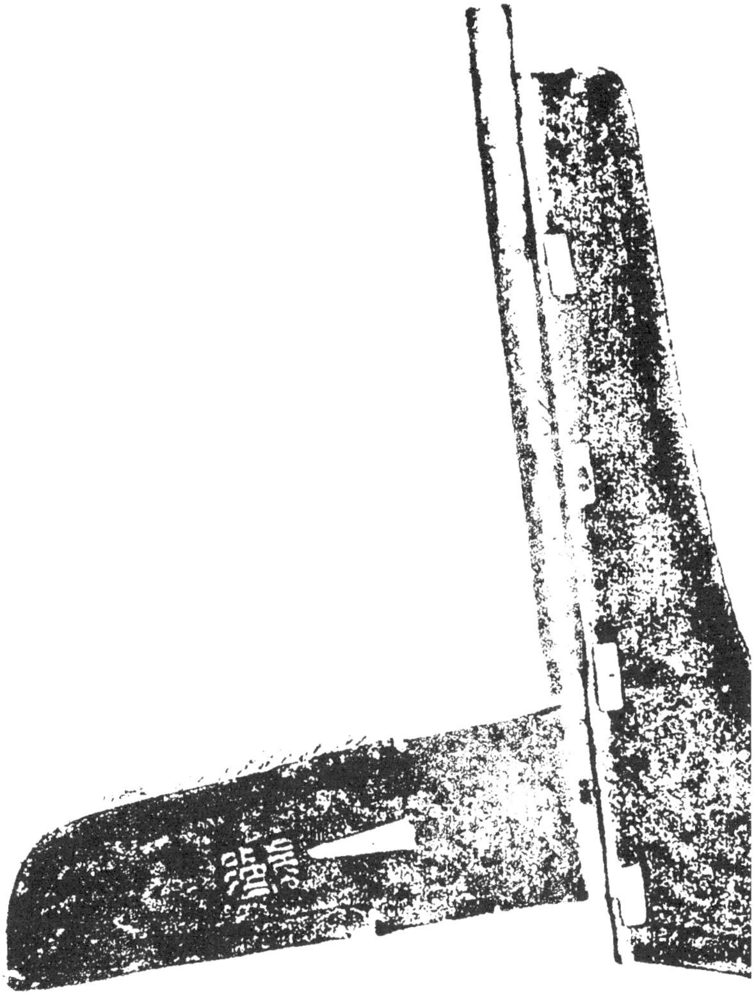

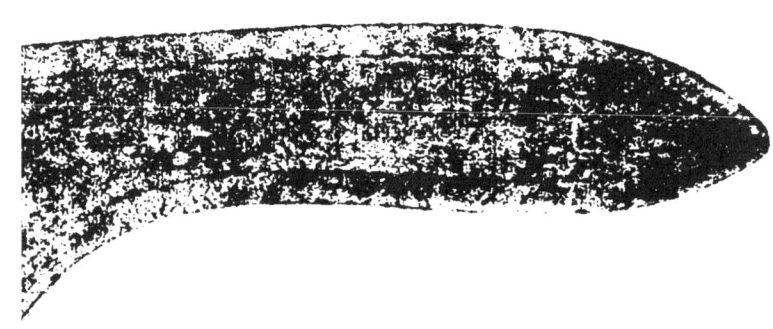

四之十三

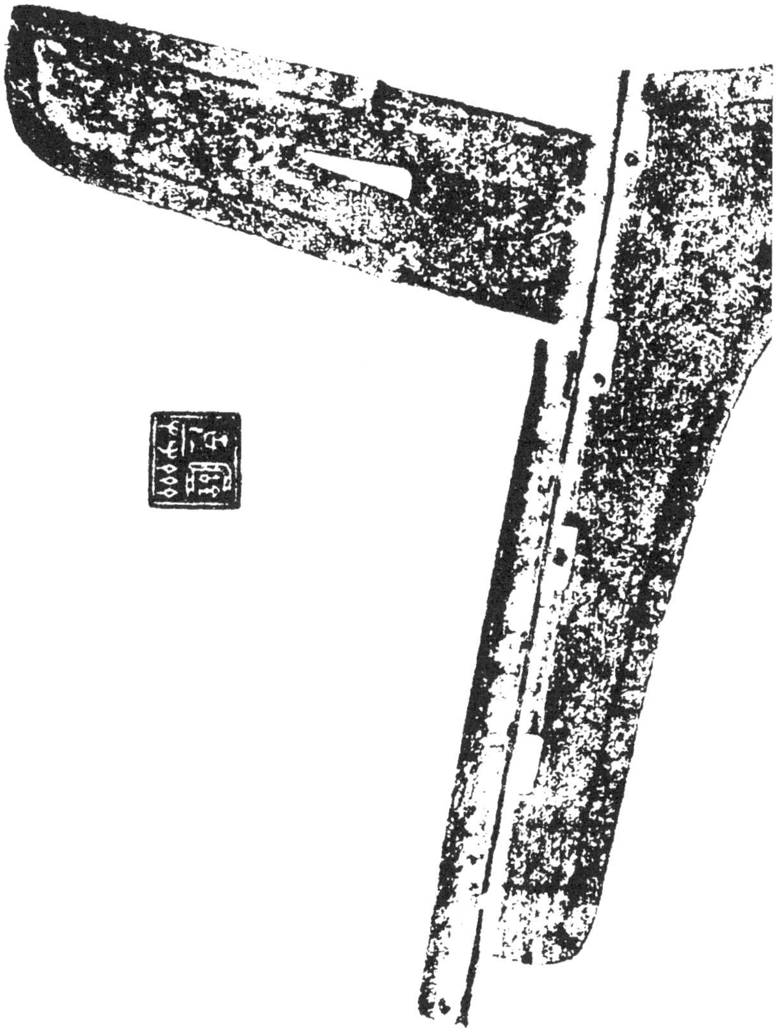

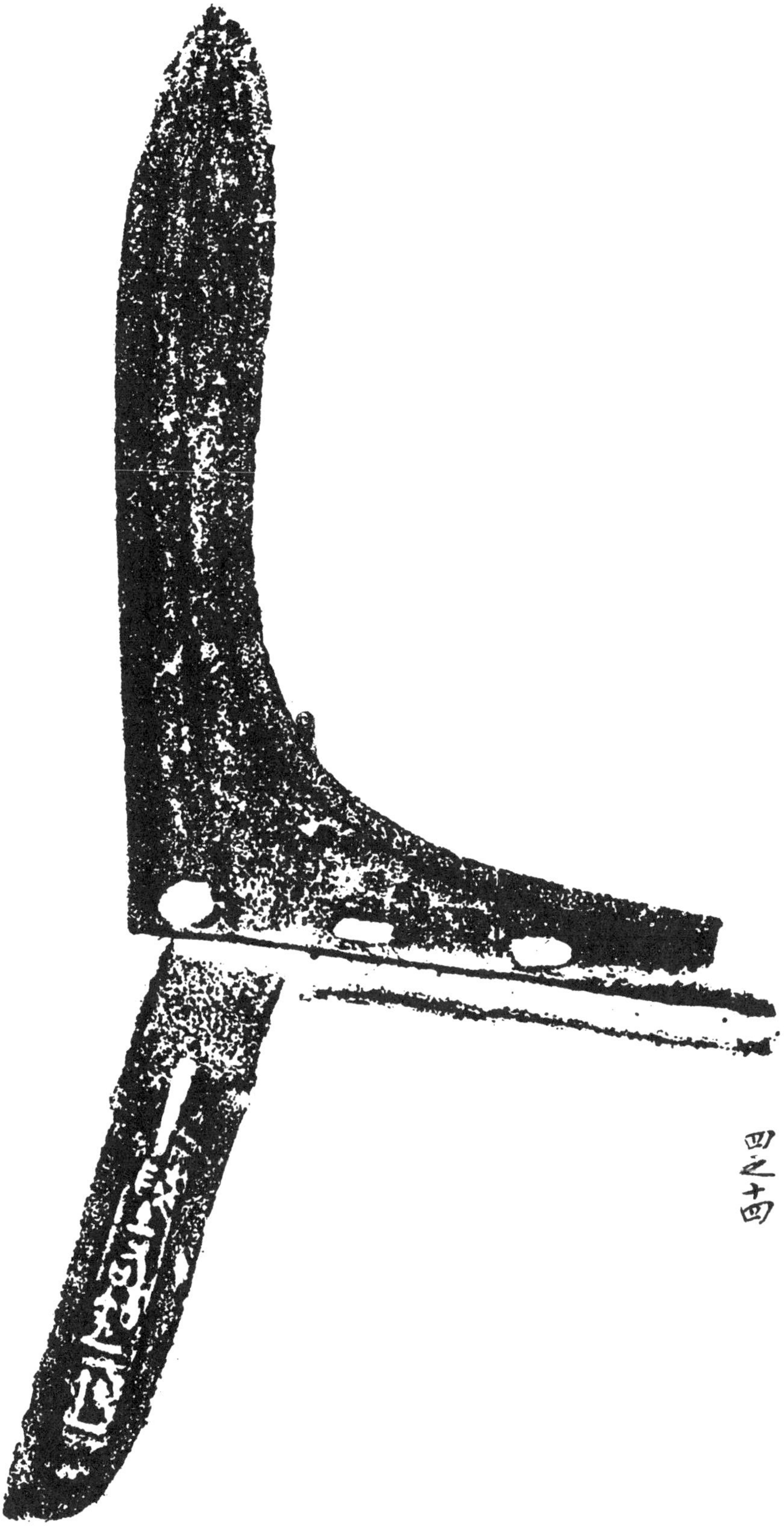

四之十四

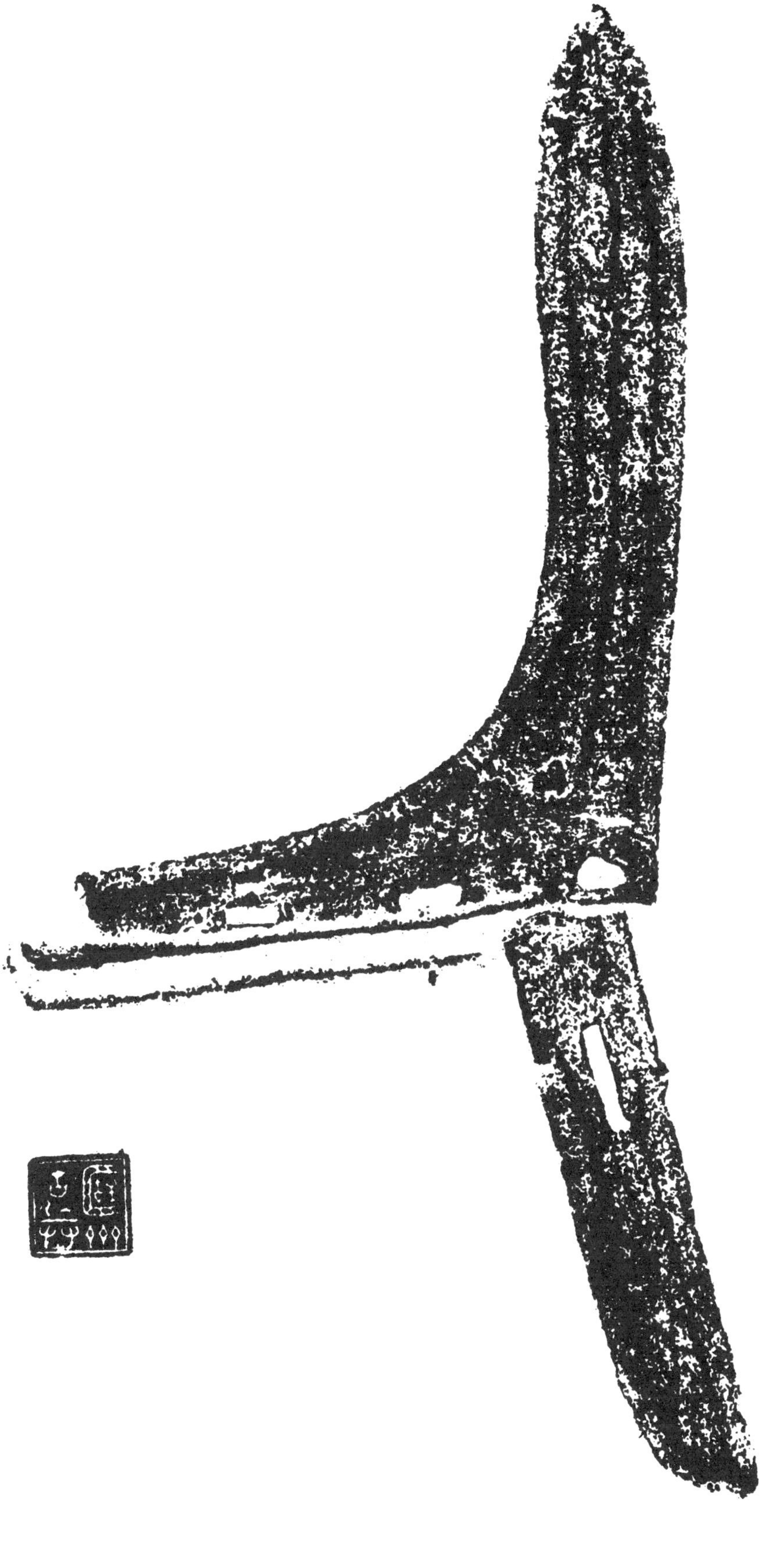

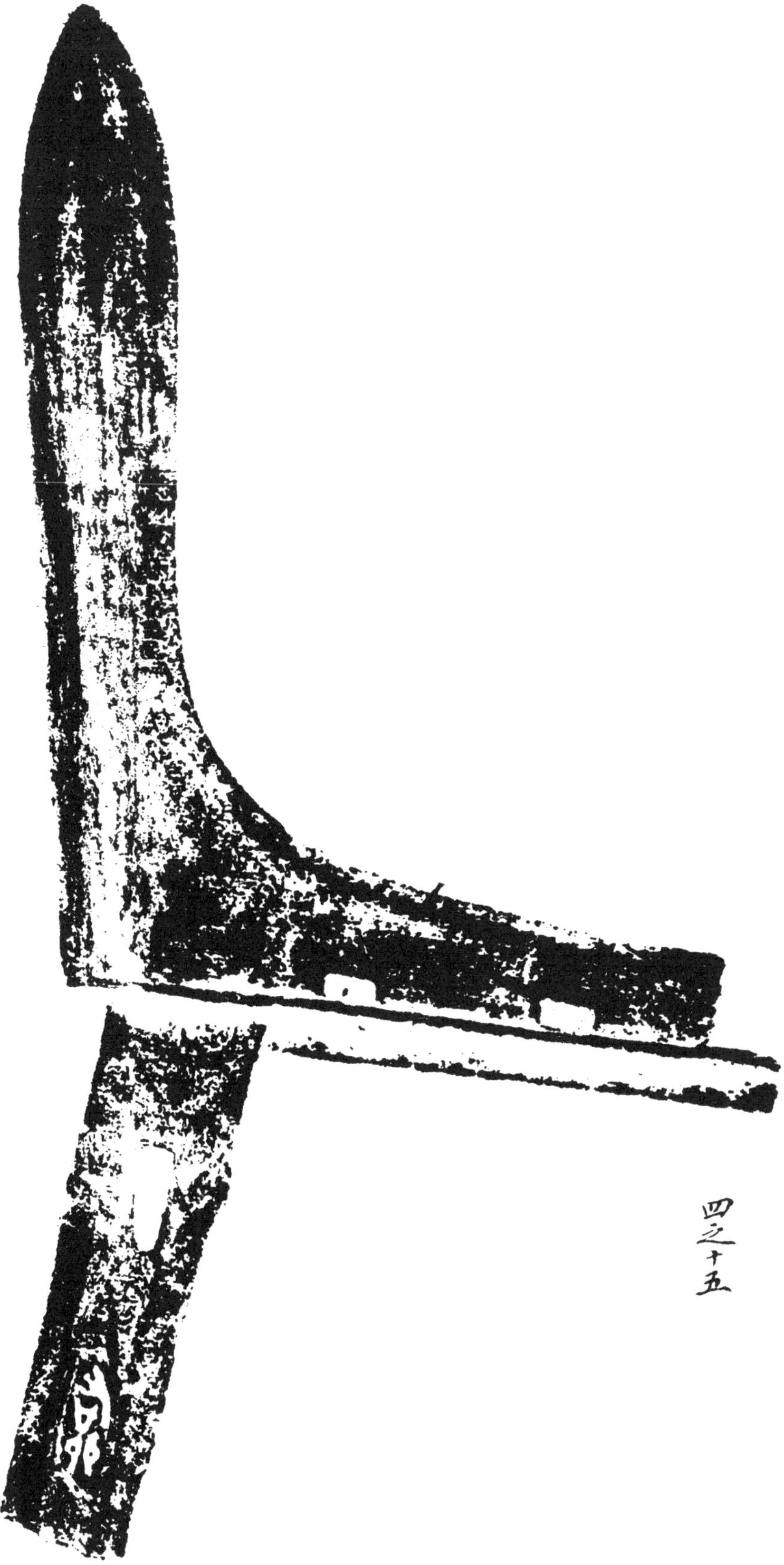

四之十五

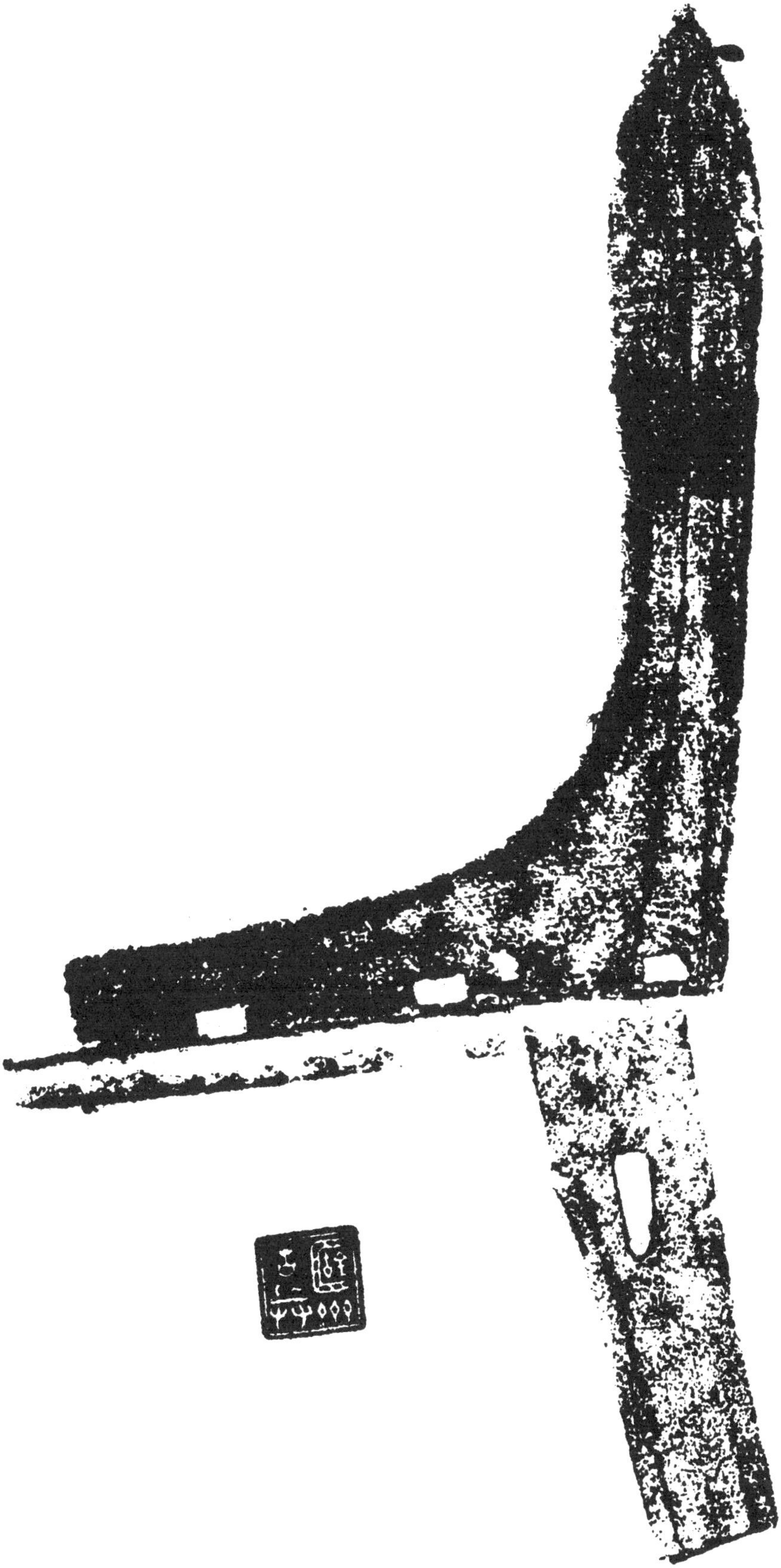

四三十六

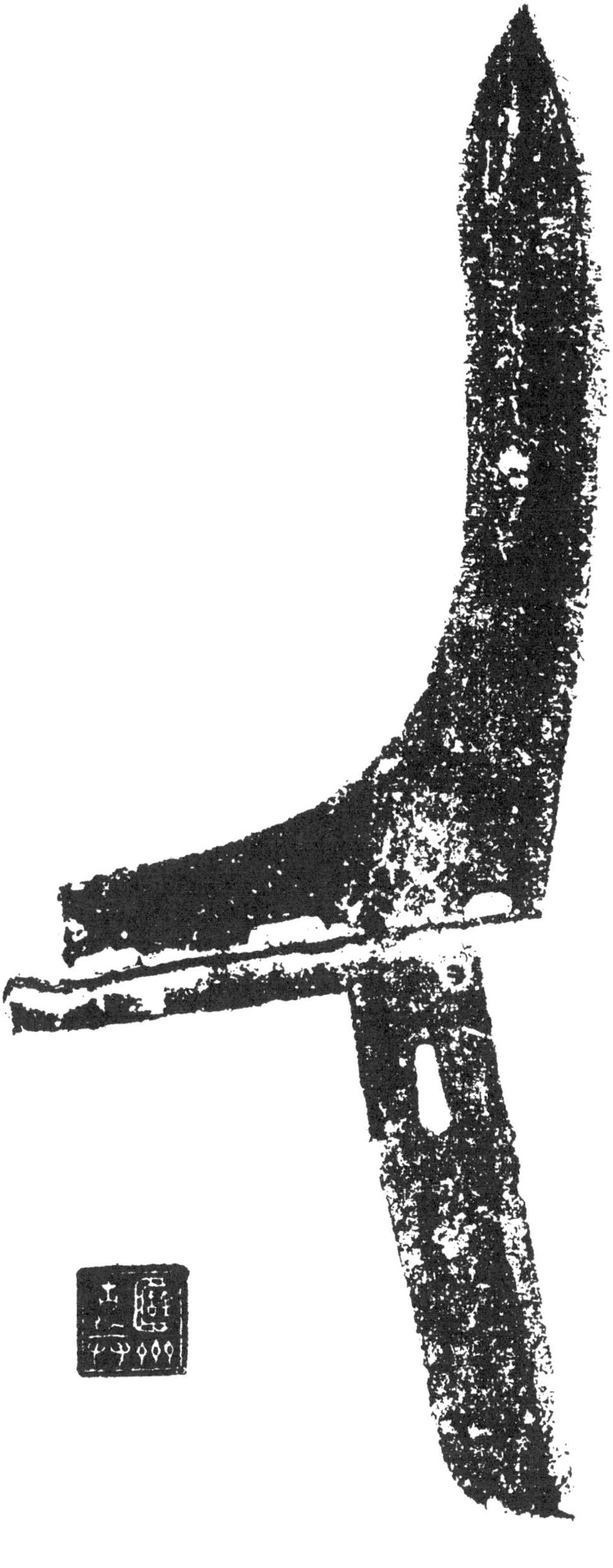

四之十七

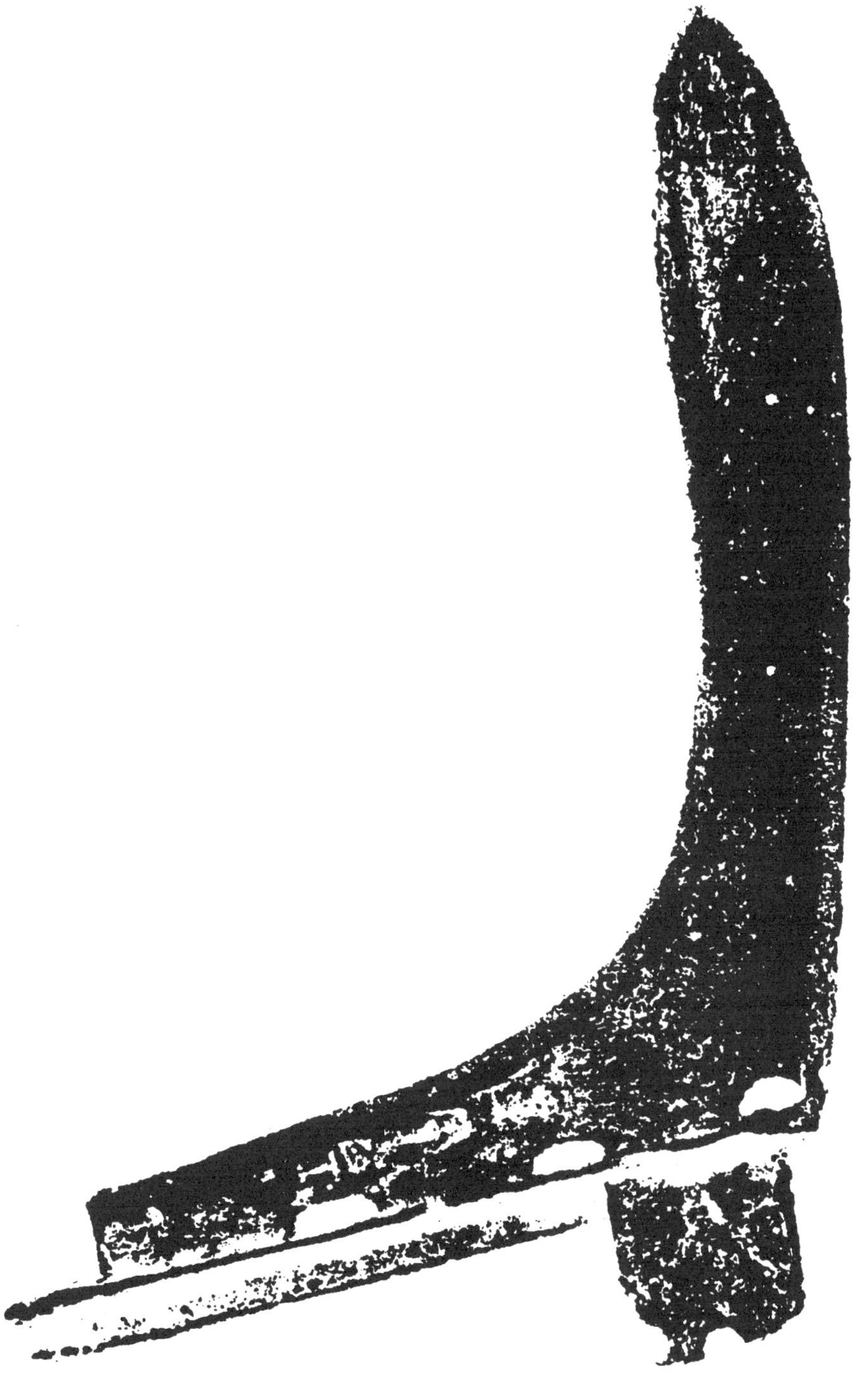

四之十八

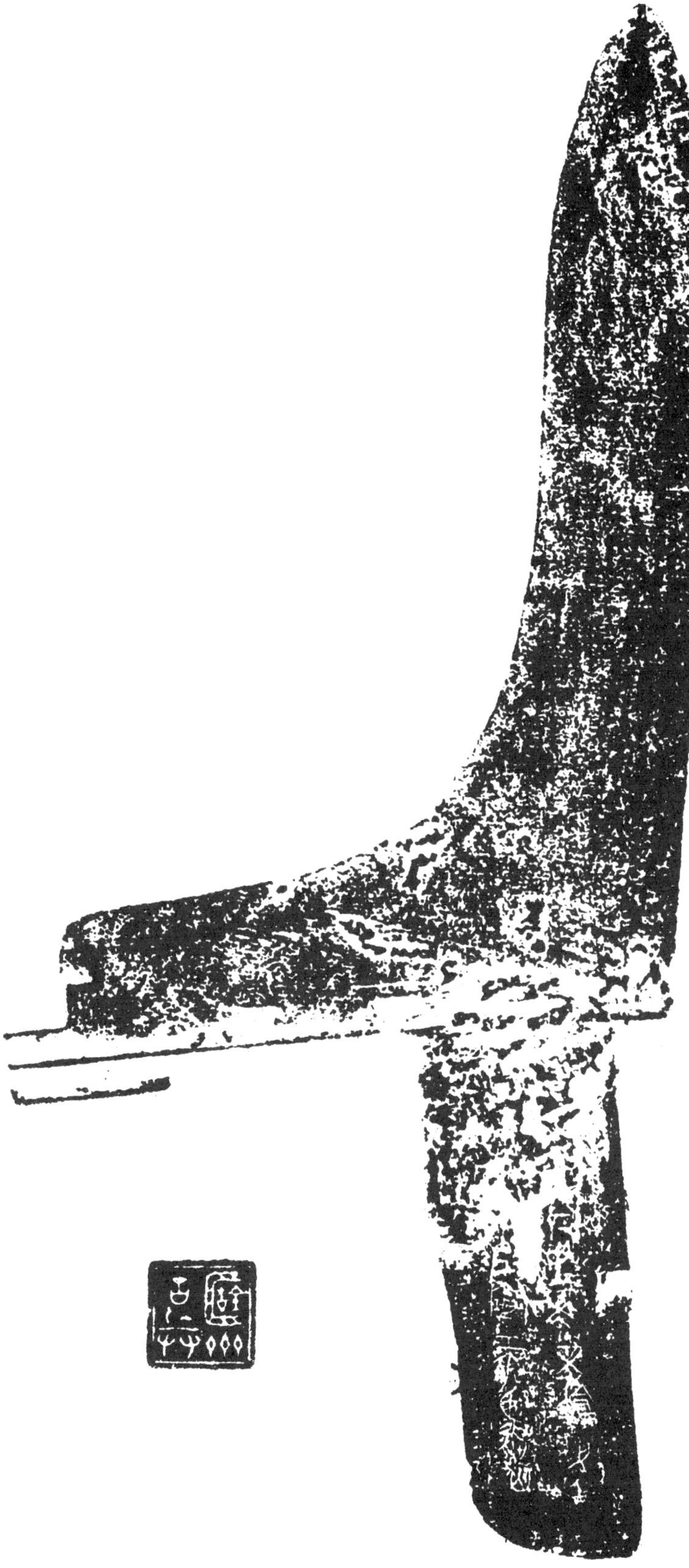

四之十九

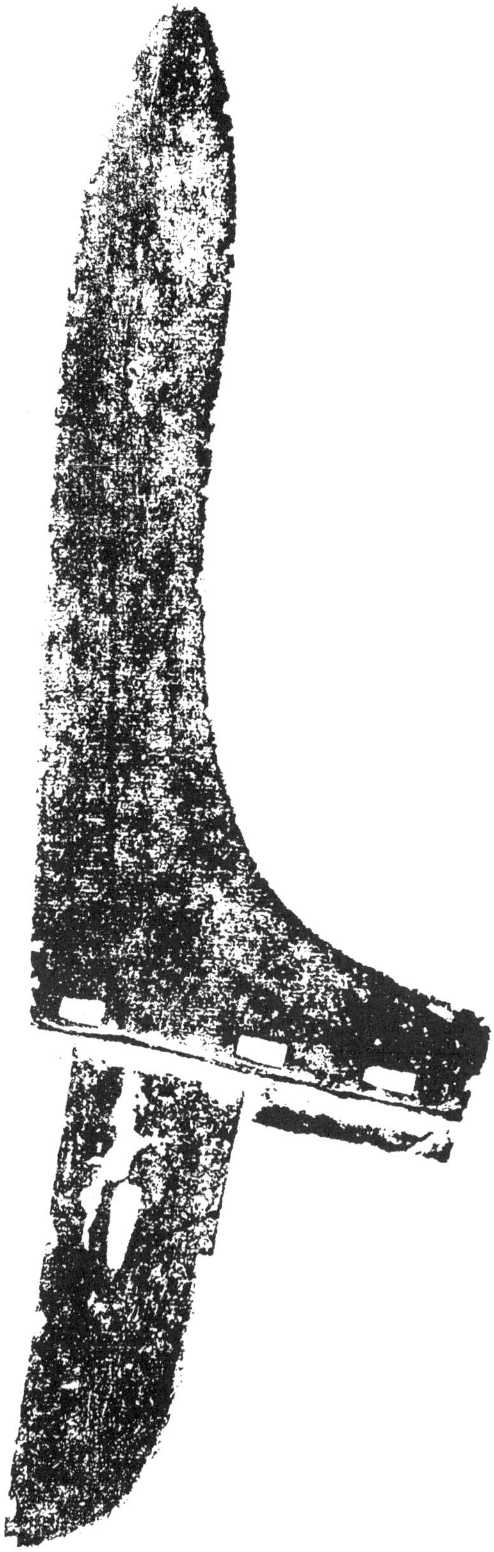

四之二十

四之廿一

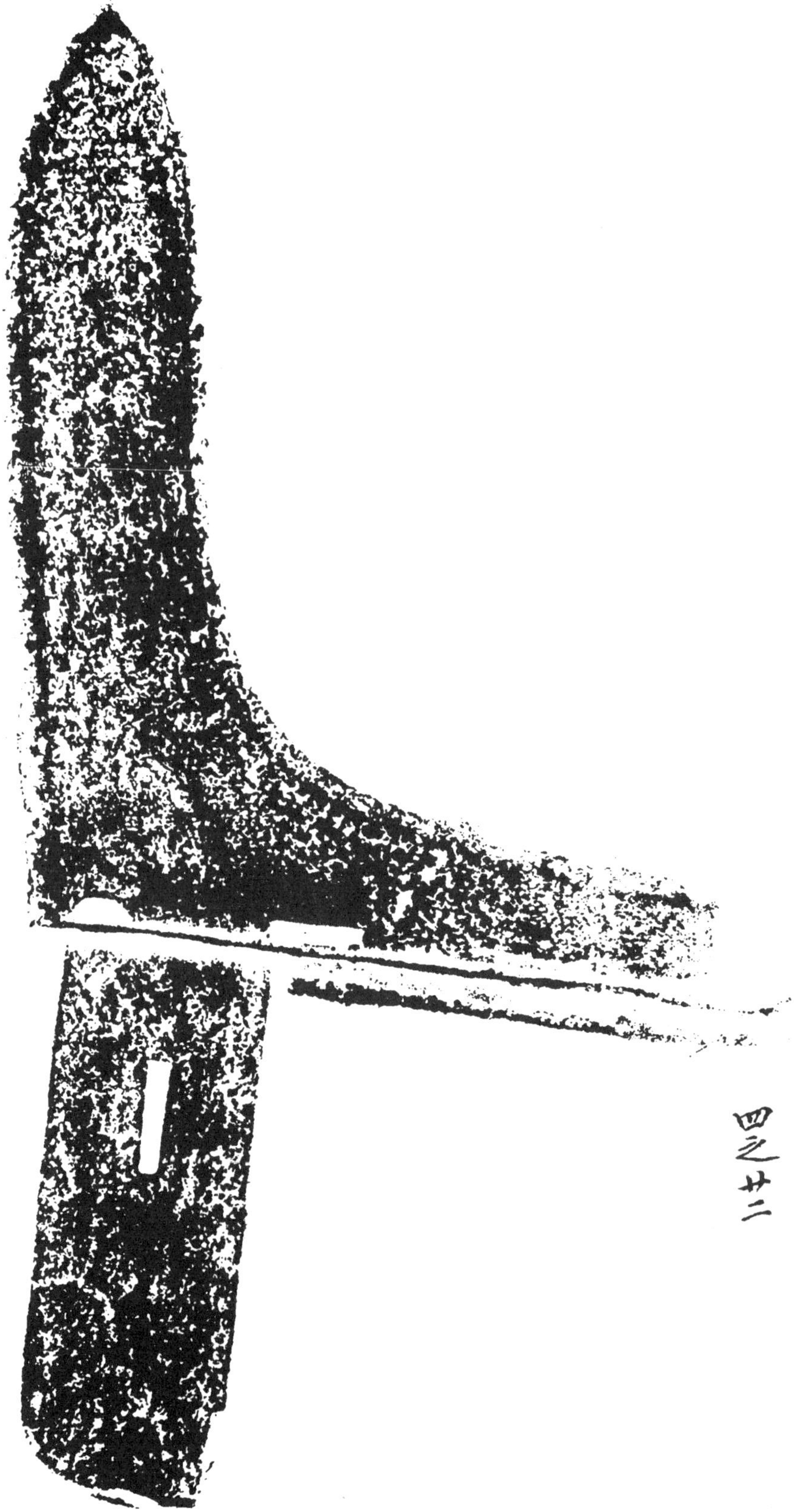

四之廿二

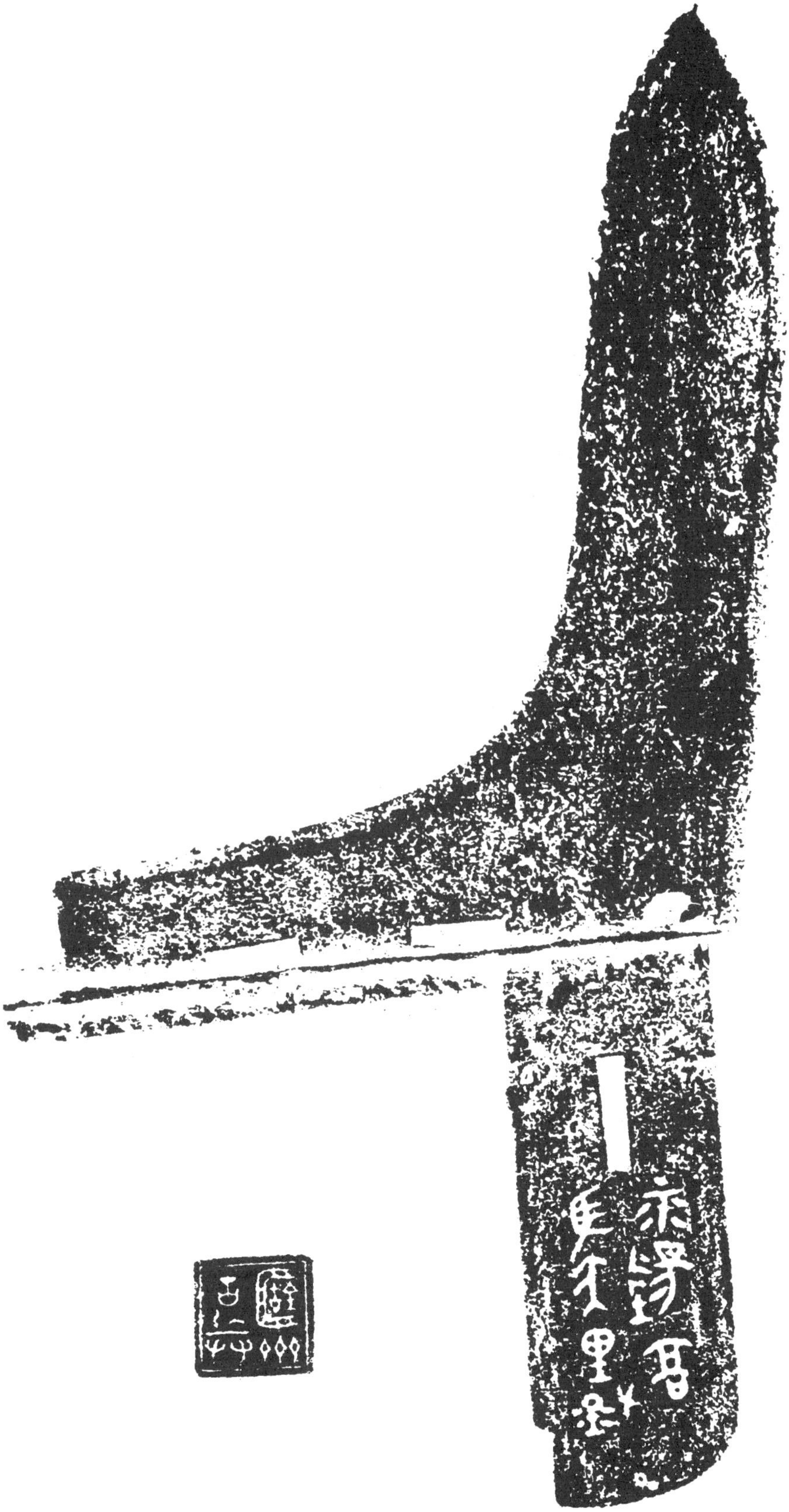

四之廿三

四之卌

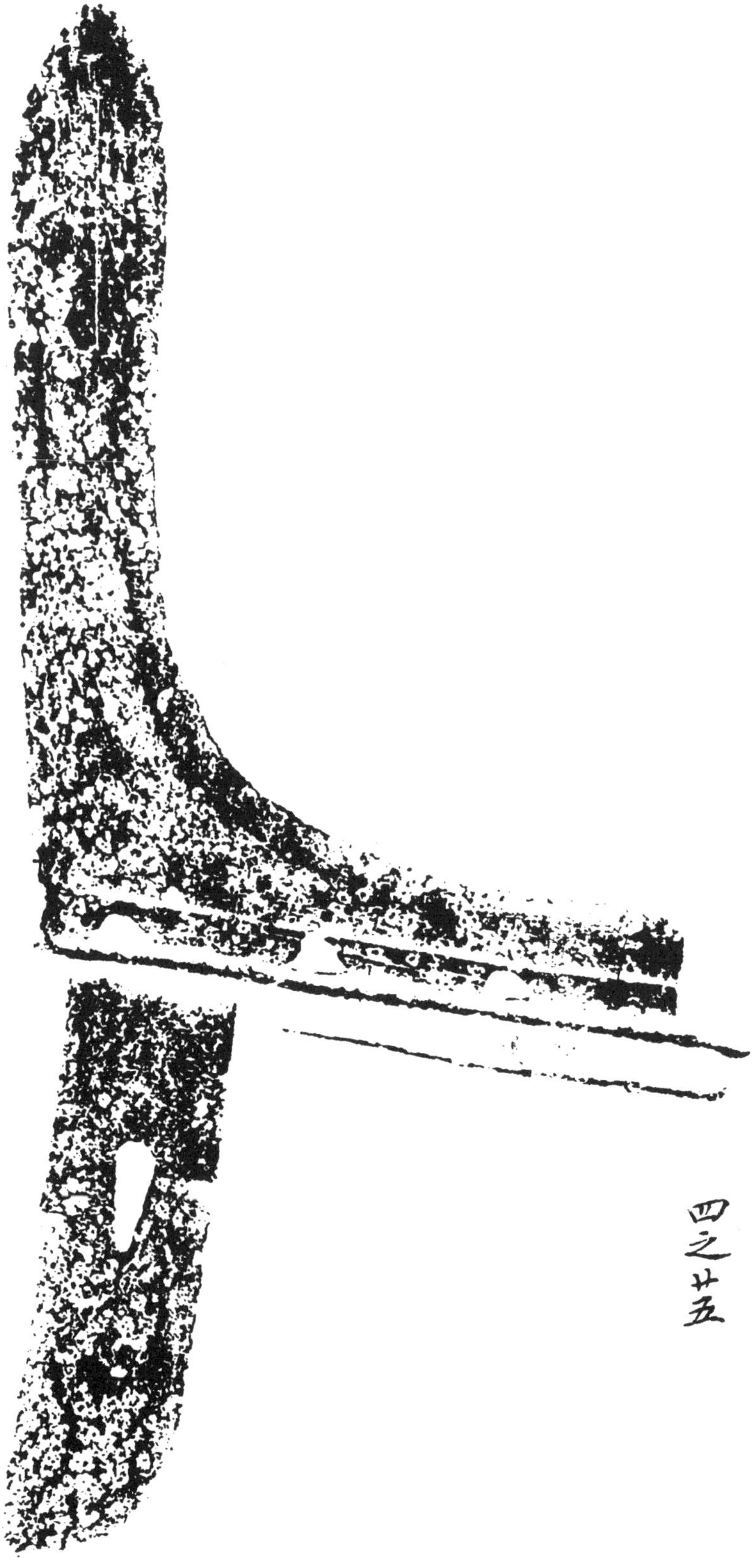

四之廿五

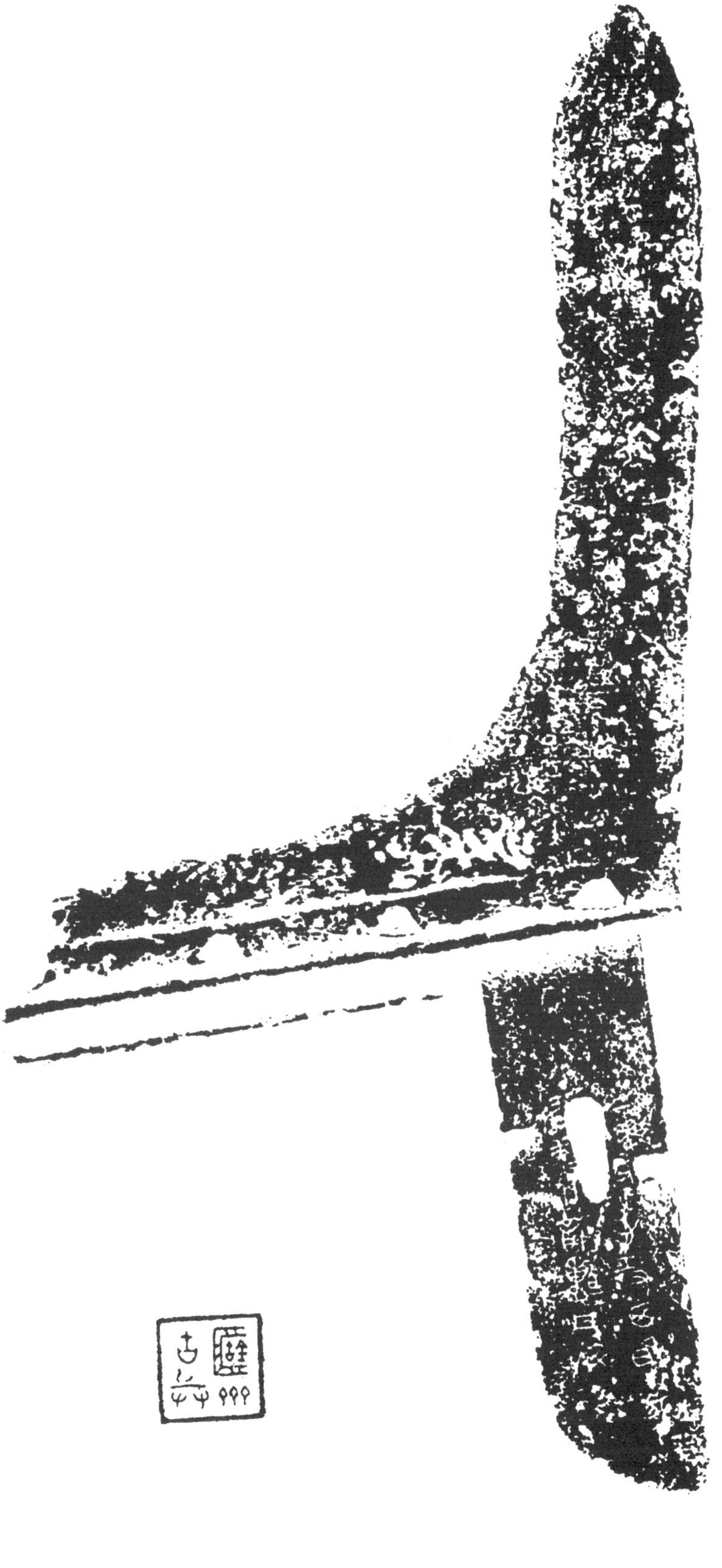

四之廿六

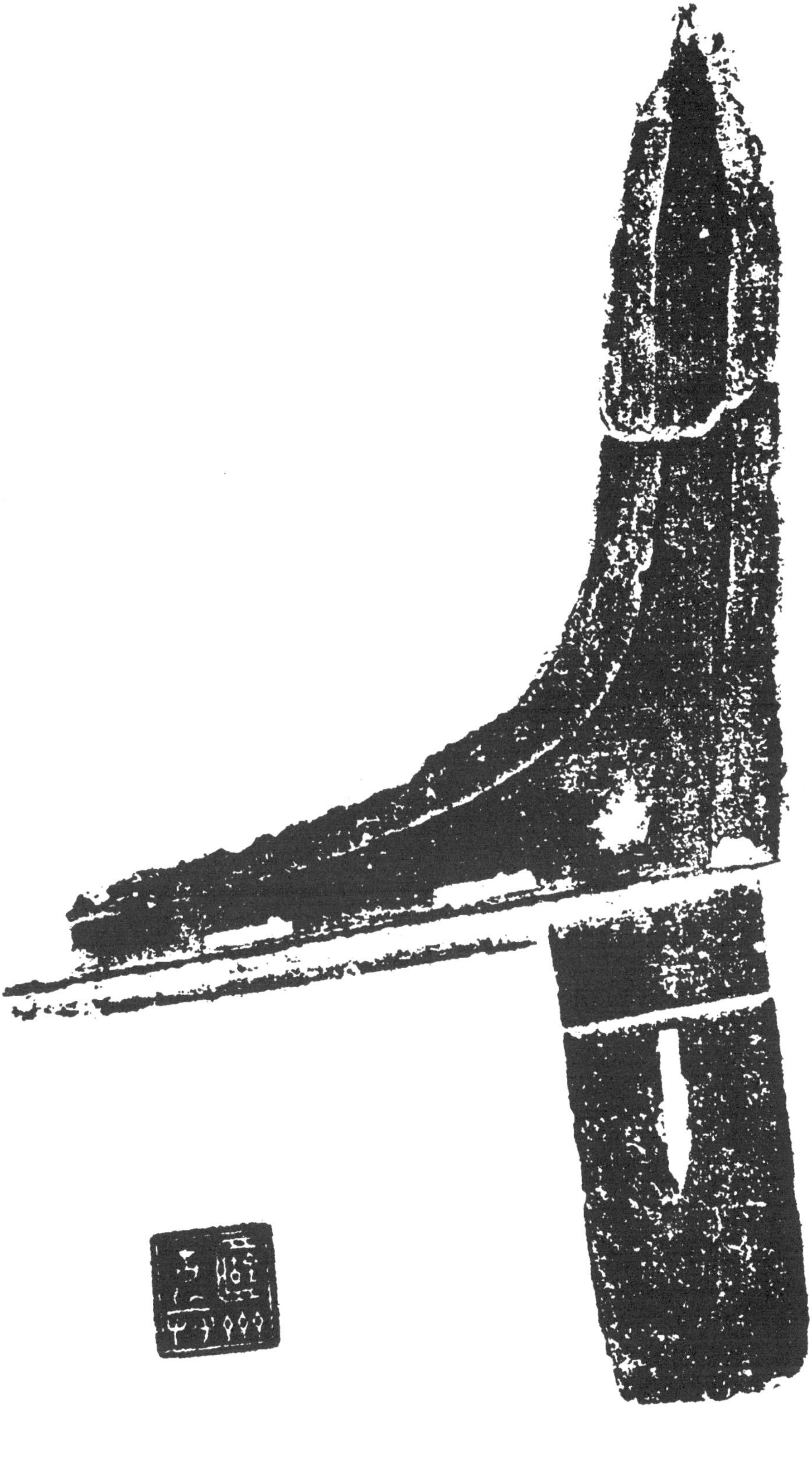

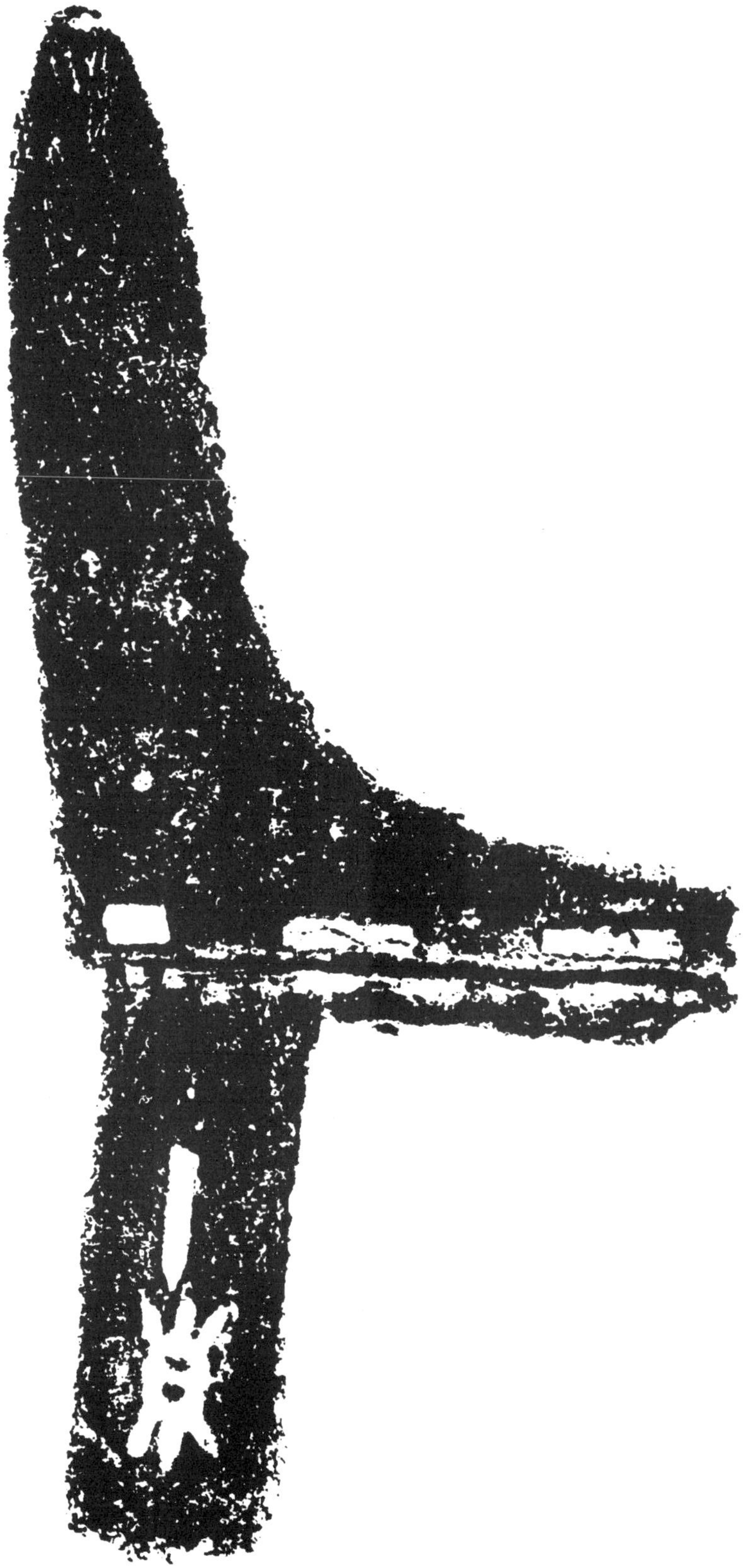

四之廿七

四之廿八

四之廿九

四之三十

四之卅一

四之廿二

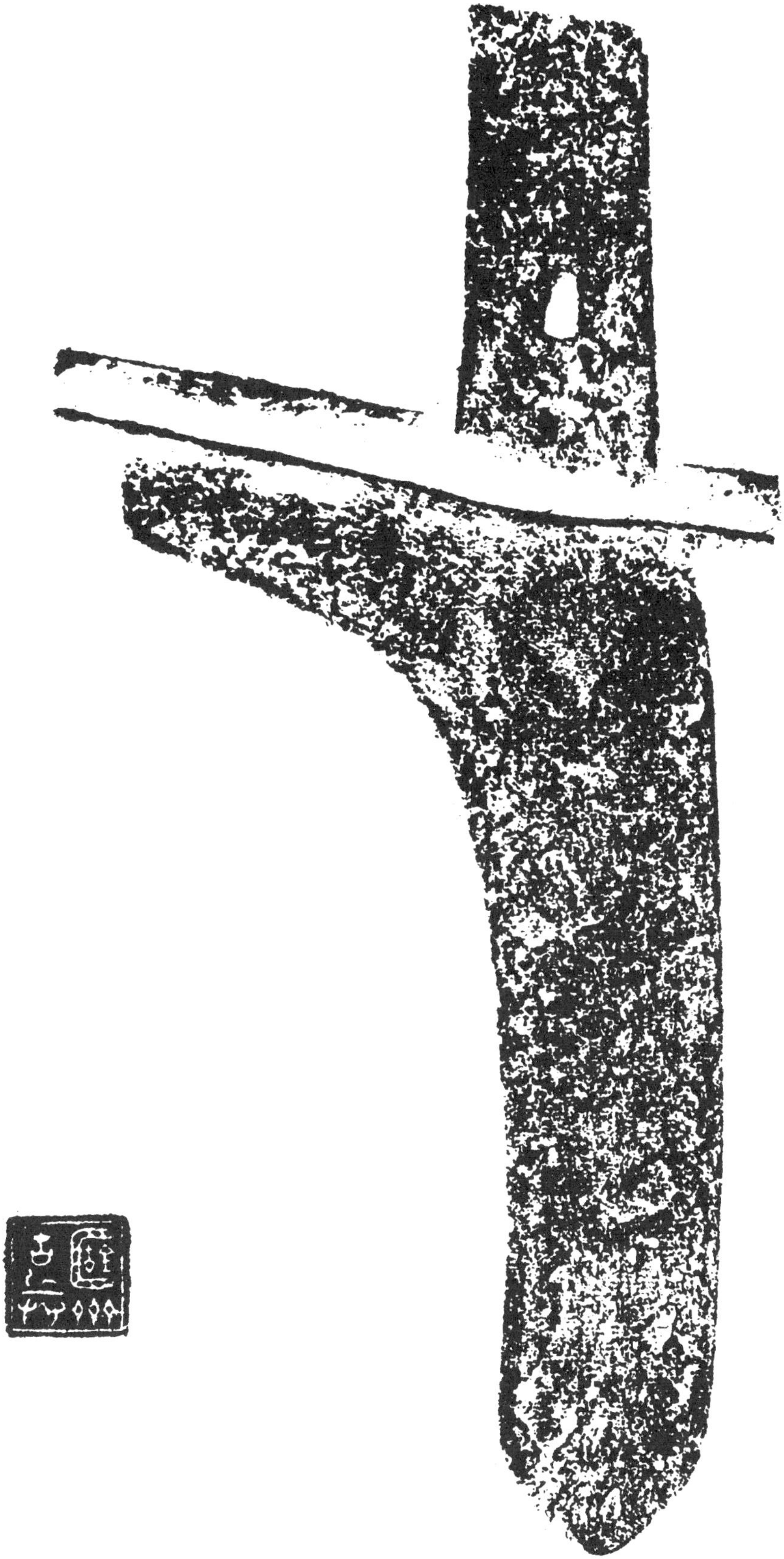

四之卅三

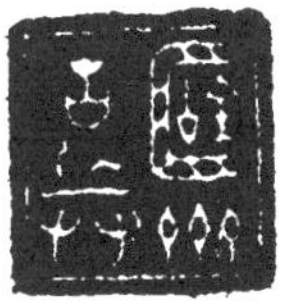

四之三十四

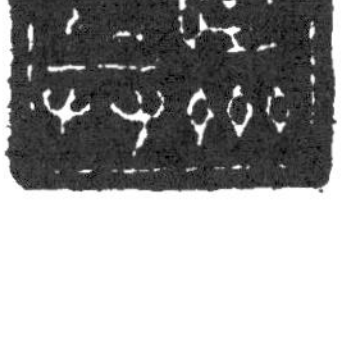

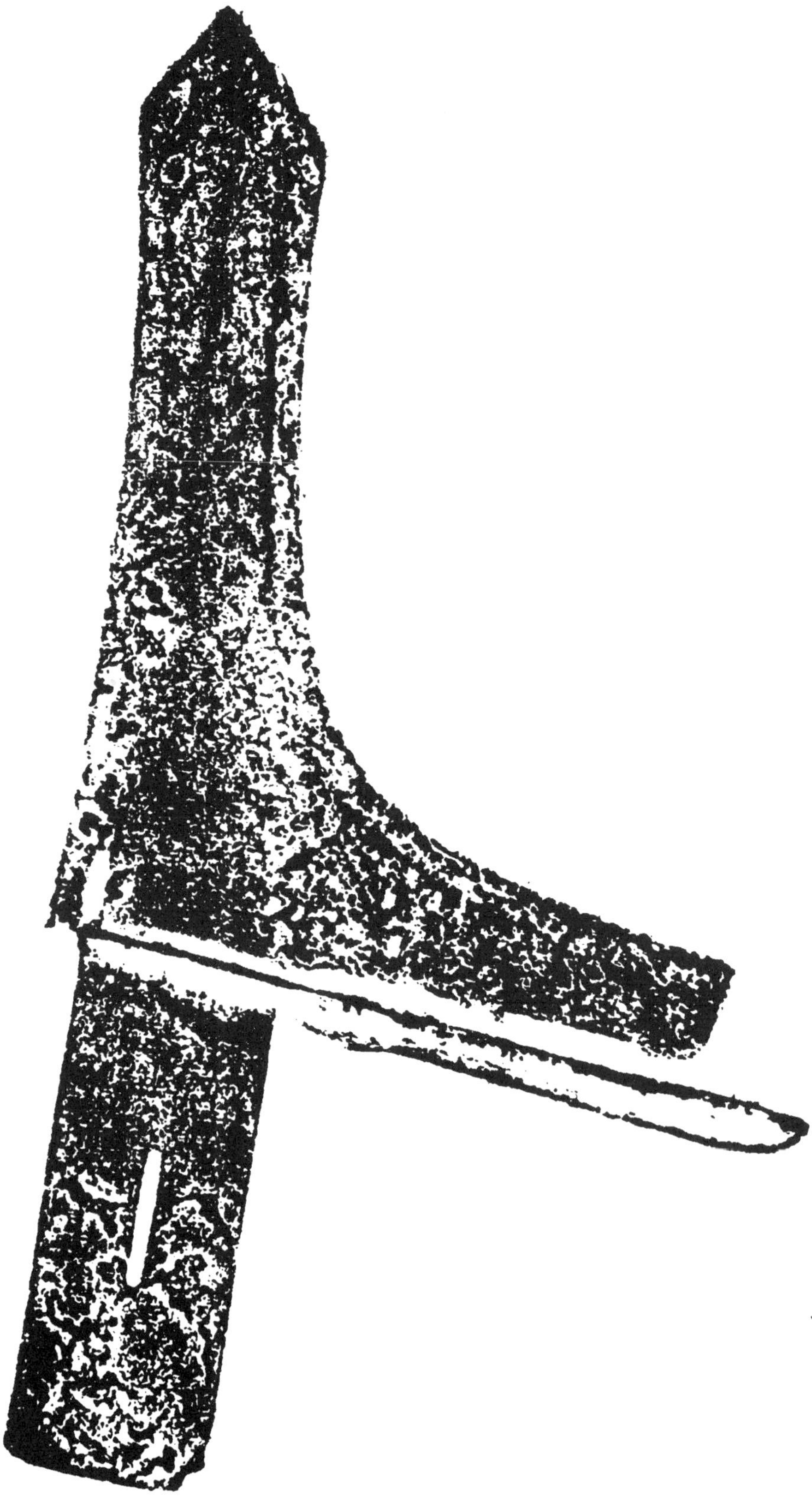

四之卅五

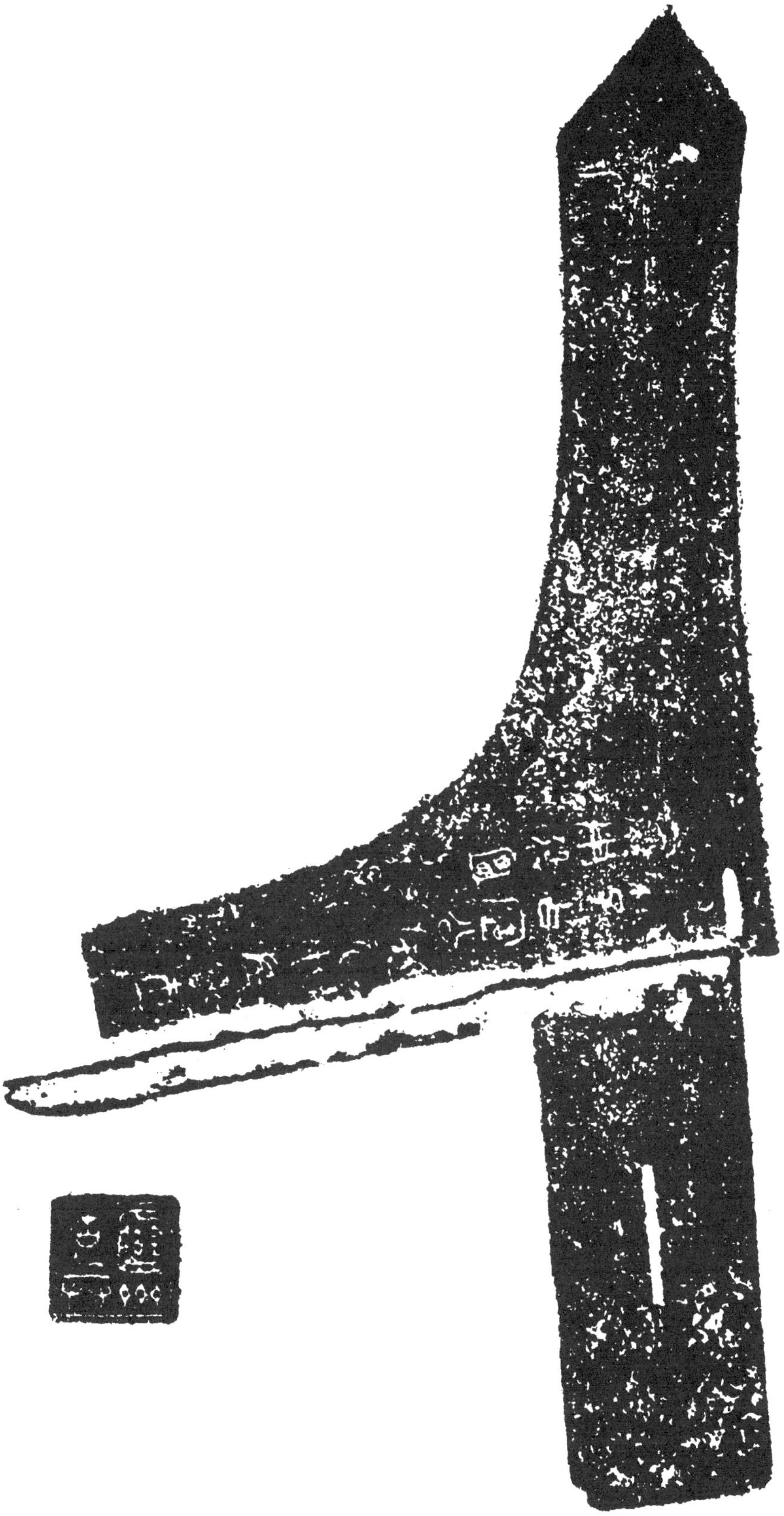

四之廿六

四之廿七

四之卅八

四之卌九

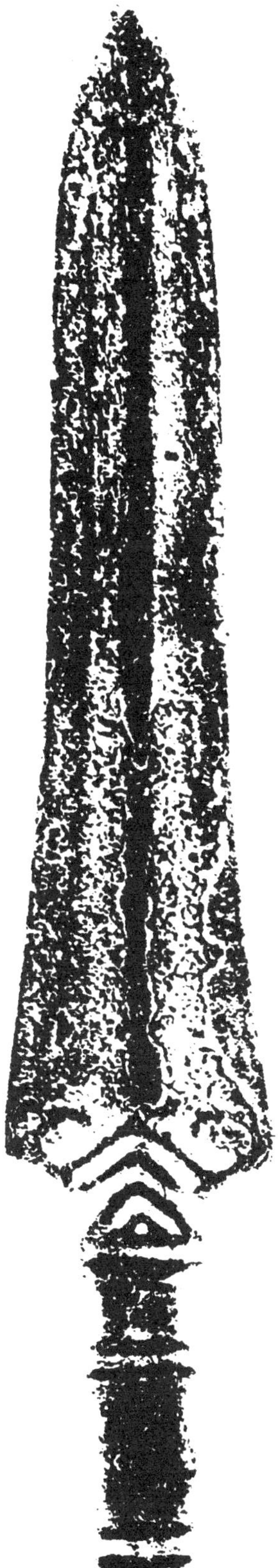

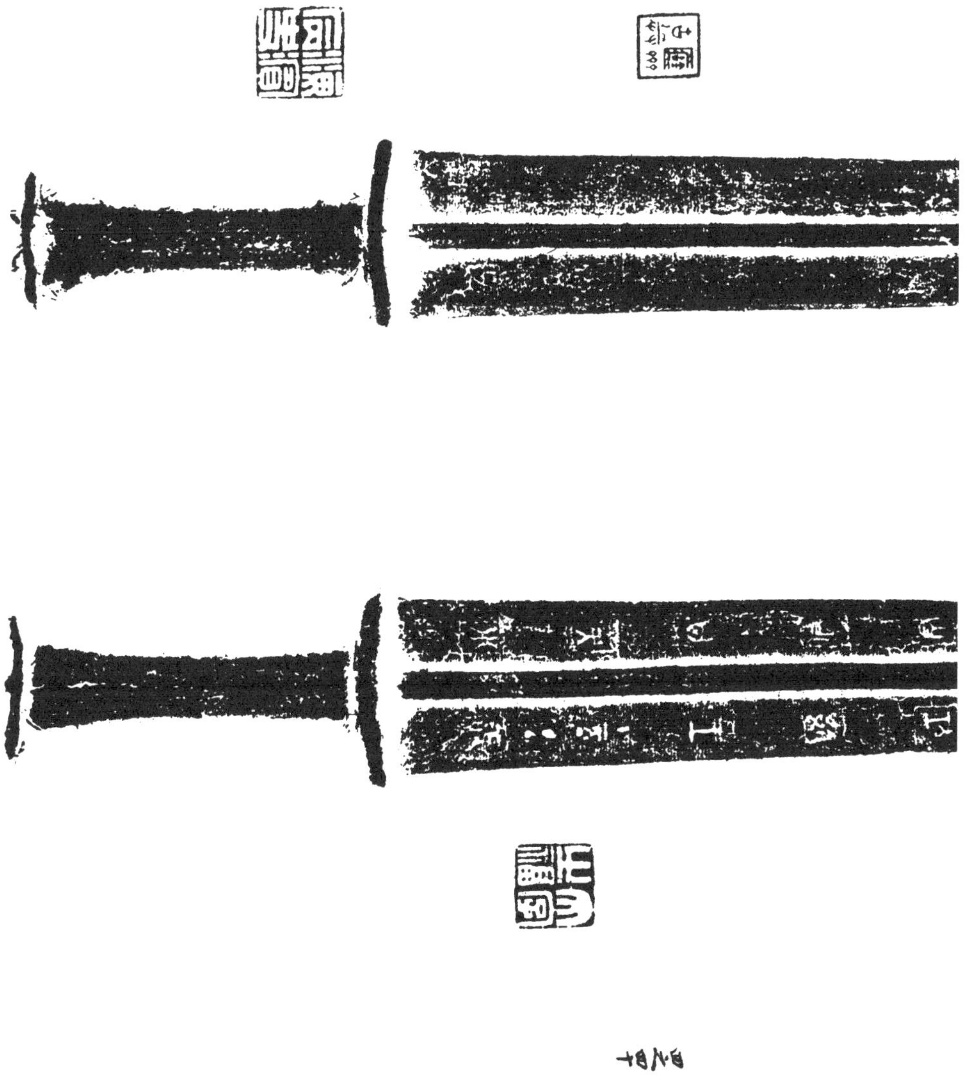

四之四十一

四之四十二

此卌共古兵卅三種皆簠齋所拓嘗時寄与
王文敏懿榮者王殁後遺物盡為劉鐵雲所
得余乃从劉氏得之今簠齋吉金分屬諸子
姓者半皆斥賣多為異國人所有此後陳
氏拓本將不可復得因取古兵拓本付工裝
褫冊于所見陳氏古器諸拓本出後乙卯八
月十卯夕褚德彝記于上海賃廡之籀槑

新得簠齋吉金拓二百餘品銅石
淵泉范百餘品專瓦二百餘品又章
五銖泉范參文于長樂未央貨
如侯王八字象盦齋藏范中精
絕出品乙卯十月籀槑又記

中國金石學圖譜叢刊

簠齋吉金錄

下

〔清〕陳介祺 藏器
鄧　實 編次

浙江人民美術出版社

此始皇權而二世增刻詔書者

五之一

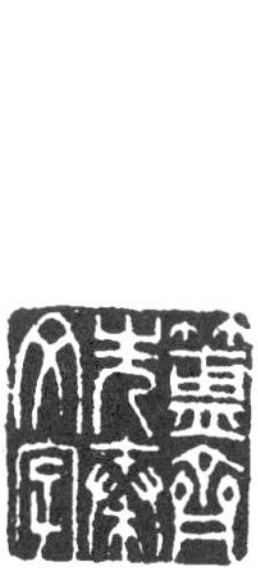

五之二

此詔爲東武劉氏藏載長安獲古編

此詔文字精絕當爲相斯手蹟

五之四

秦篆之祖

簠齋爲翰生題

簠齋

秦鐵權出瑯邪閒

始皇詔殘銅版

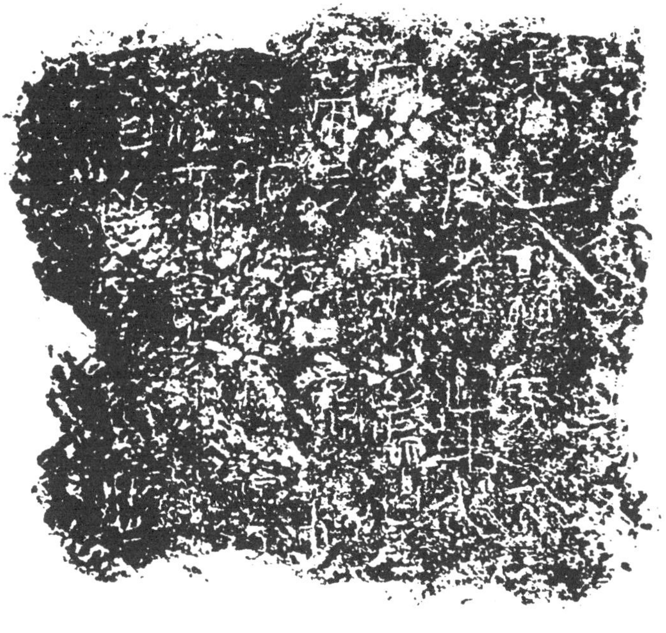

五之五

秦鐵權銅版

始皇詔刻右　二世詔刻左

秦鐵權銅版陰

始皇詔大字鑄款

五之六

秦木量銅版

二世詔

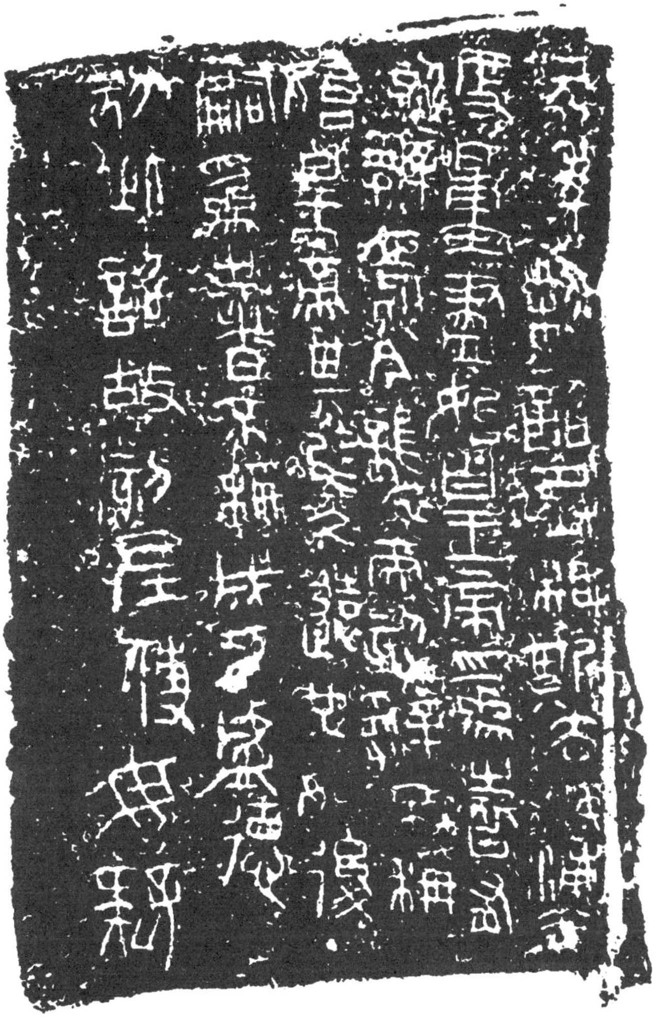

秦鐵權銅版

始皇詔

佀廌

五之七

秦鐵權銅版陰

始皇詔

秦銅版

二世詔

海豐吳氏

五之八

二世詔

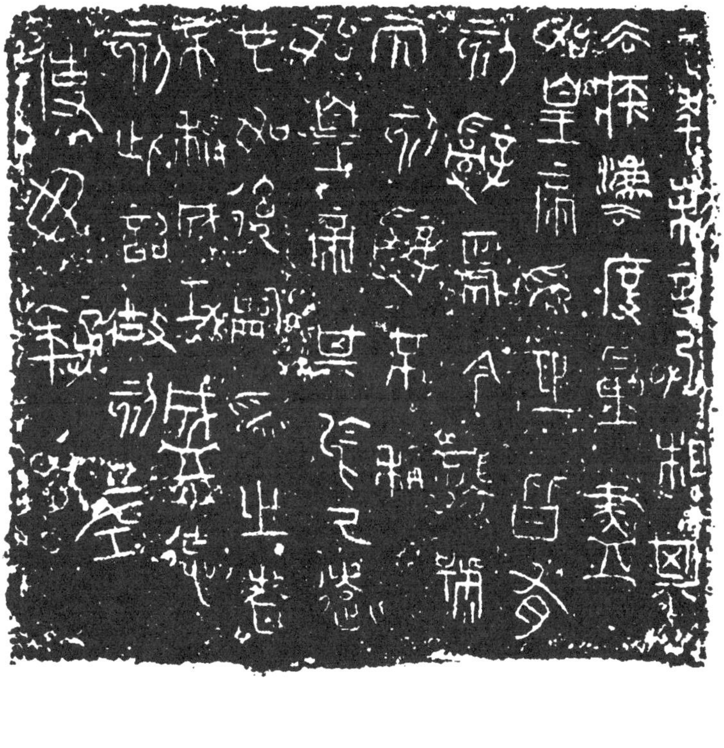

秦木量銅版

二世詔

五之九

翰生姪倩自吾族弟子振手得吾集秦
拓九種並冊求題自愧隸隱卅年不
能召問學道後進而古文字止此有
救光而近玩物者未誤人不少也
翰生其勉之
丁丑九月十三日海濱病叟書

犛重宫鼎器一

五之十

陽周倉金鼎二器

五之十

杜共鼎三 蓋器

乘輿十湅鼎 四器

五之十二

雲陽鼎五器

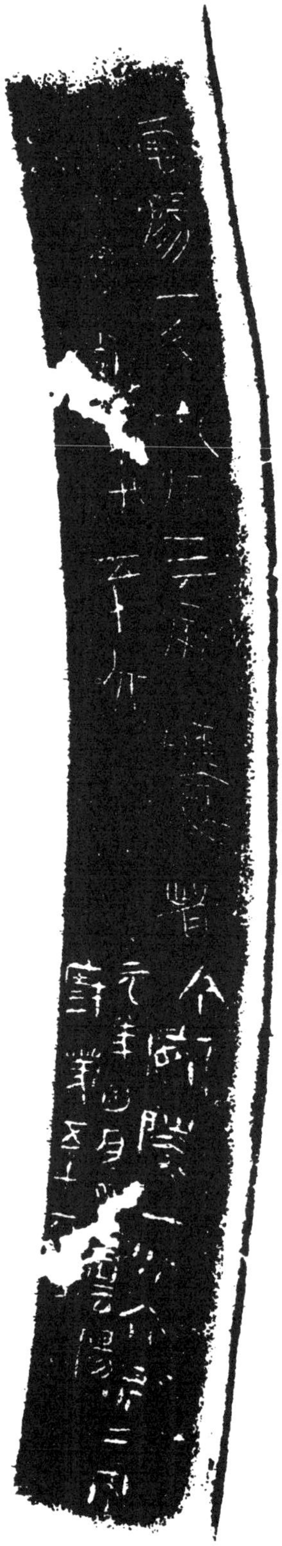

五之十三

廢丘鼎六　蓋

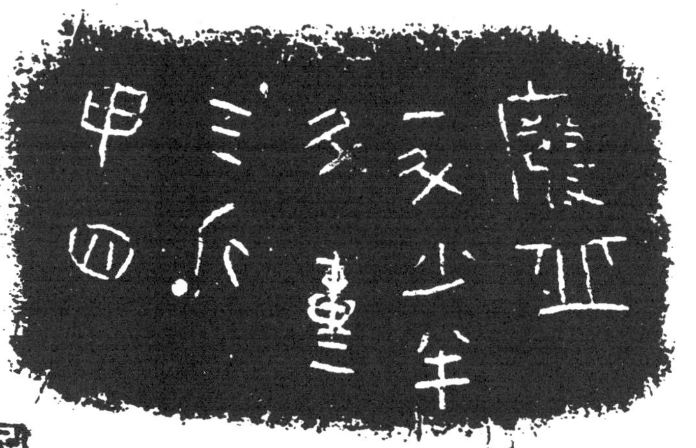

臨菑鼎七器

五之十四

上林鼎八　器蓋

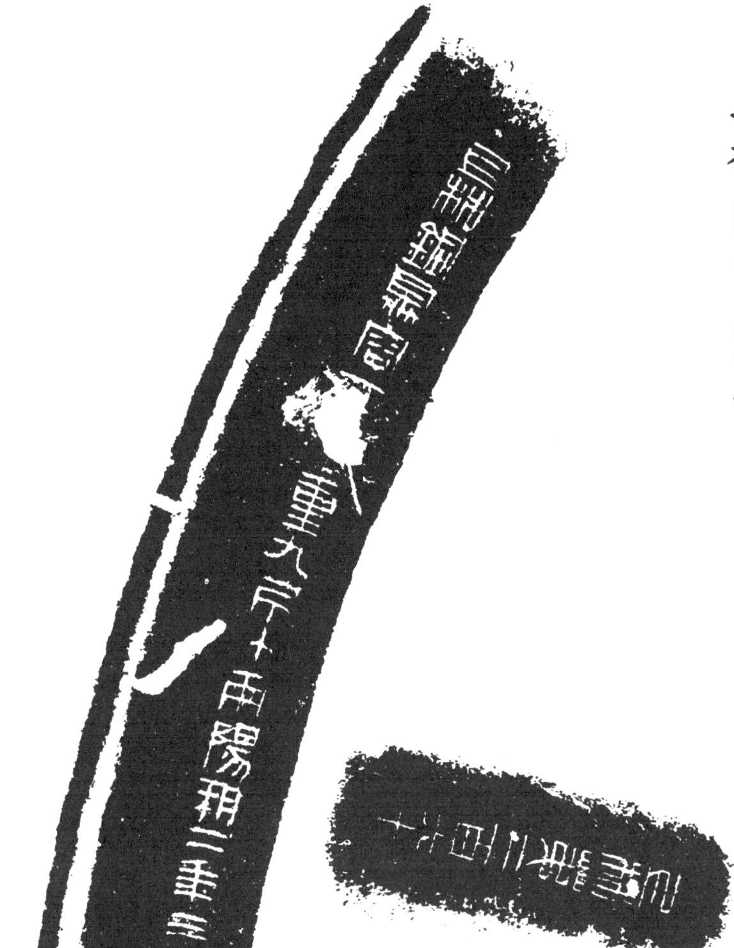

美陽鼎九器

五之十五

鼎十器

晉川鼎十一蓋

五之十六

菑川鼎十二 蓋 器

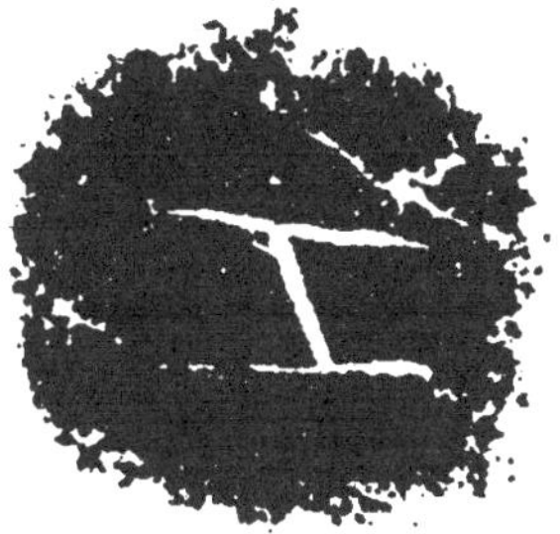

安成家鼎十三蓋

五之十七

安成家鼎十三器

孝廟銅甗鍑一

五之十八

富貴壺一

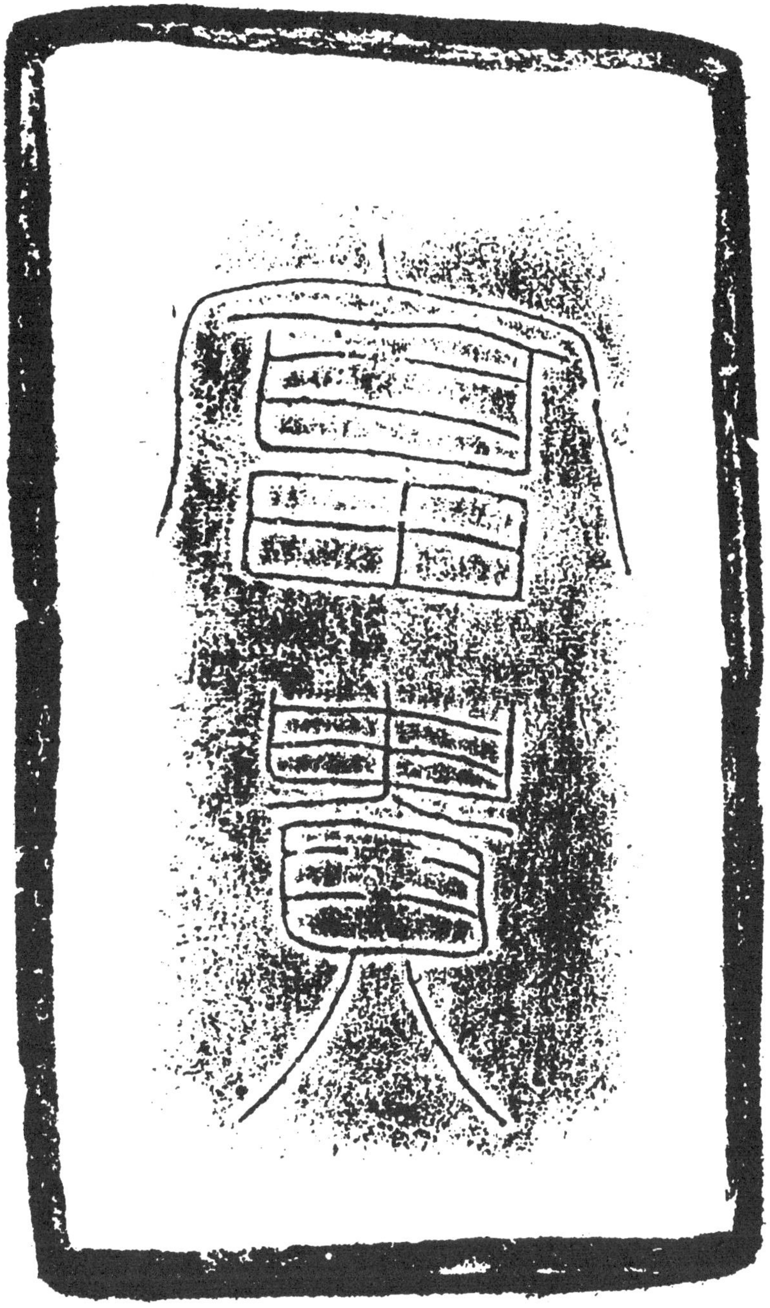

扶侯鍾一

五之十九

五十一

鍾一

五之二十

鍾二

五之廿一

新莽中尚方鍾　三

五之廿二

閭里鍪一

五之廿三

綏和鴈足鐙一

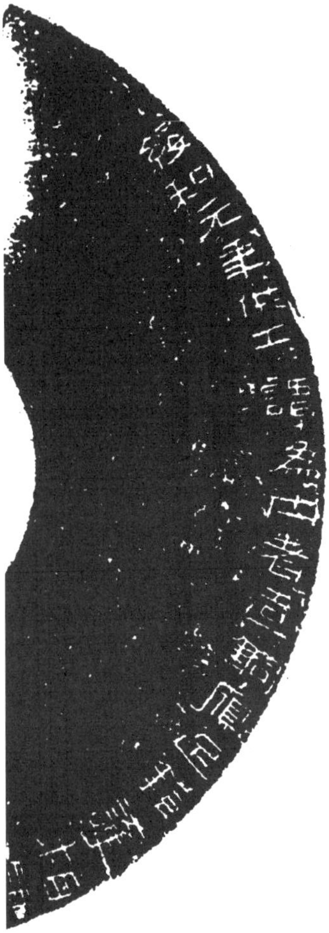

池陽宮行鐙二

五之廿四

桂宮行鐙　三

五之廿五

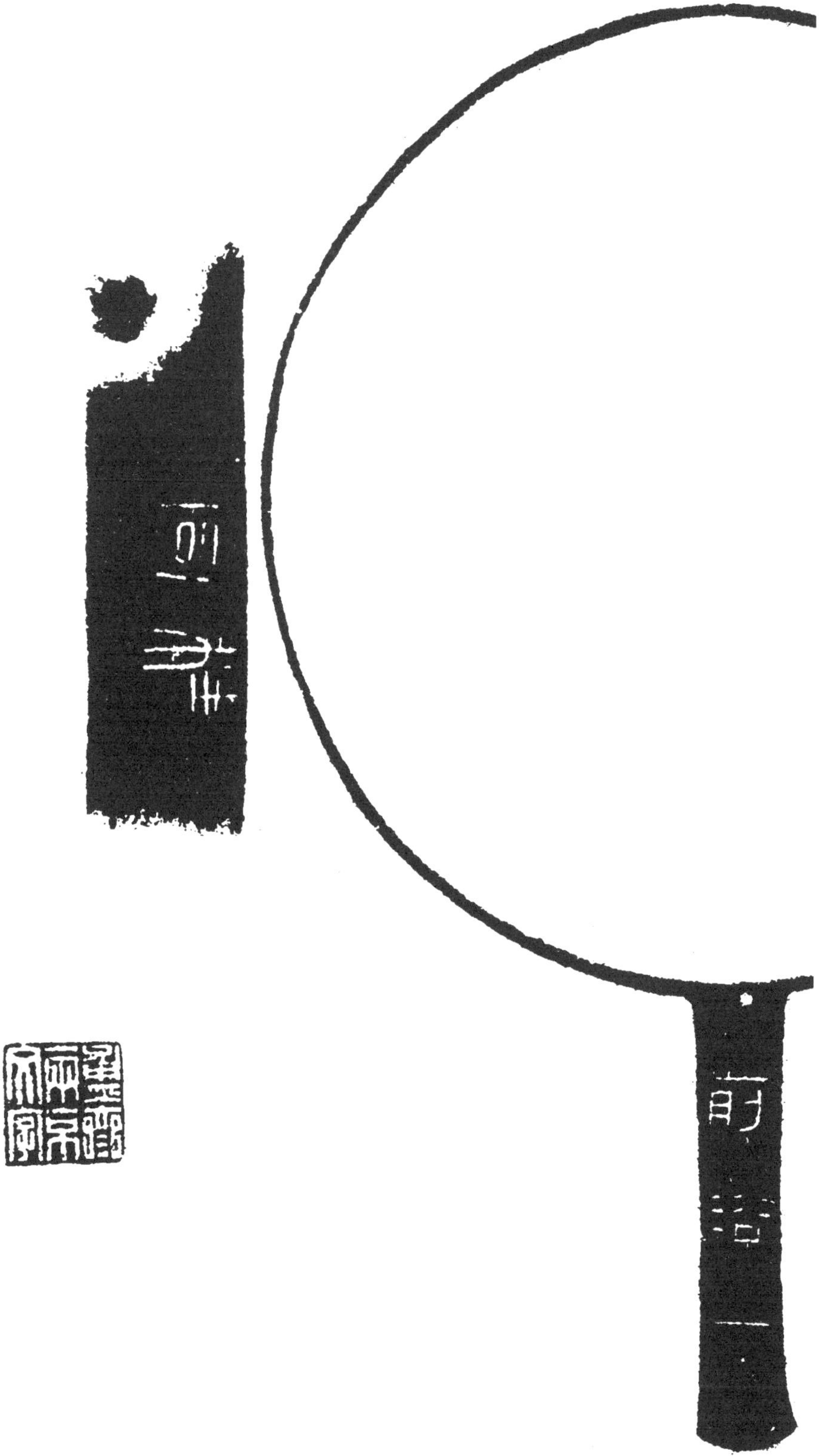

萬歲宮高鐙四

五之廿六

臨虞宮高鐙五

步高宮鐙六

五之廿七

開封鐙七

日上鐙盤八

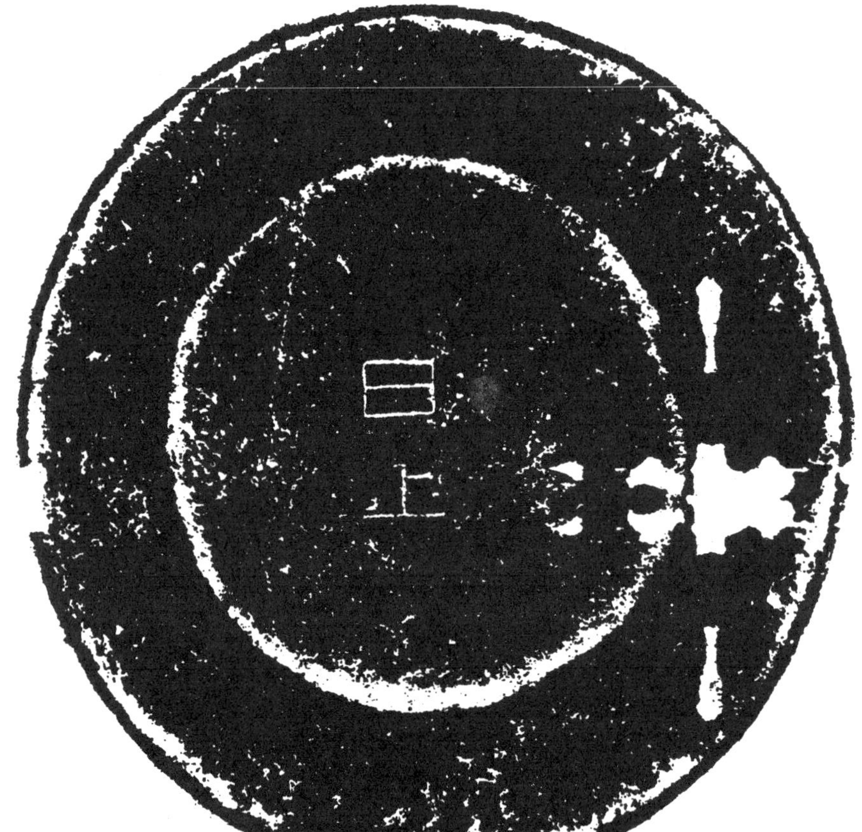

五之廿八

未央尚浴府燭槃九

韋庚燭豆十

五之廿九

曲成家錠十一

曲成家銅錠一重一斤十兩羮大

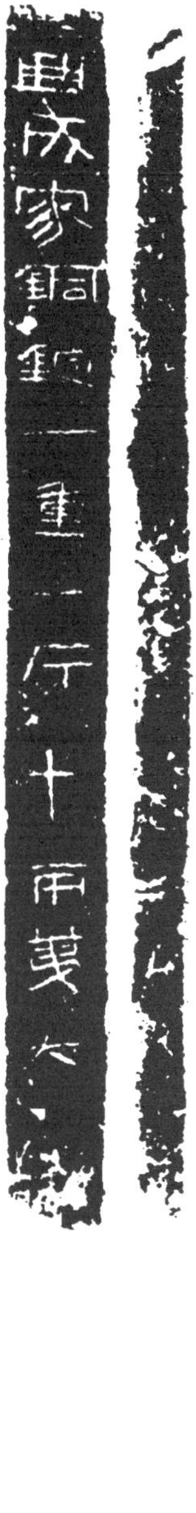

晉太康鐙十二

五之三十

大康十年歲己酉四月洛陽冶造
五

陽泉使者舍薰鑪一

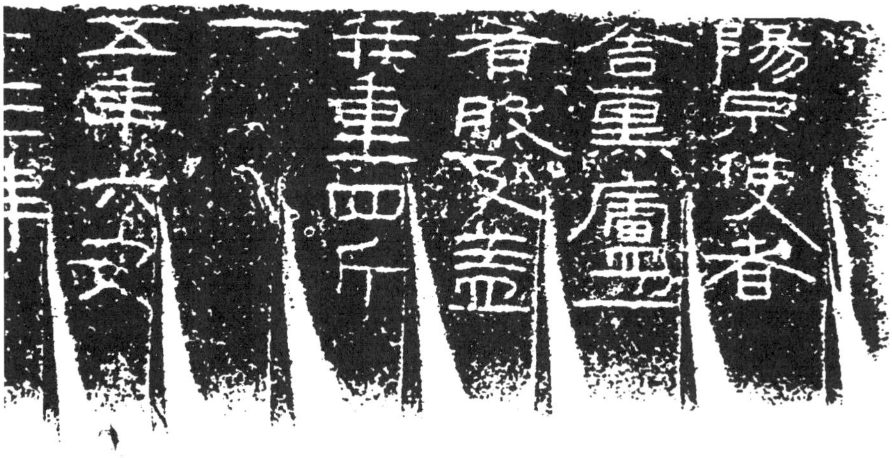

五之廿一

常樂衛士銅飯幘一

五之卅二

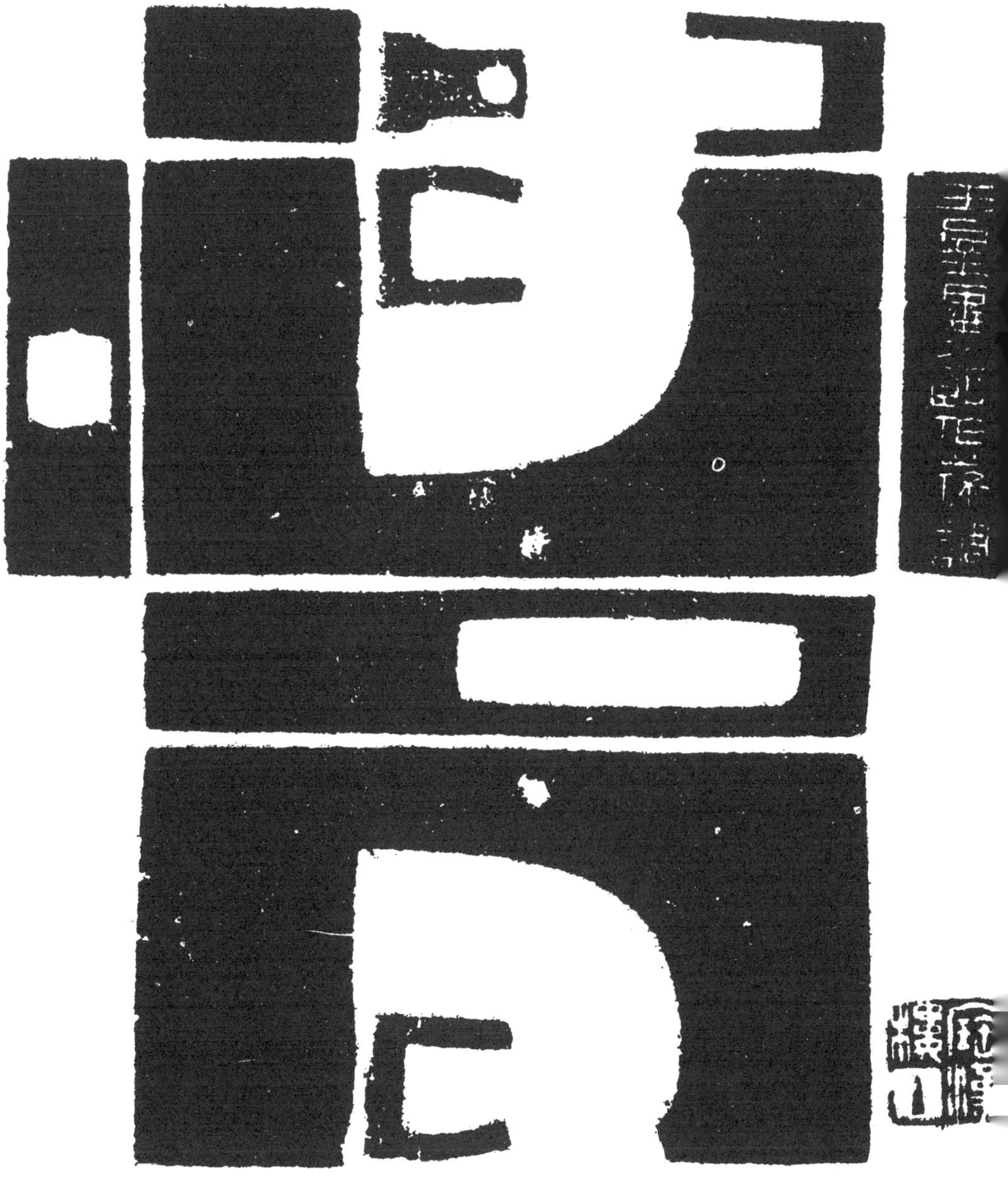

五之卅三

簠齋自題車飾二首

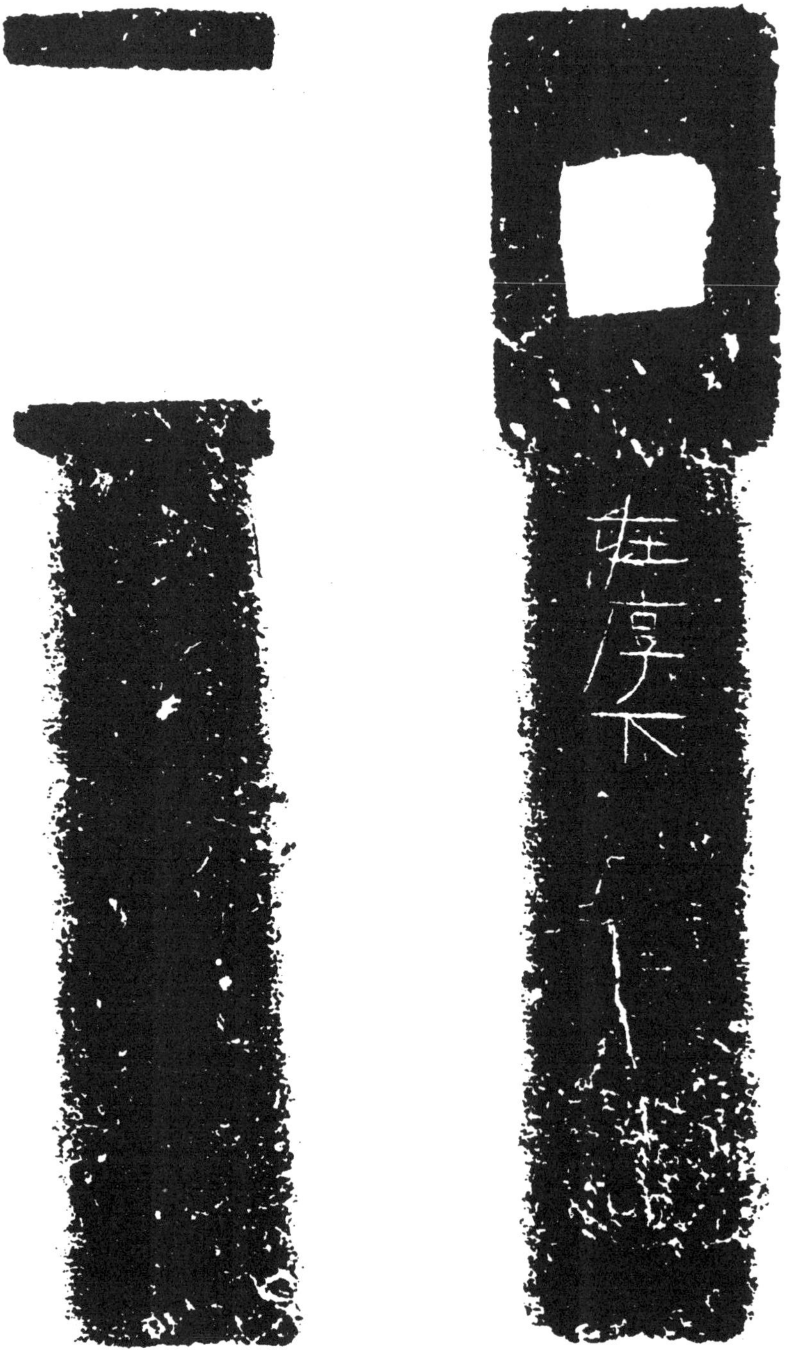

五之卅四

金刀

弩機一

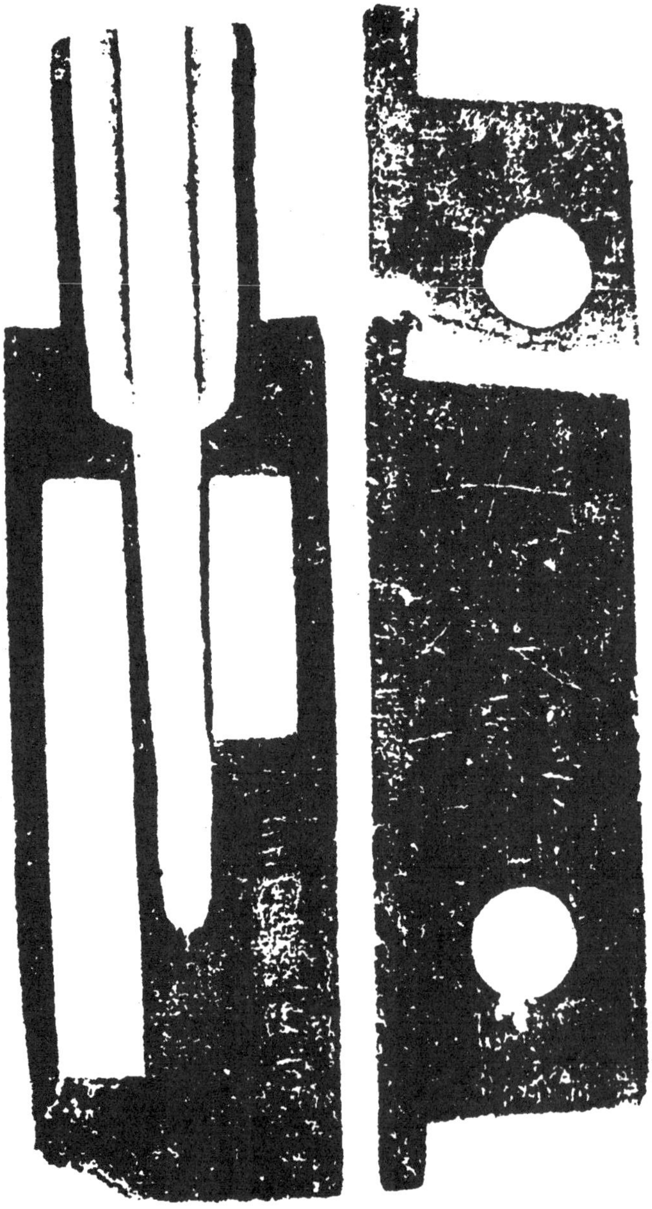

簠齋吉金録　漢器　弩機

二

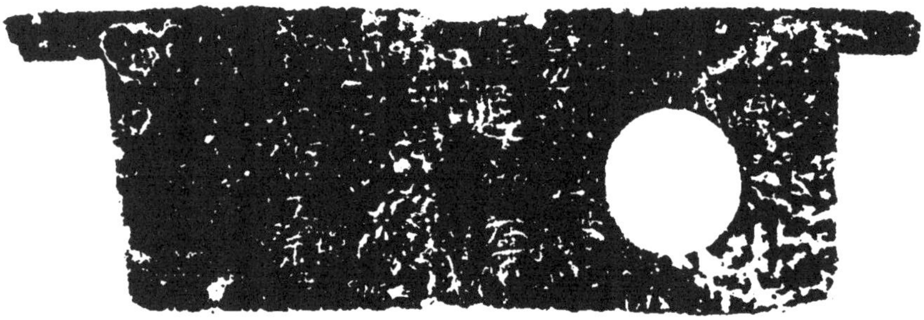

三

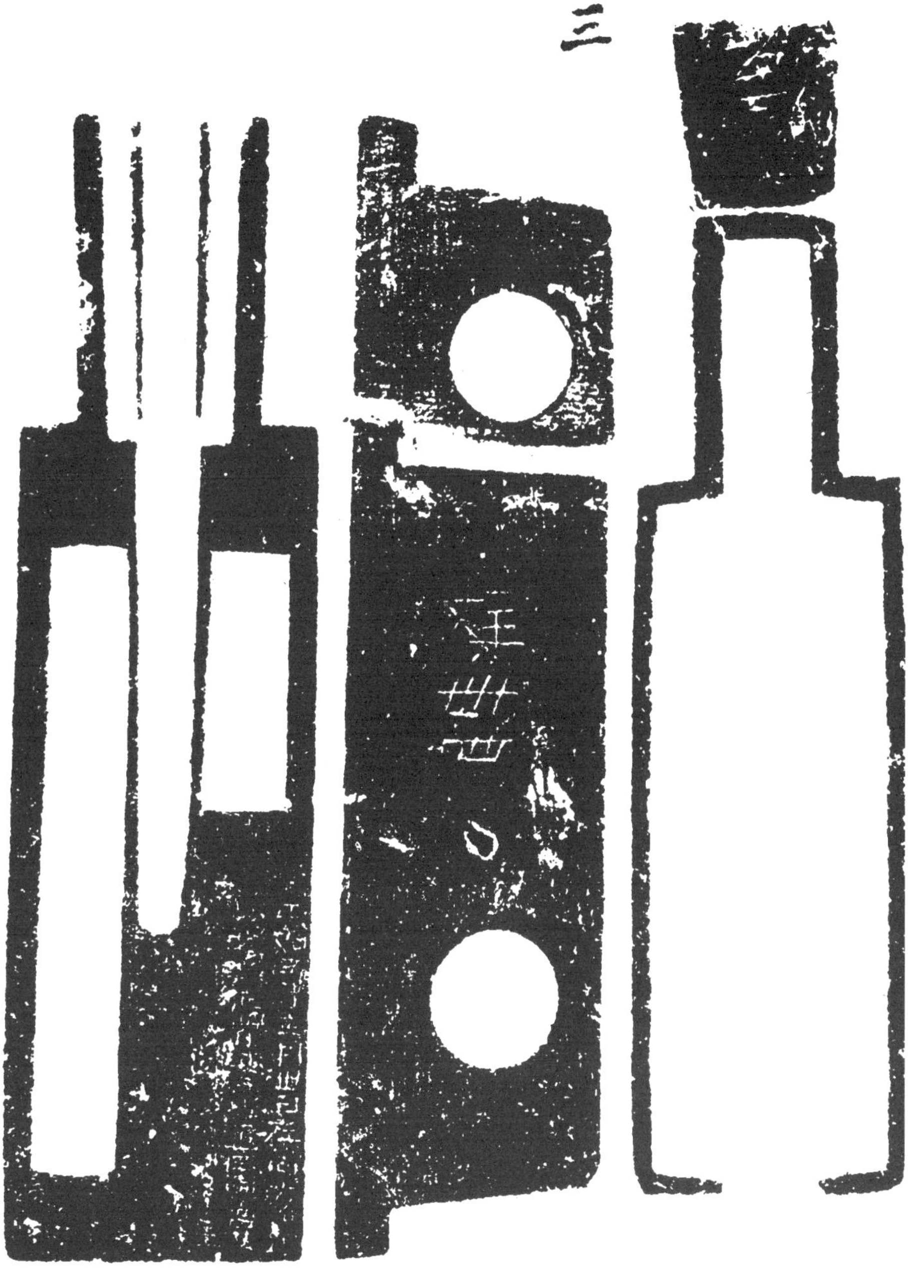

四

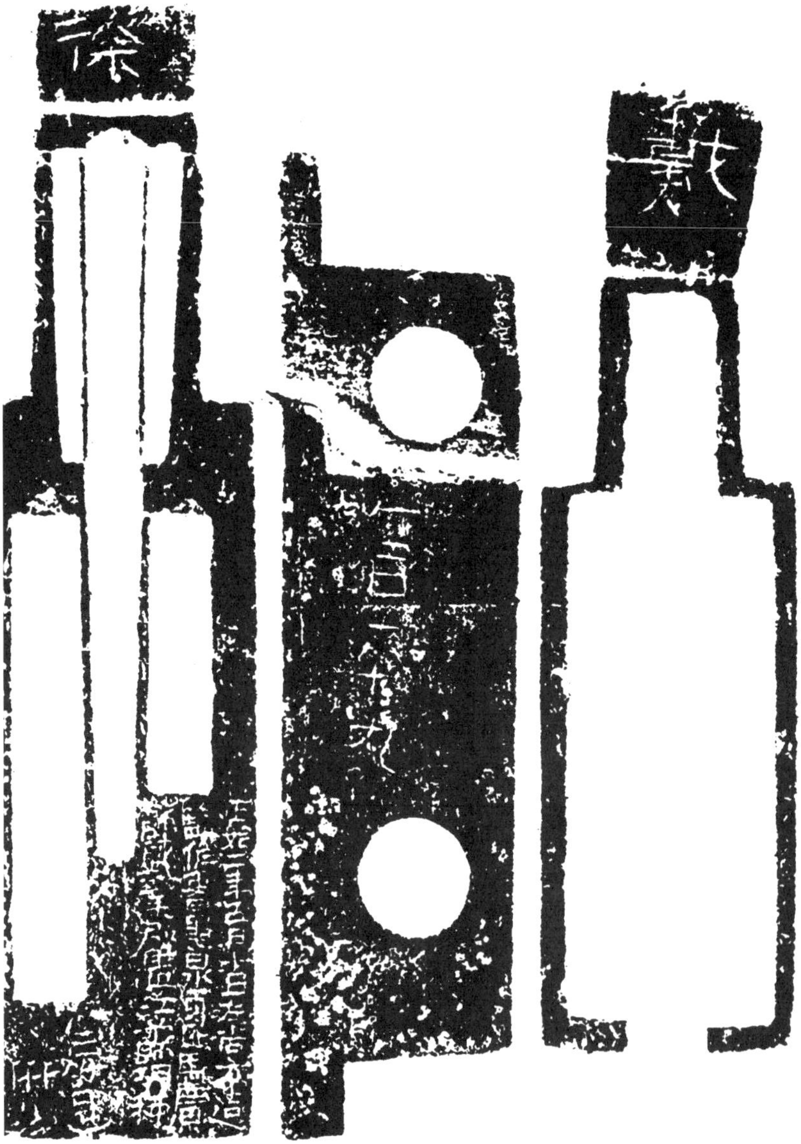

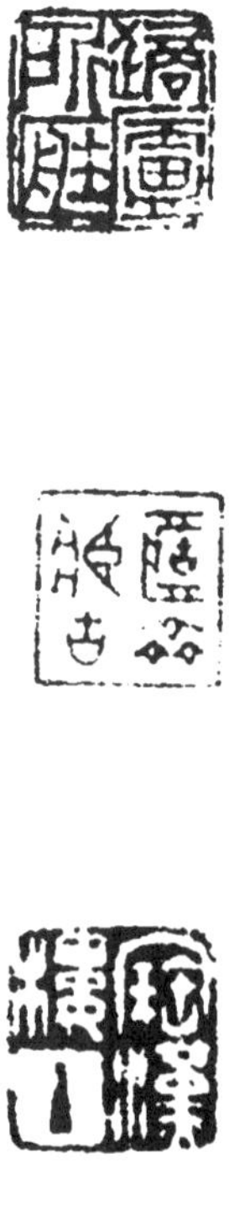

五

陳宗郗[illegible]二人合造弩機

六

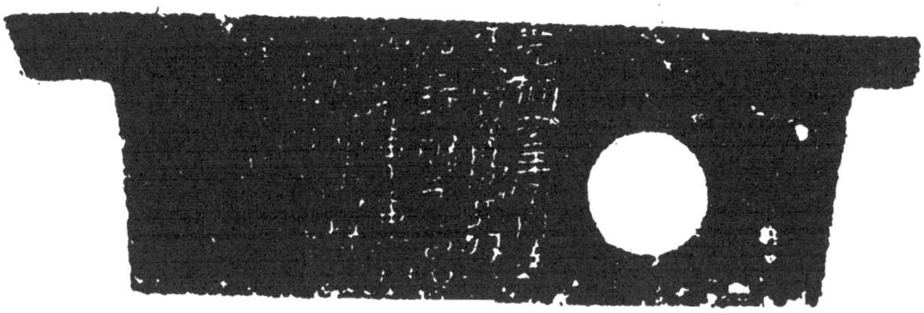

七

八

九

簠齋吉金録　漢器　弩機

十二

十二

十三

弩

十四

十五

十六

十七

十八

齊刀范一

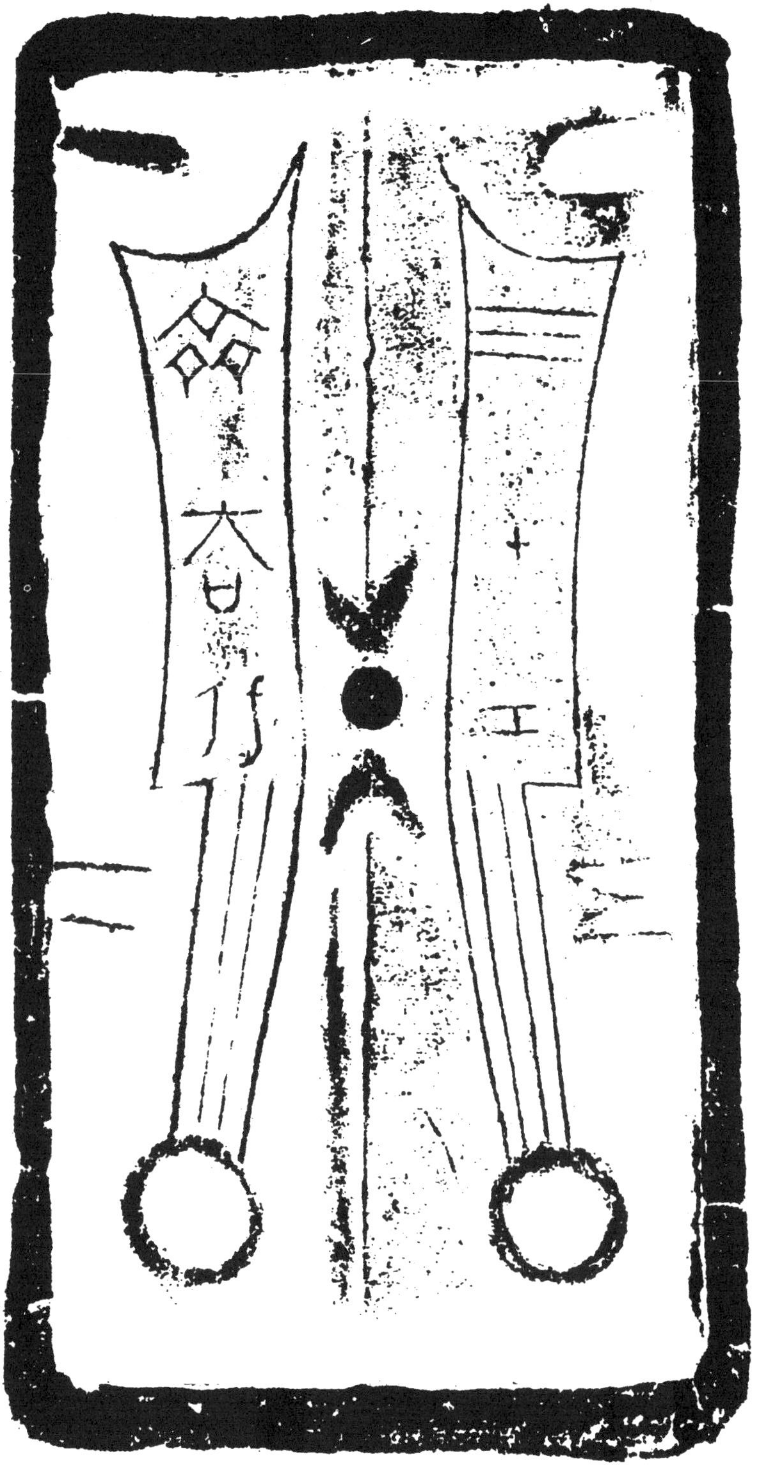

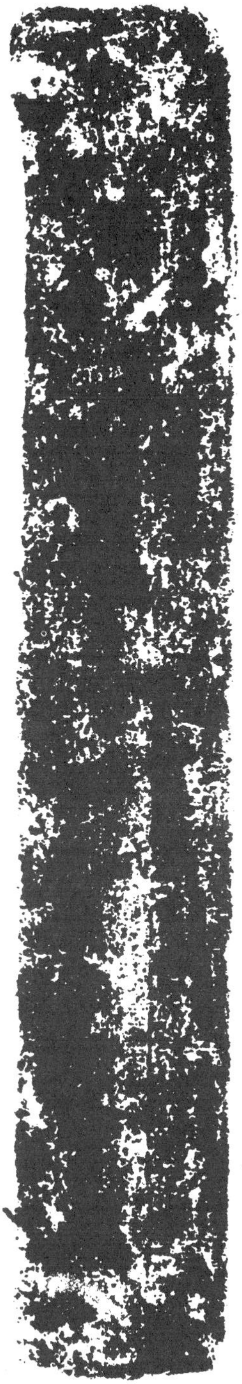

簠齋藏貨范千餘嘗以名居曰千貨范室余所見有二千餘册
皆土范也此銅范六十七紙錢范卅紙傳拓極少庚辰立夏日
杭州鄒壽祺得于中江李氏

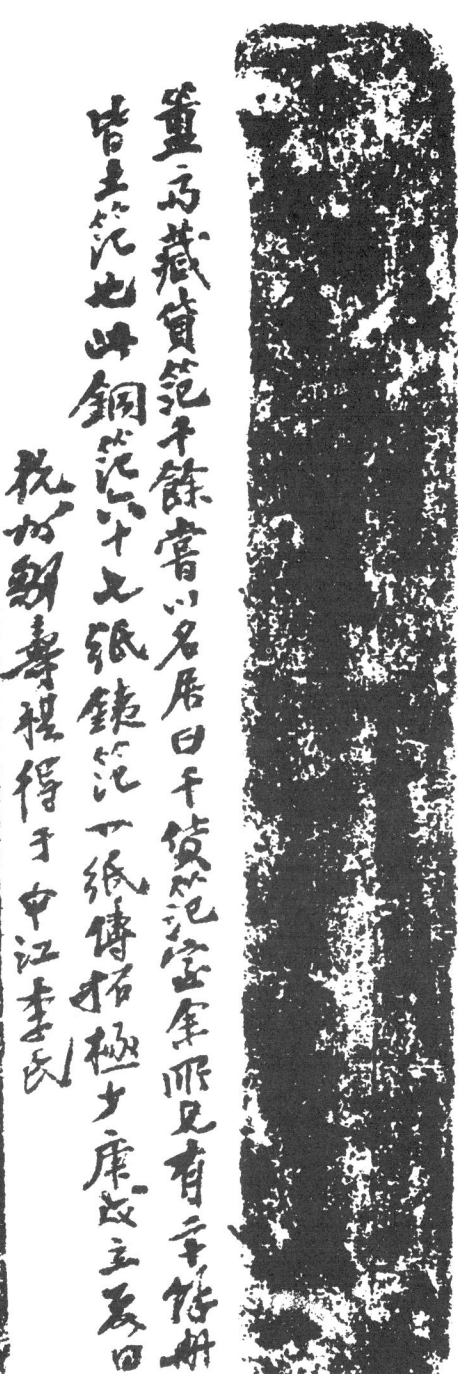

范二

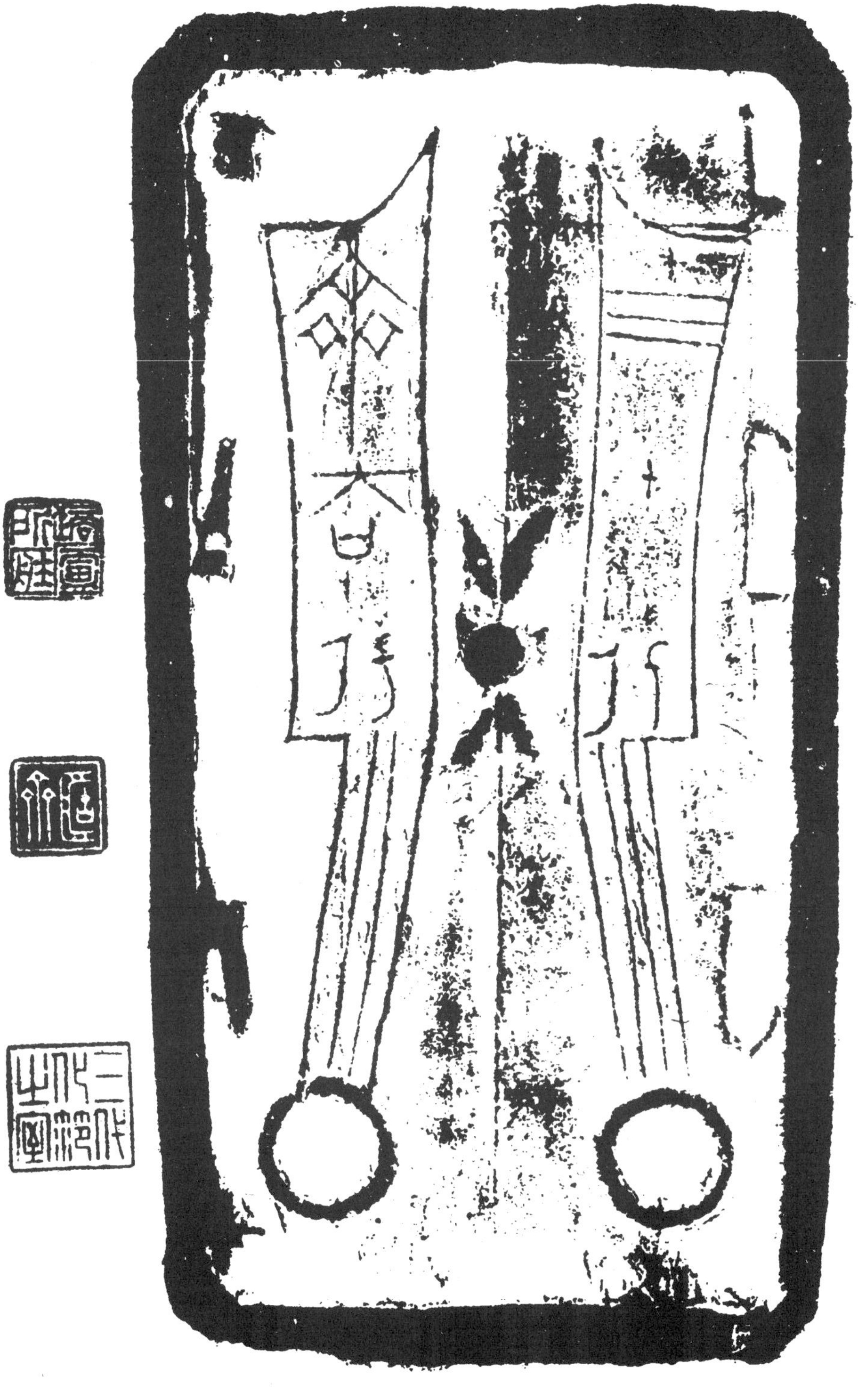

簠齋吉金録　漢器　笵

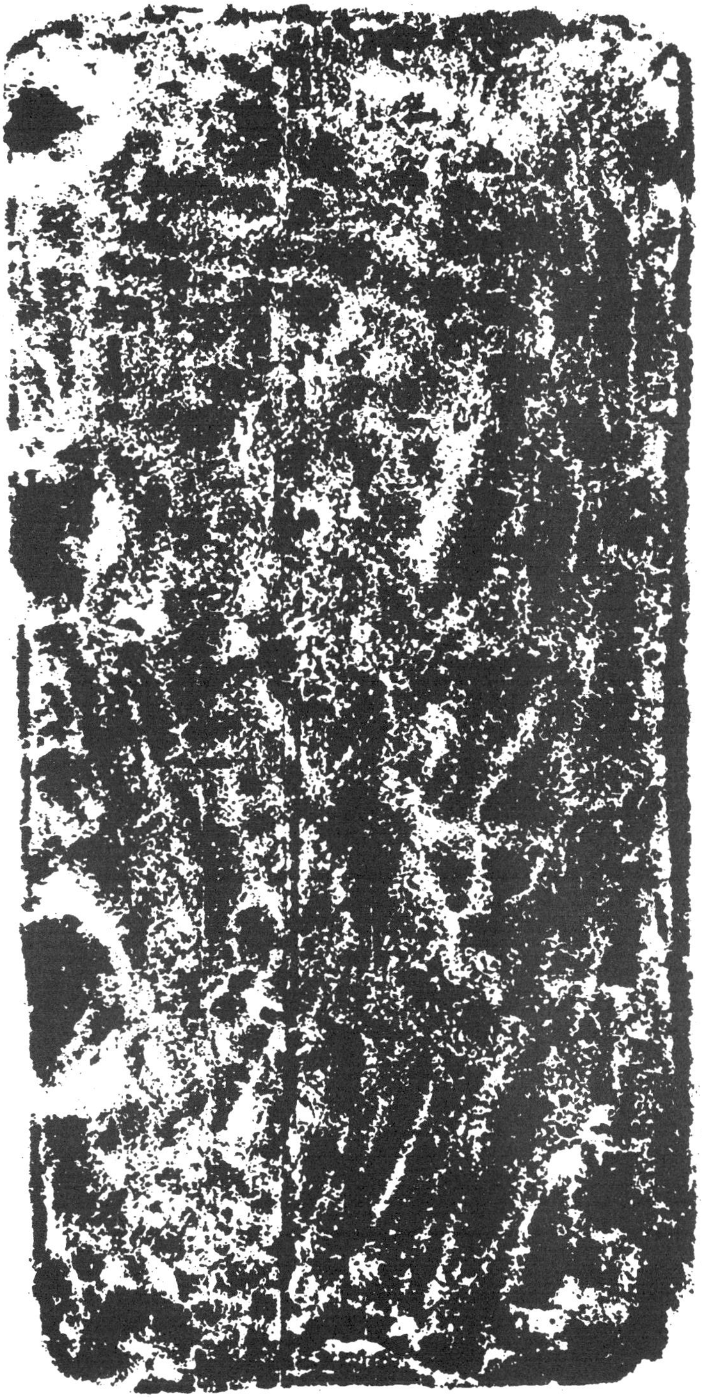

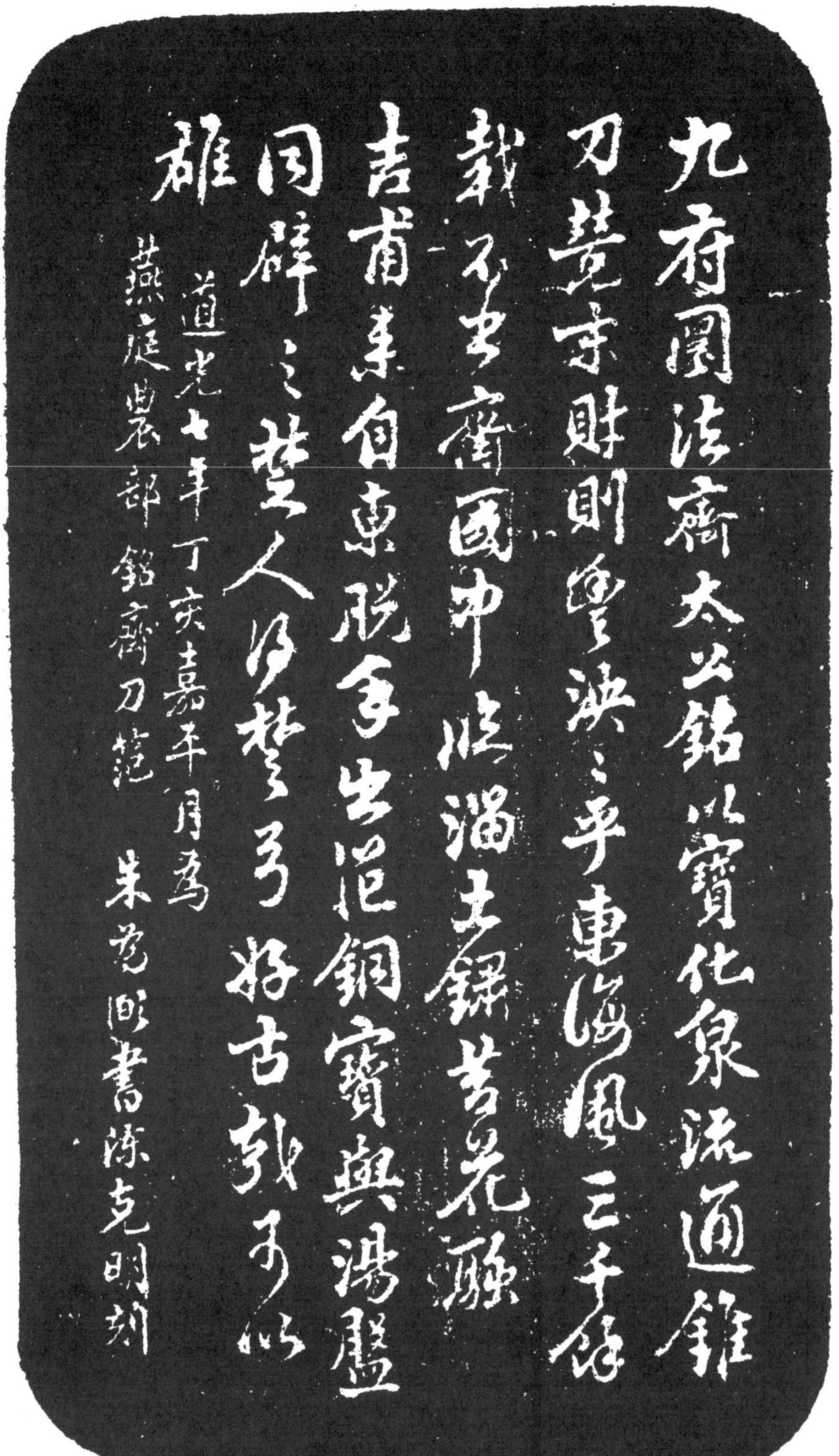

九府圜法齊太公銘以寶化泉流通錐
刀甚栔財則與泱泱乎東海風三千餘
載不出齊國中此淄土錄昔花聯
吉甫來自東脫手出泥銅寶與湯盤
同辟之楚人得楚弓好古哉予所
雄

道光七年丁亥嘉平月爲
燕庭農部銘齋刀範　朱爲弼書潘克明刻

范三

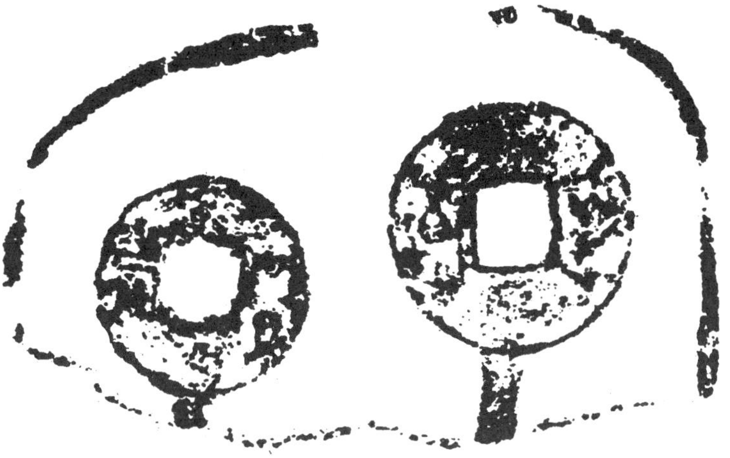

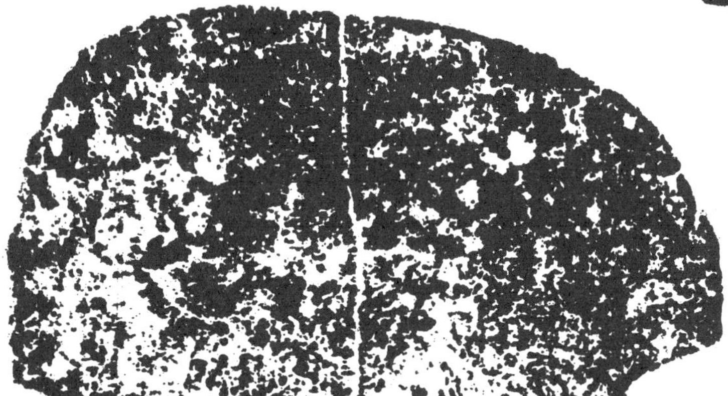

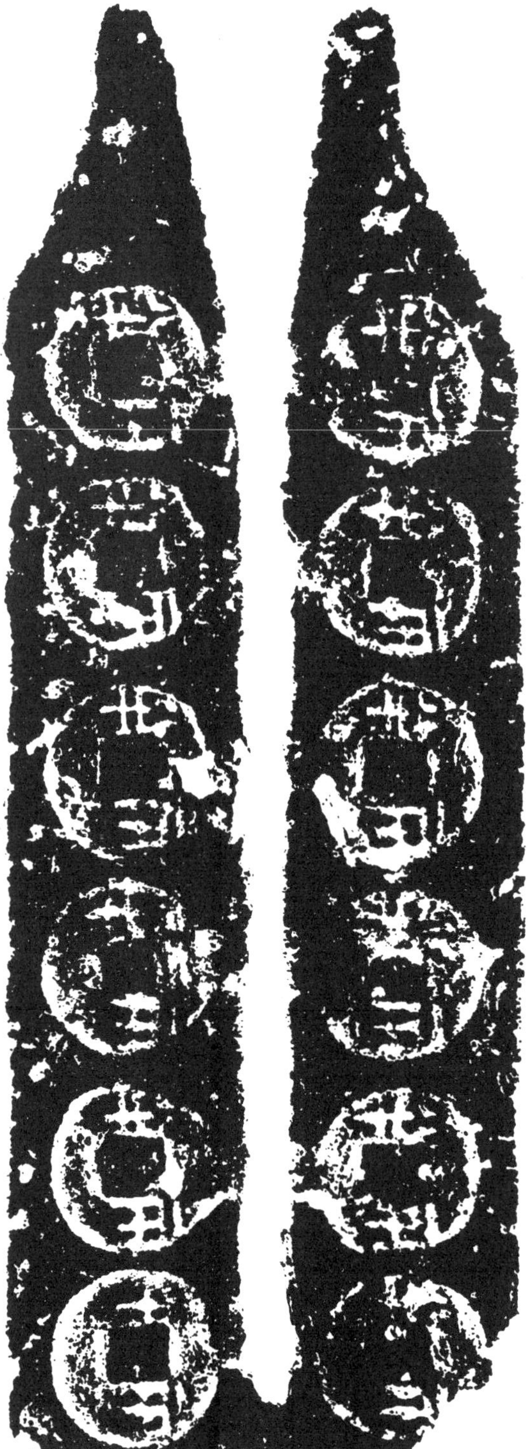

范四

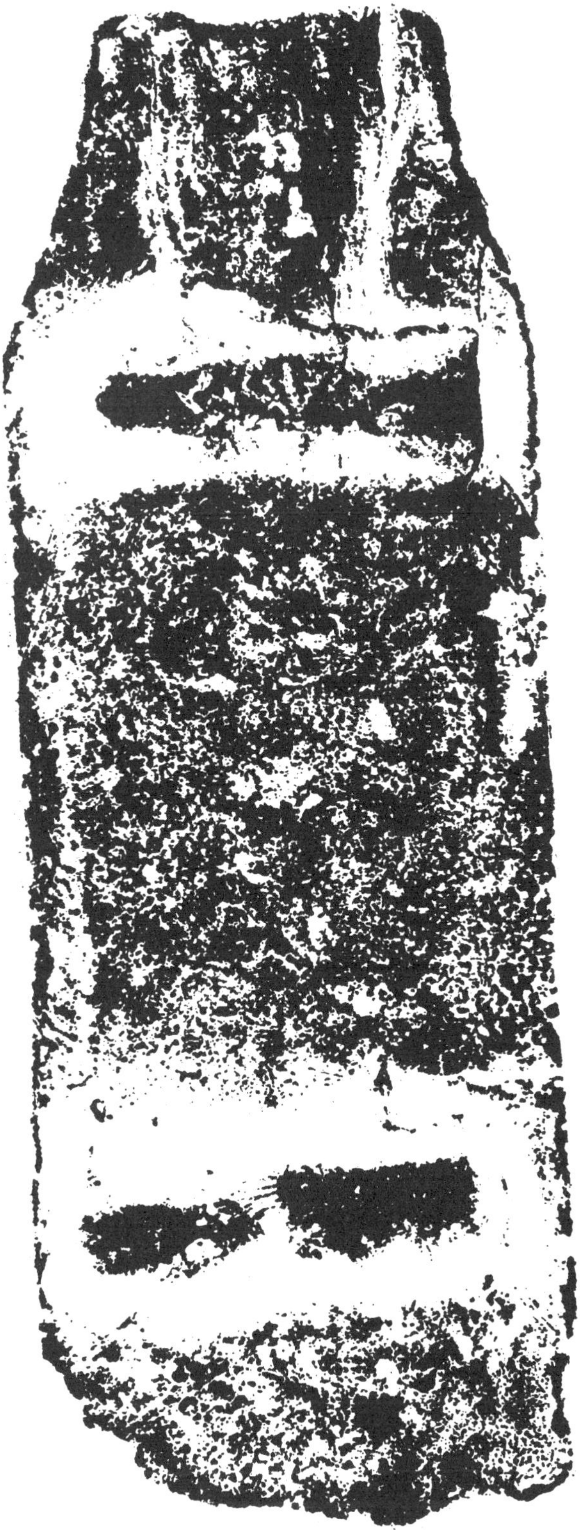

笵五

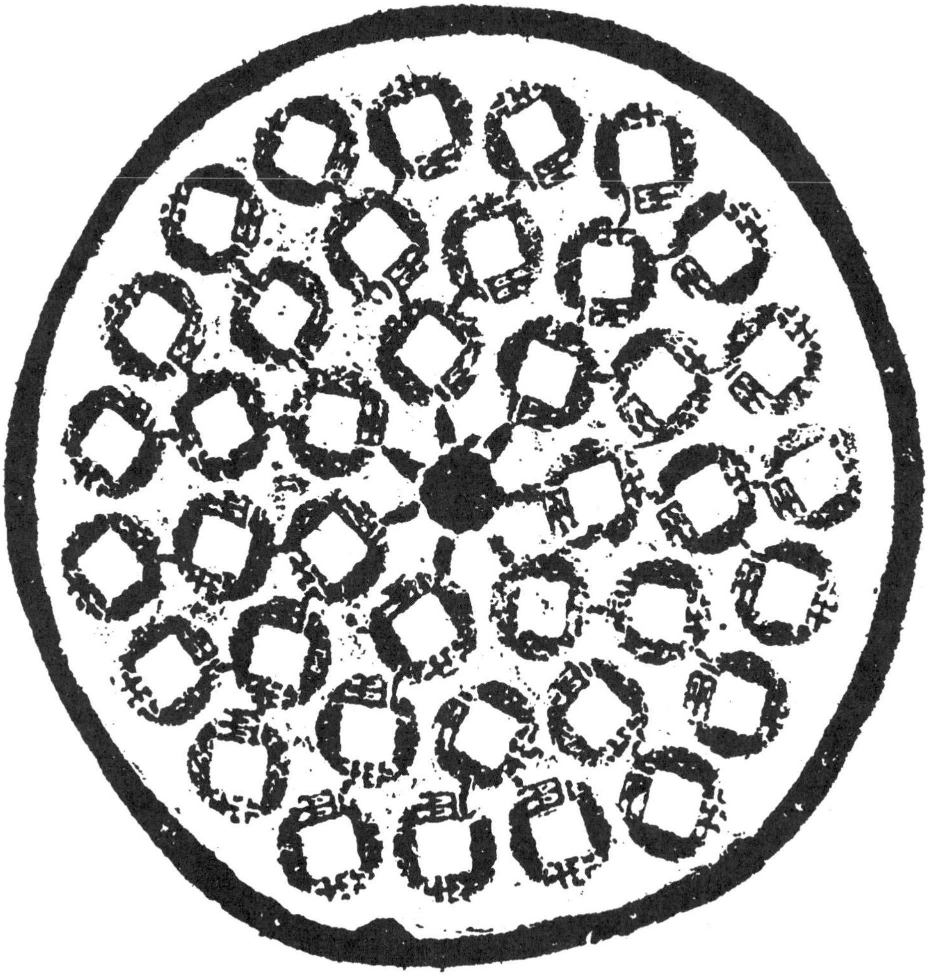

范

范六

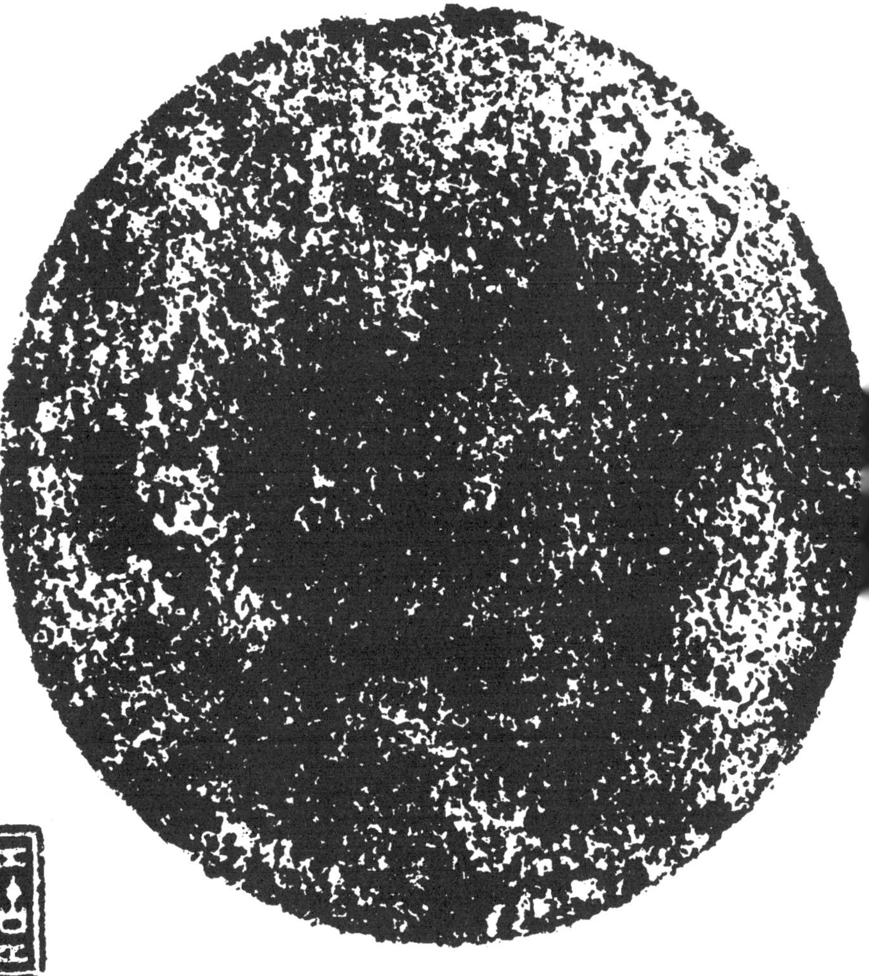

范七

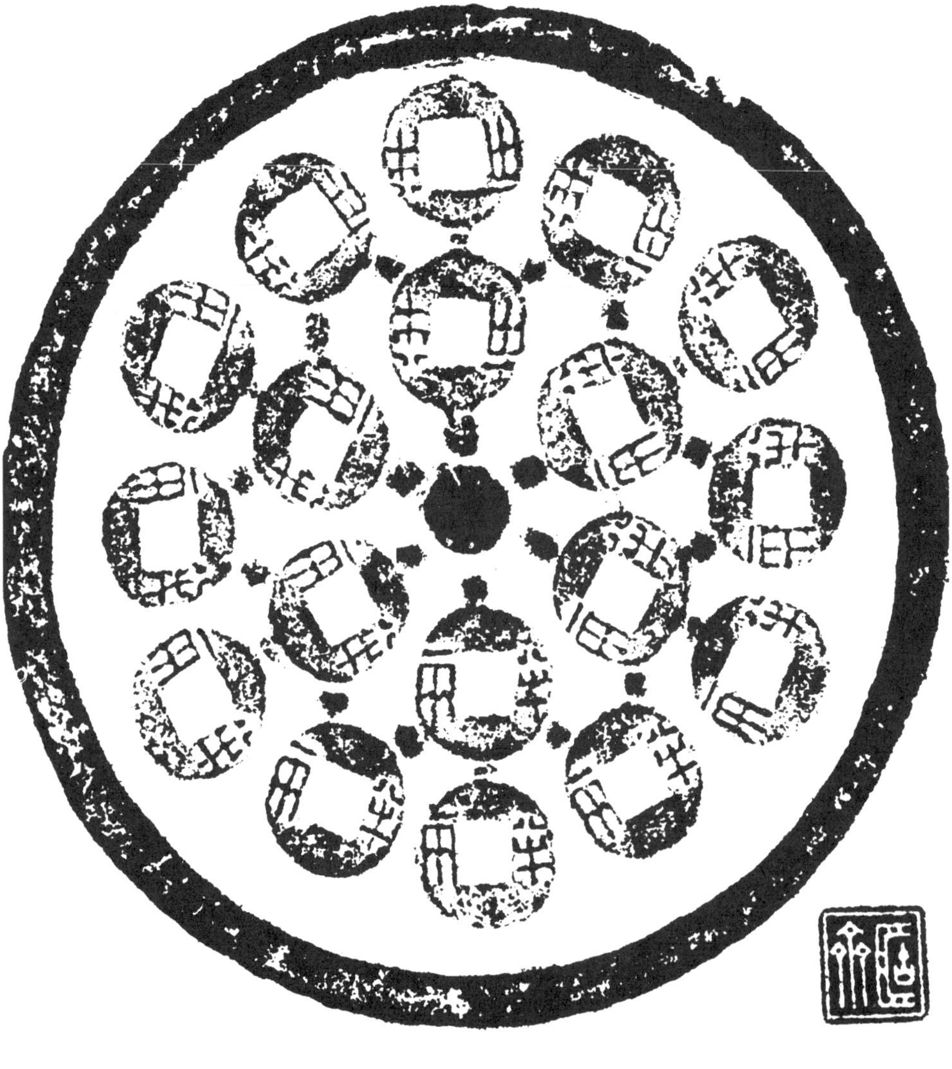

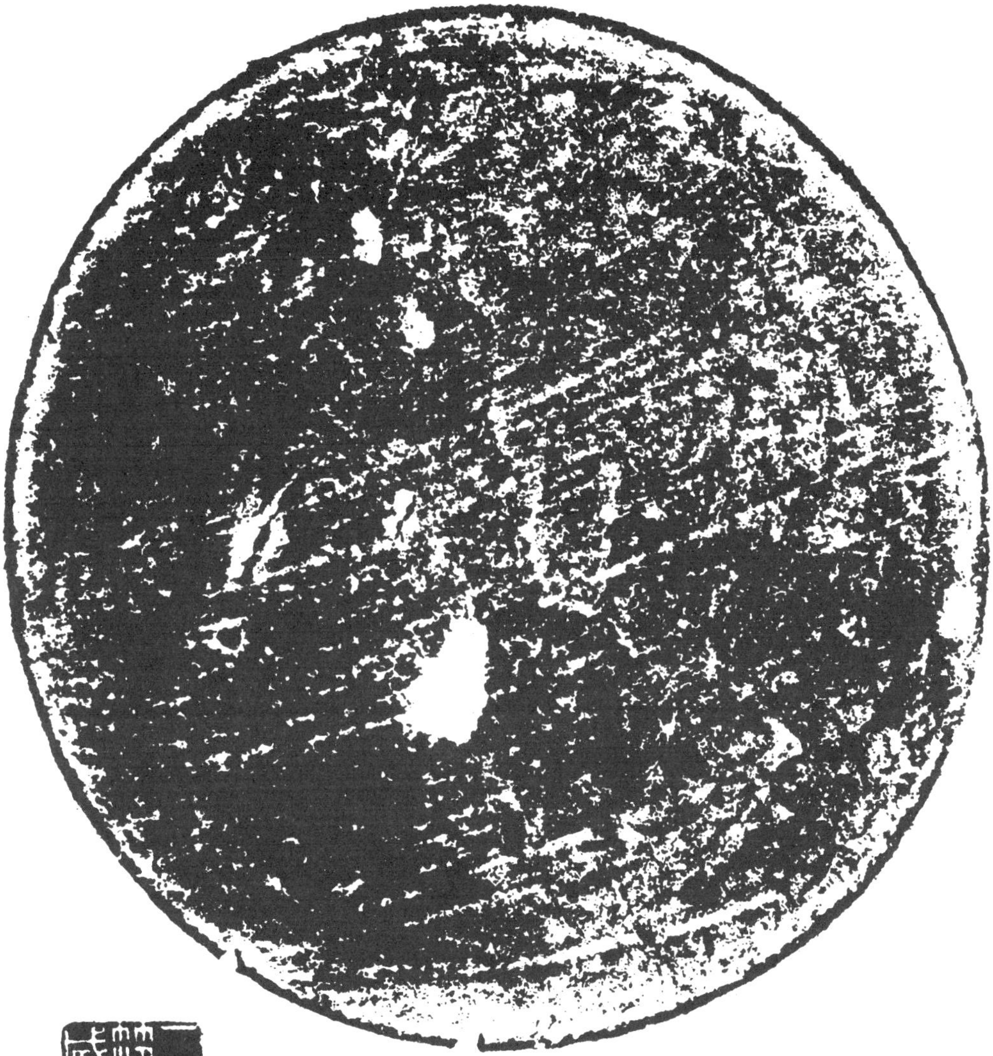

笵八

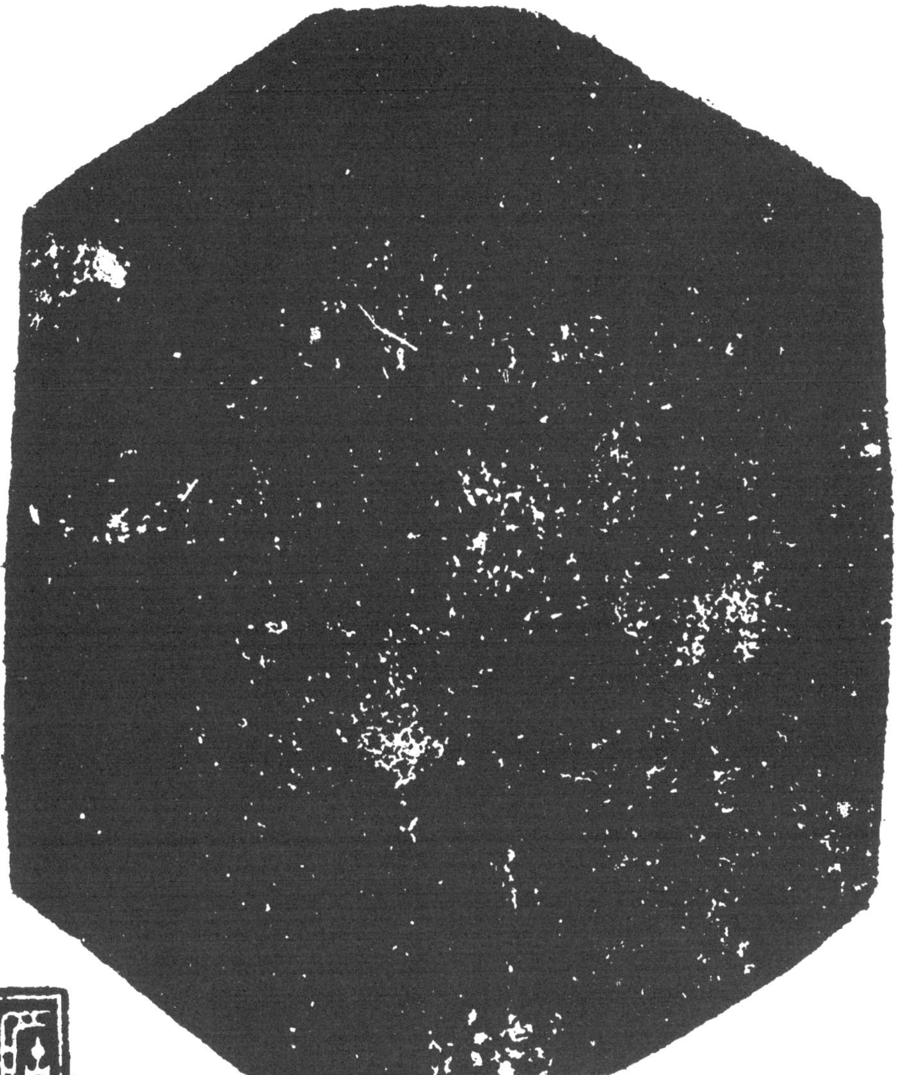

范九

範十

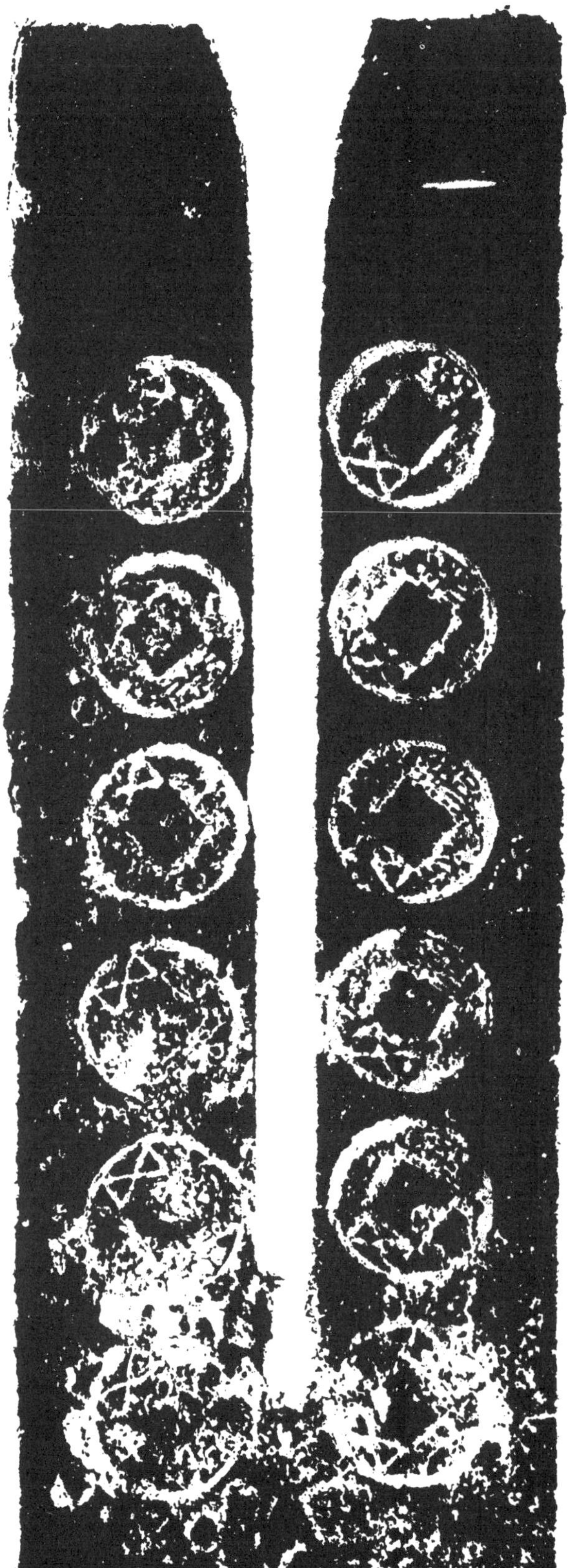

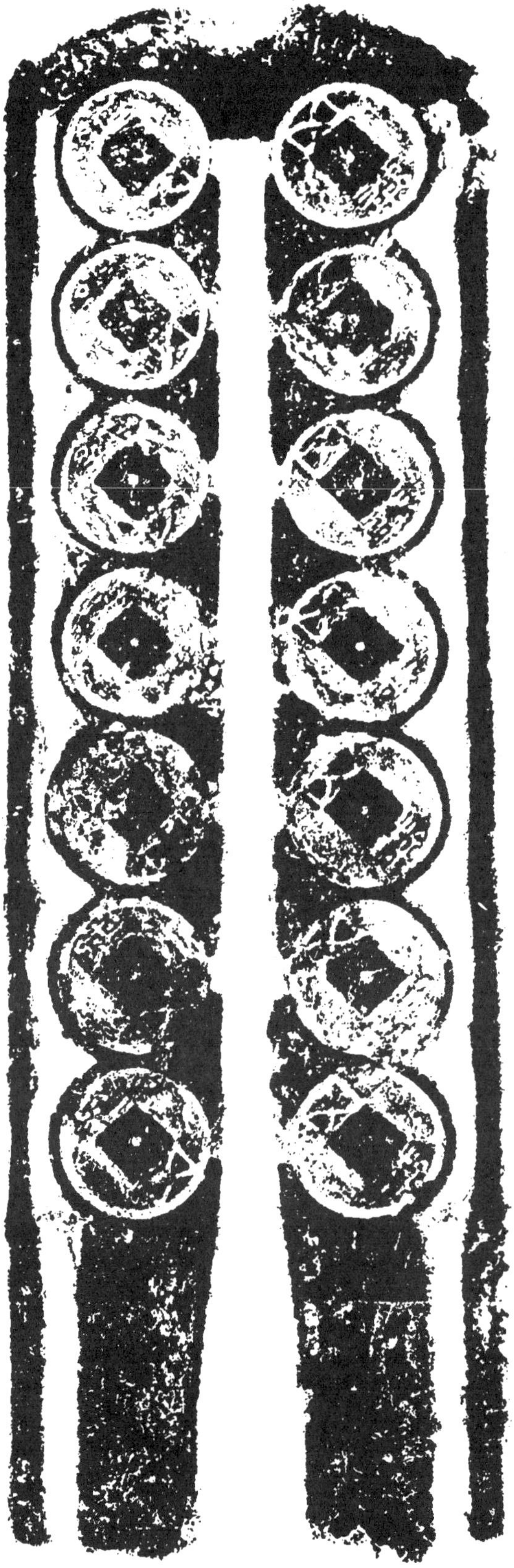

范十一

簠齋吉金録 漢器 范

范十二

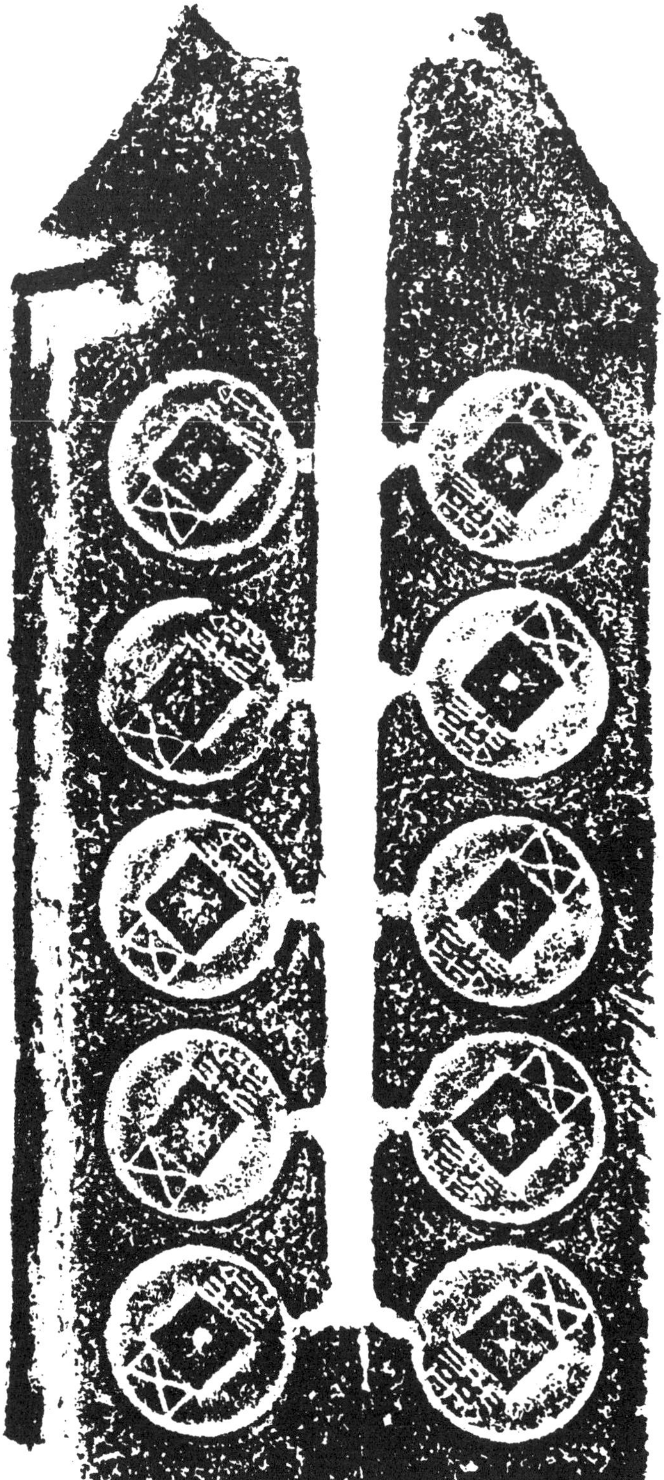

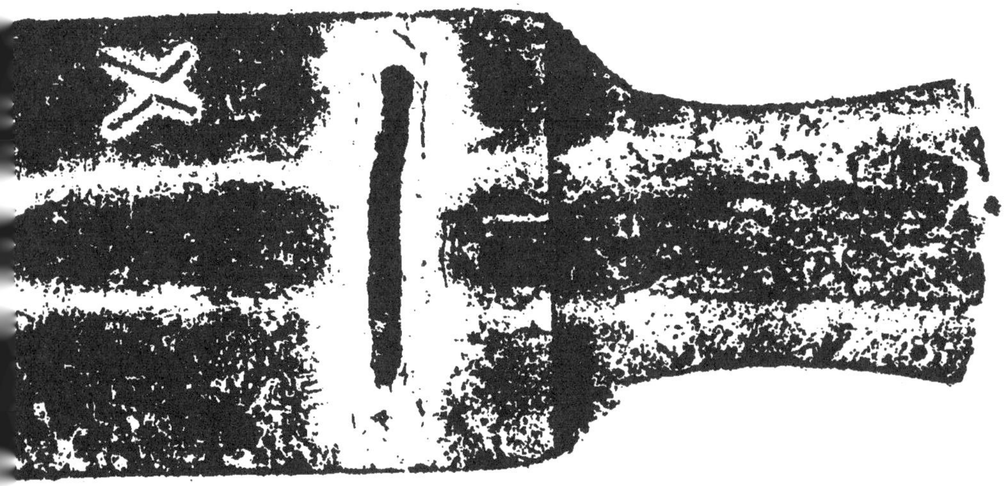

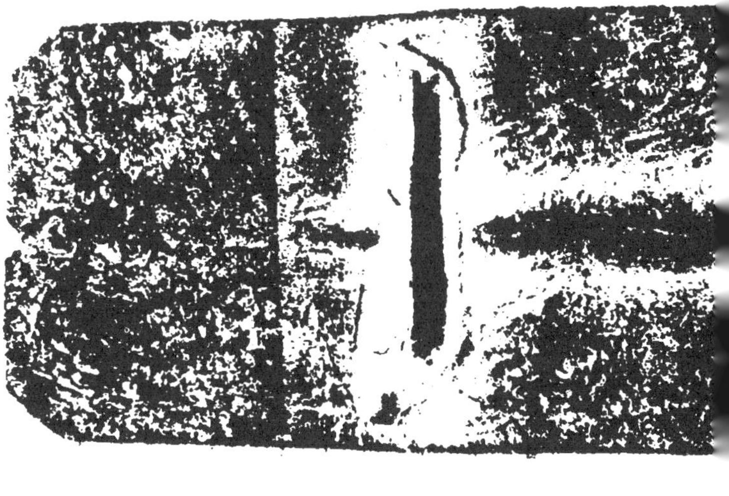

范十四

笵十五

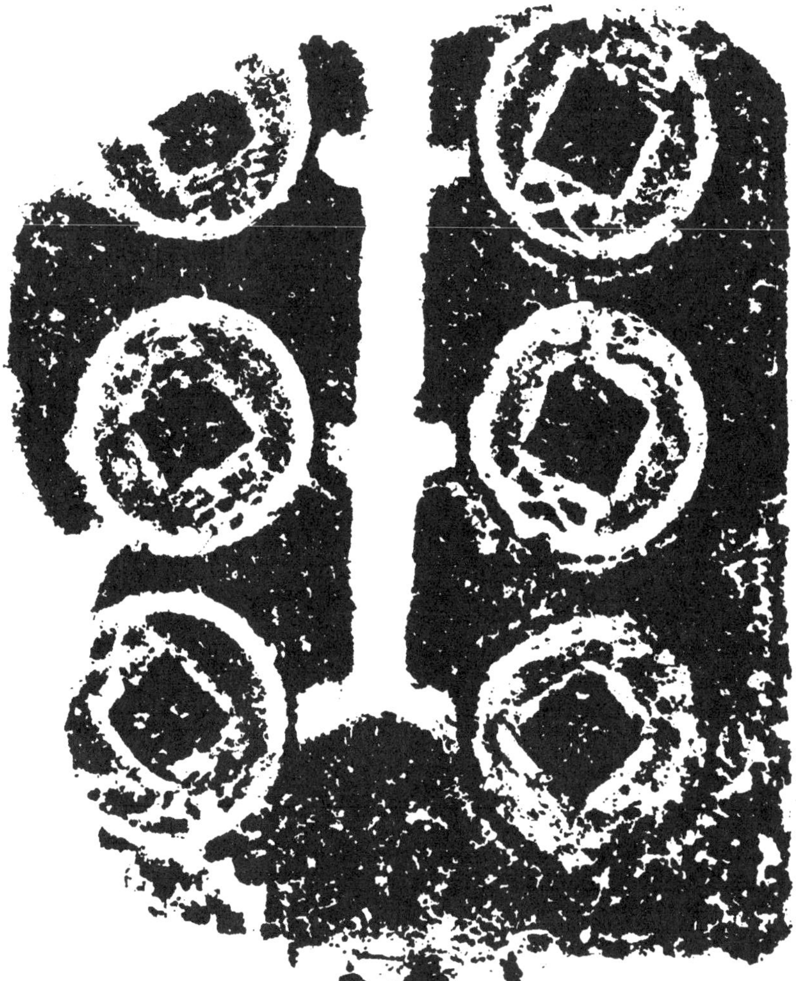

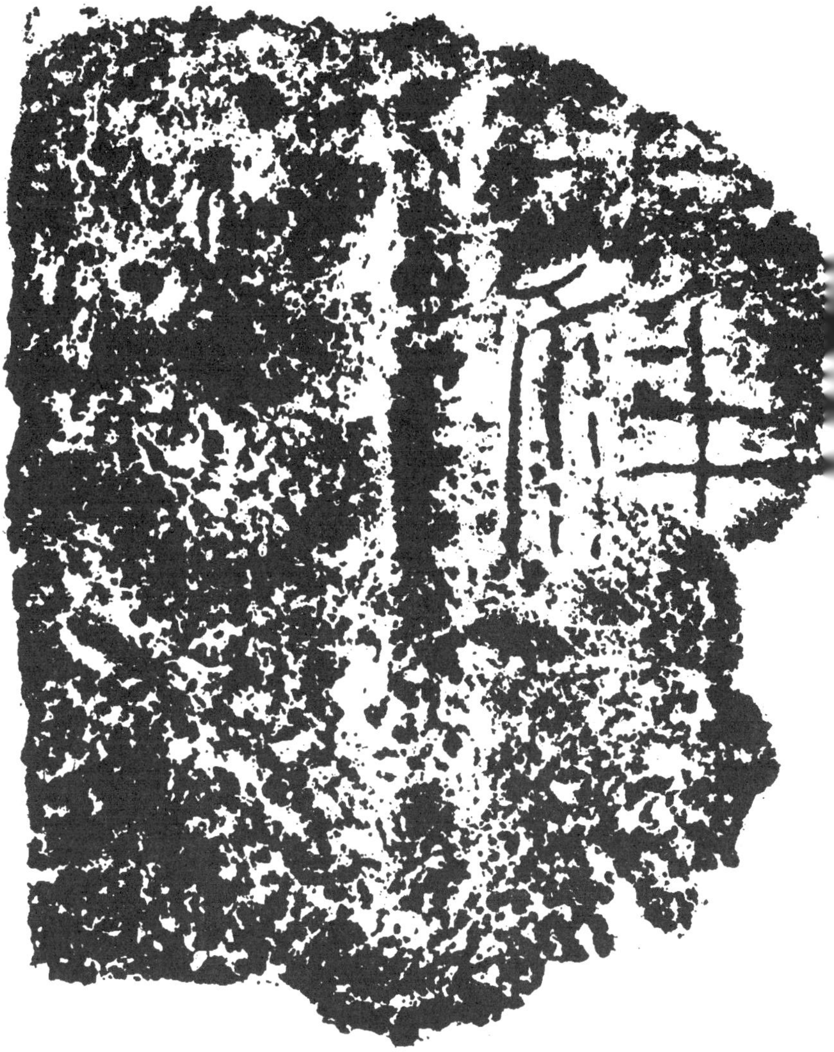

笵十六

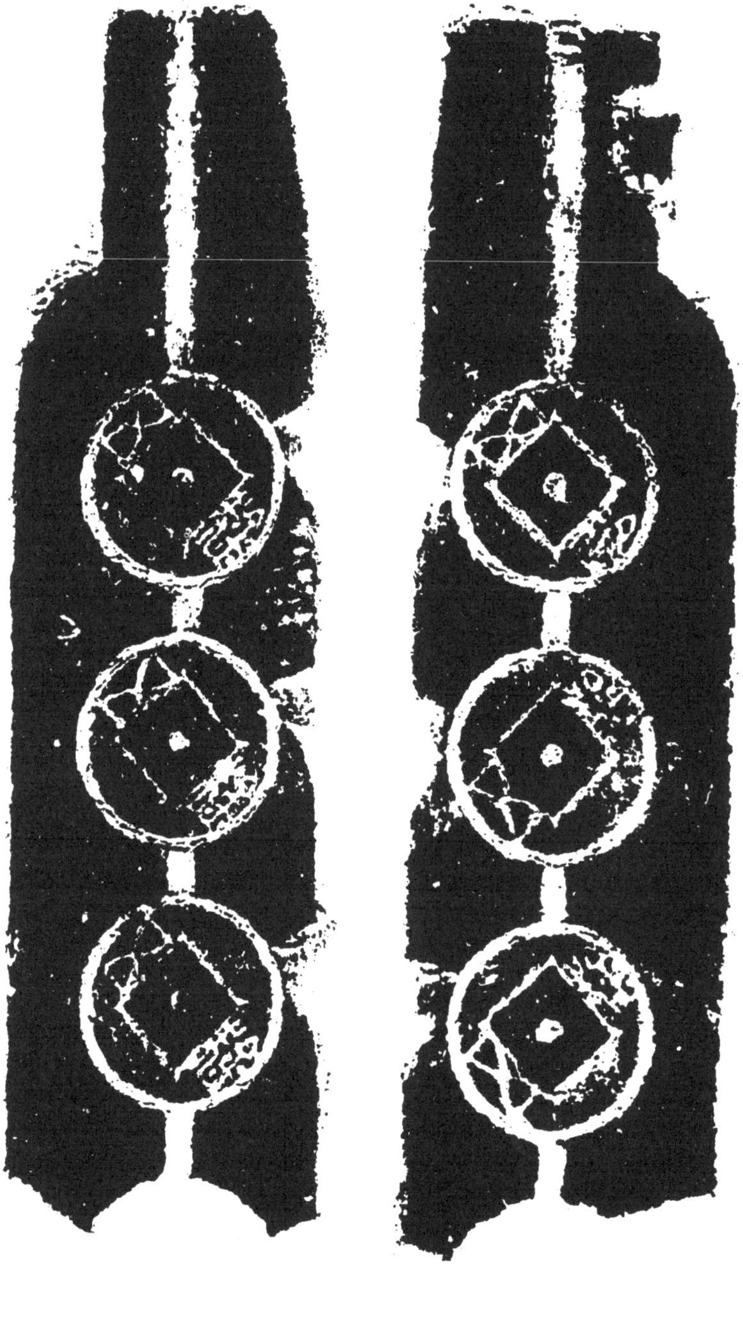

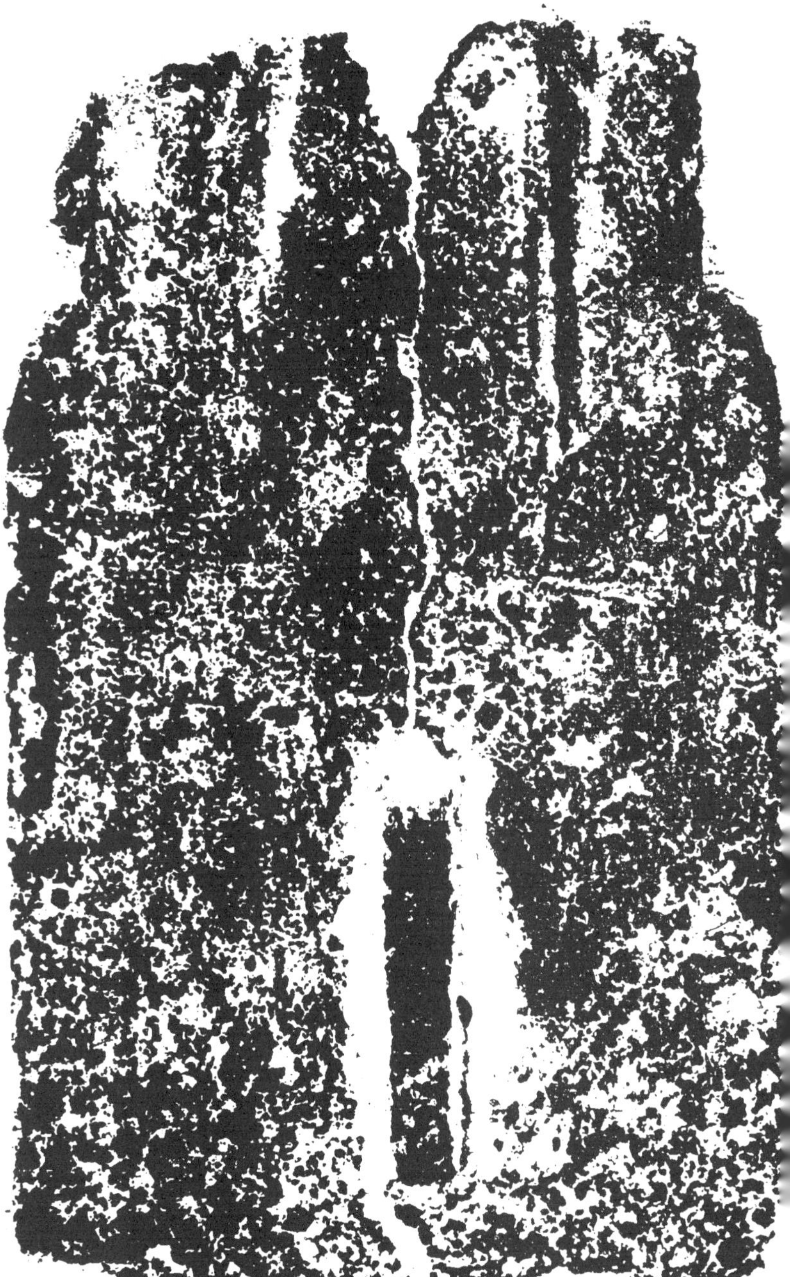

范十七

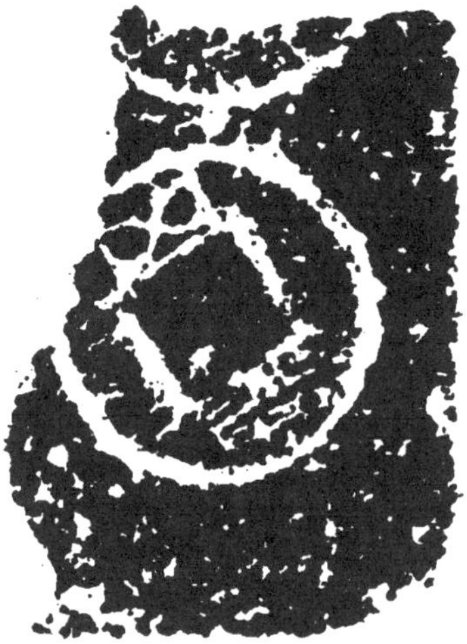

笵五八

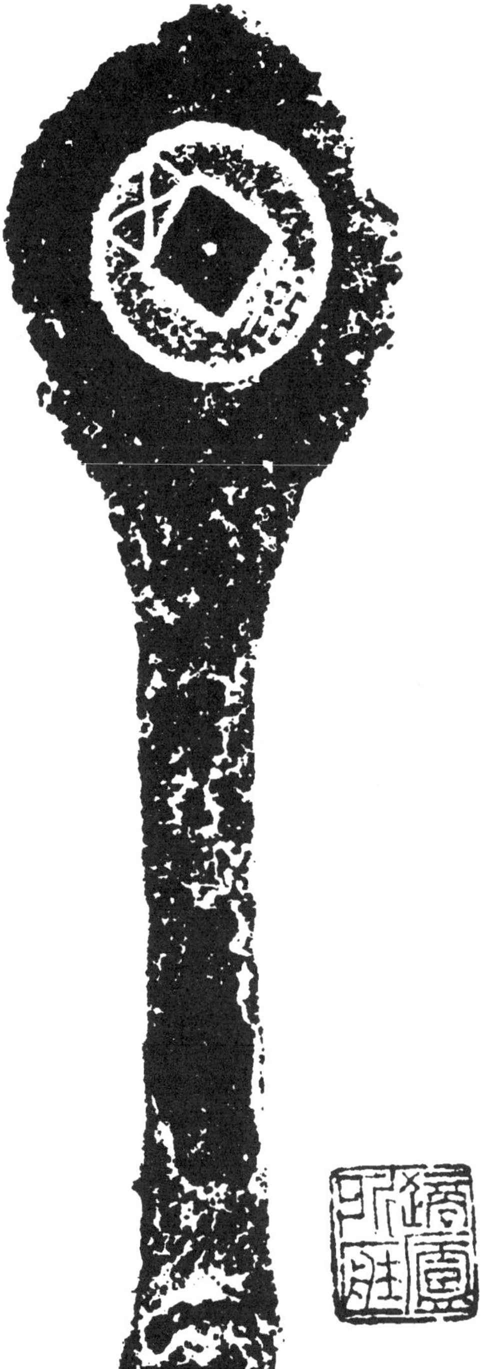

簠齋吉金録　漢器　笵

范十九

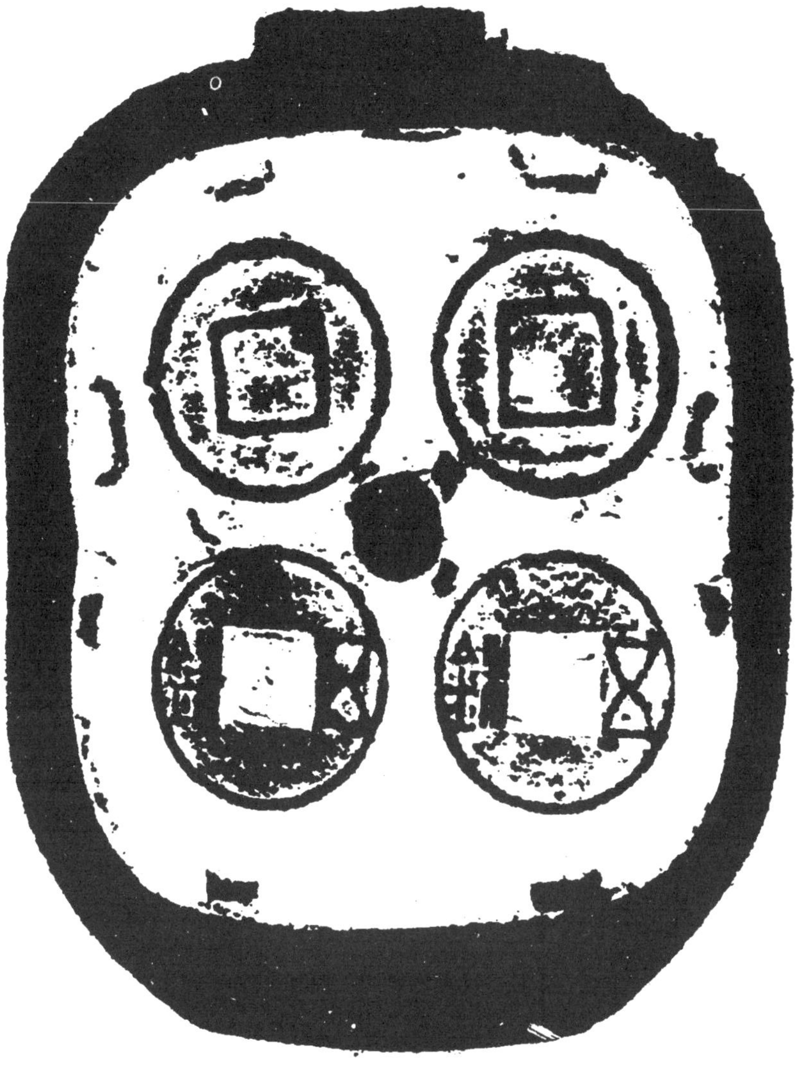

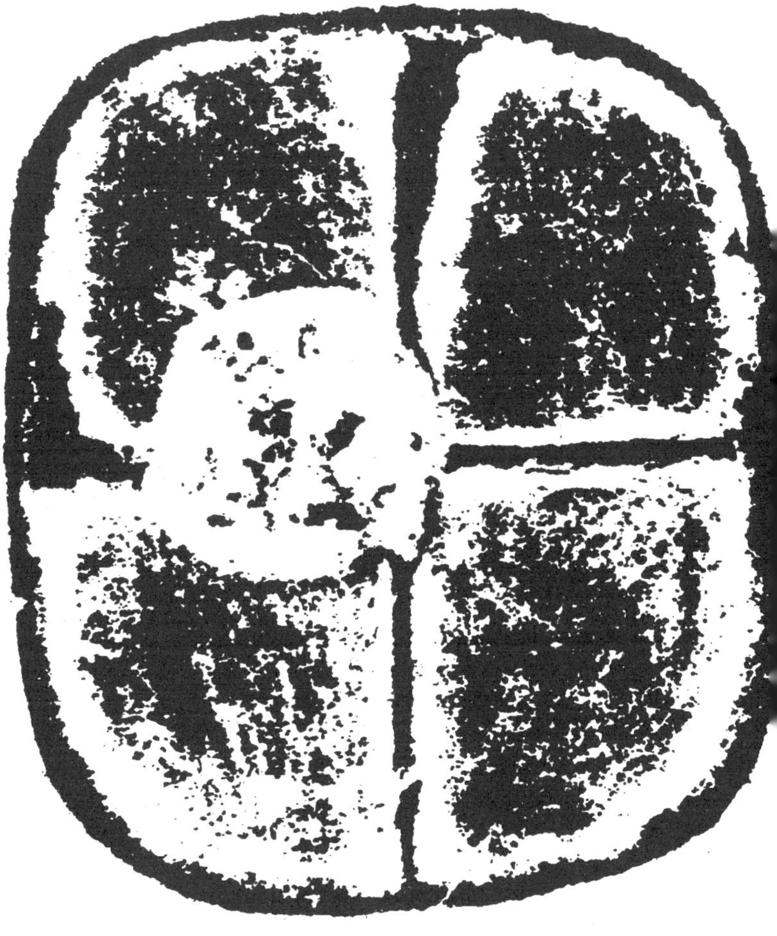

笵二十

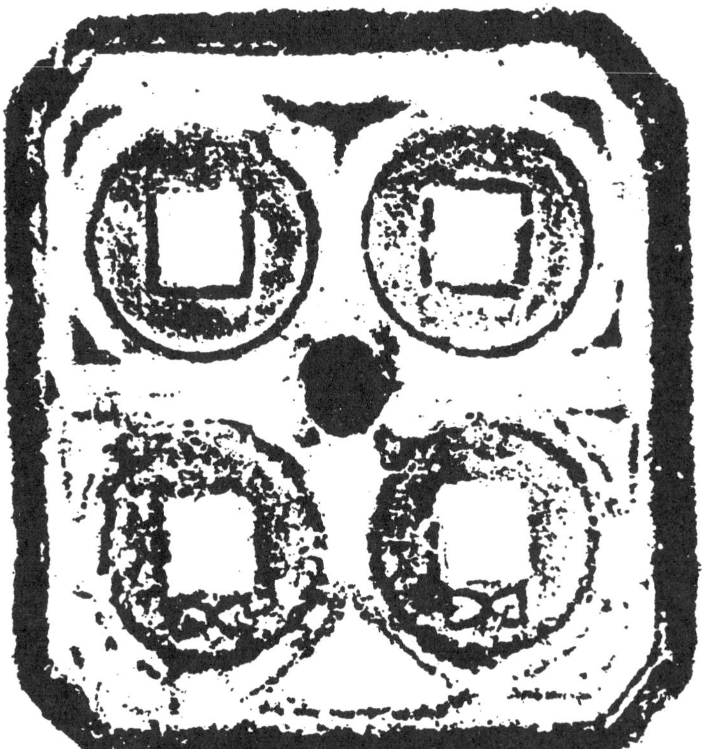

範二十一

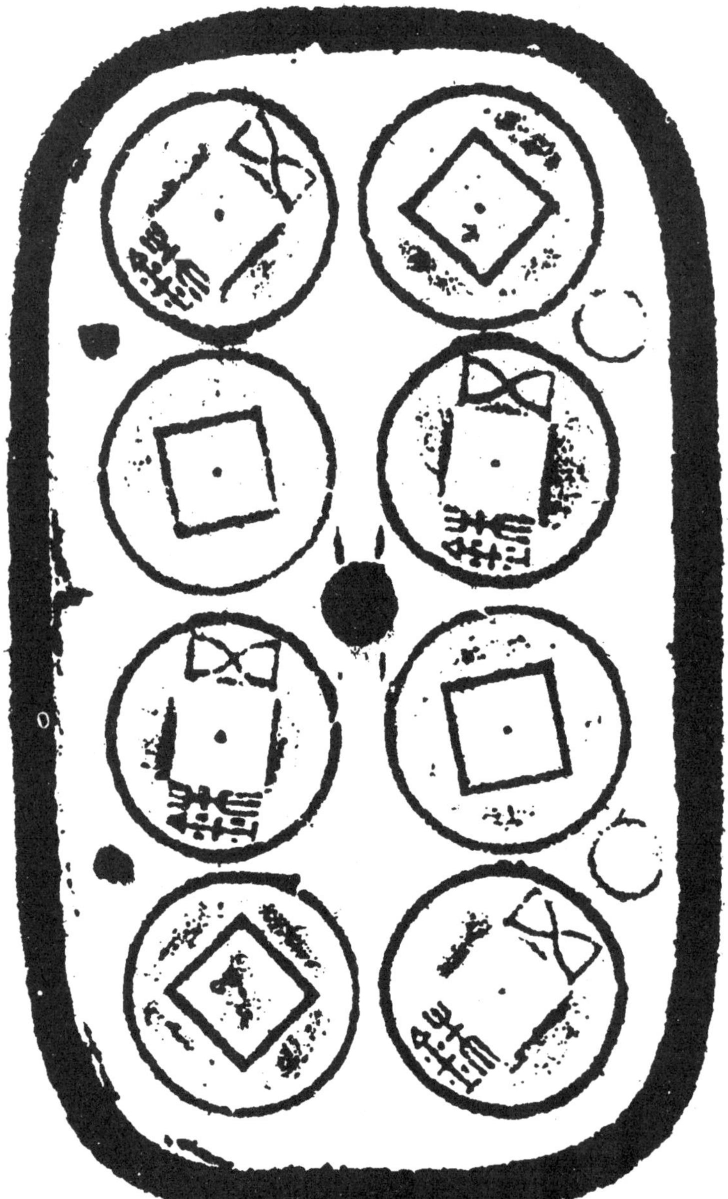

笵廿二

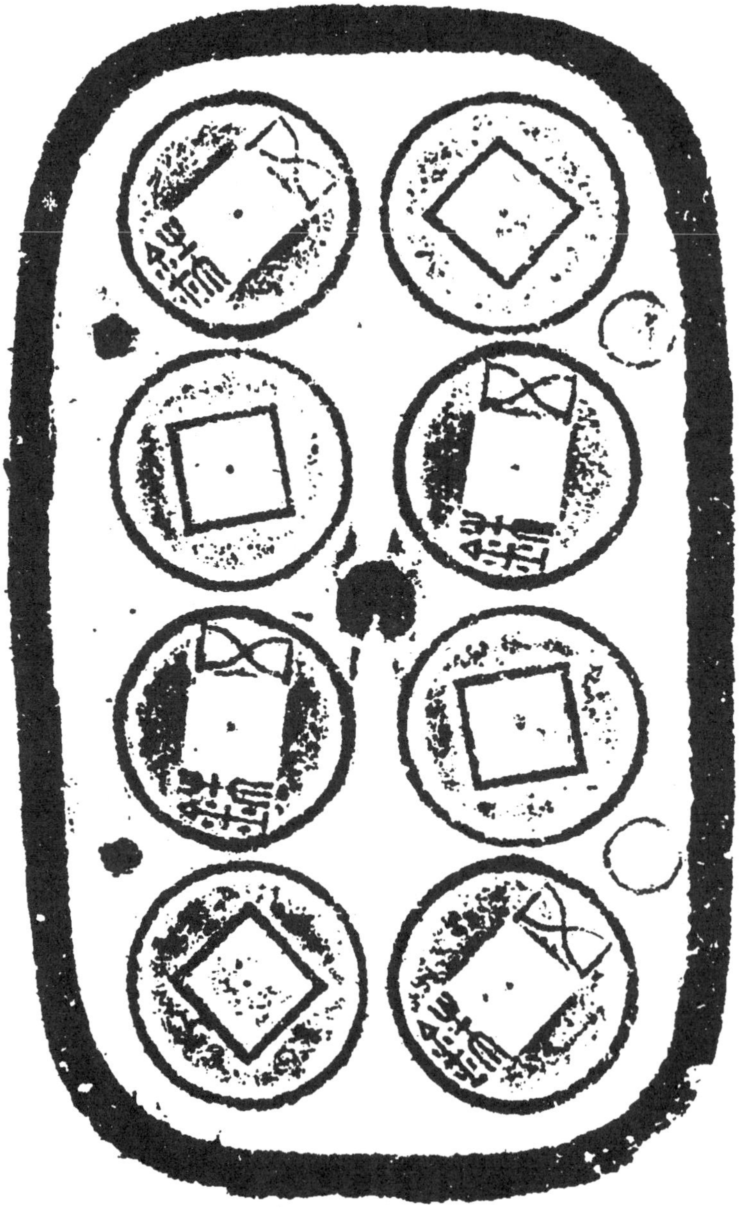

范廿三

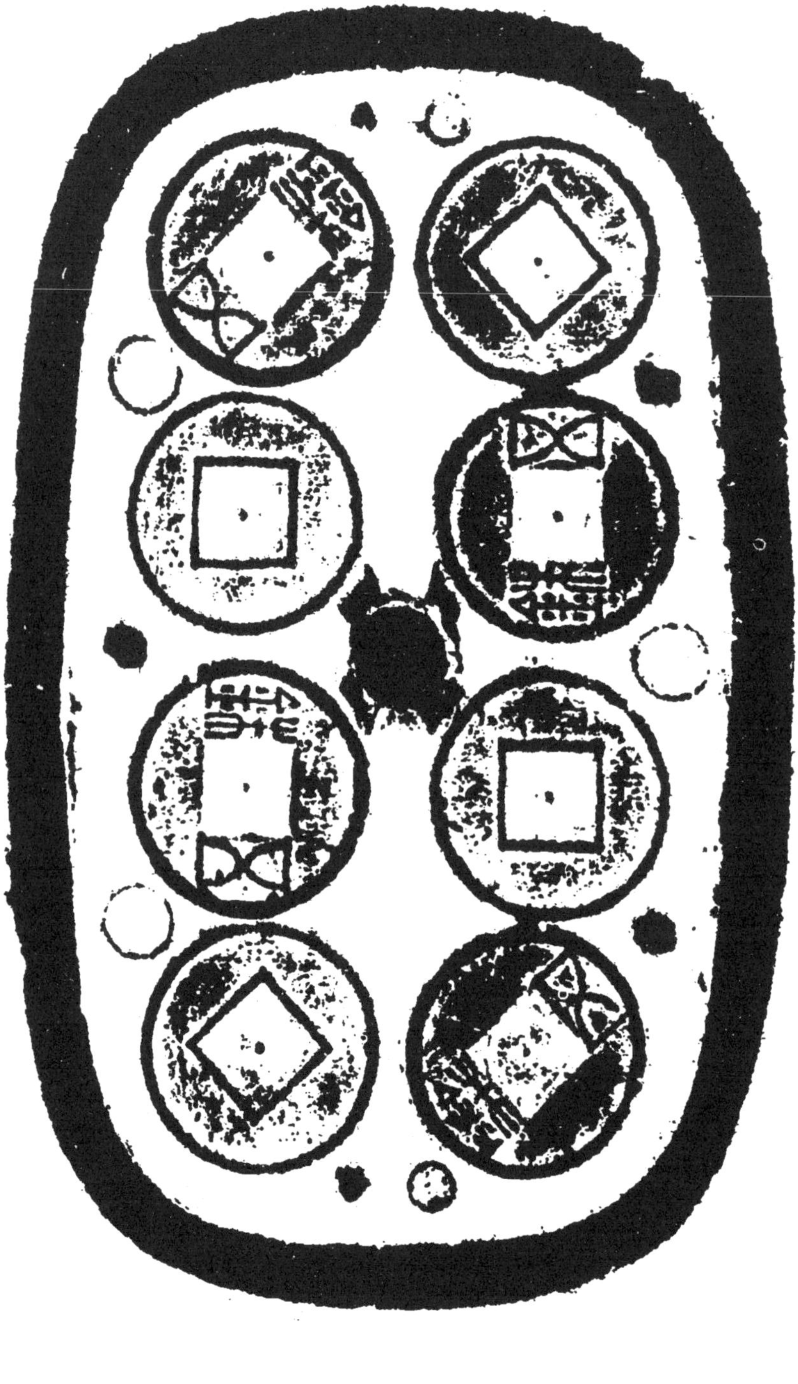

範廿四

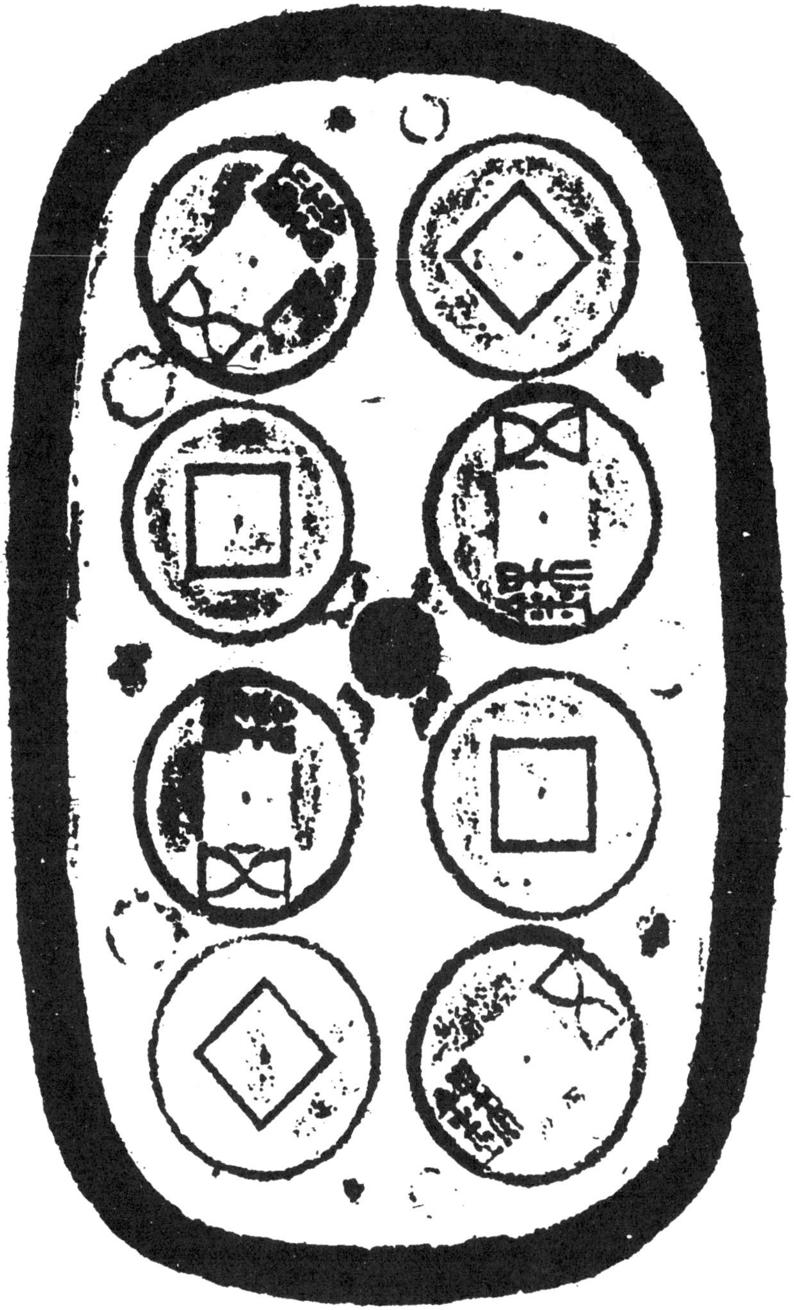

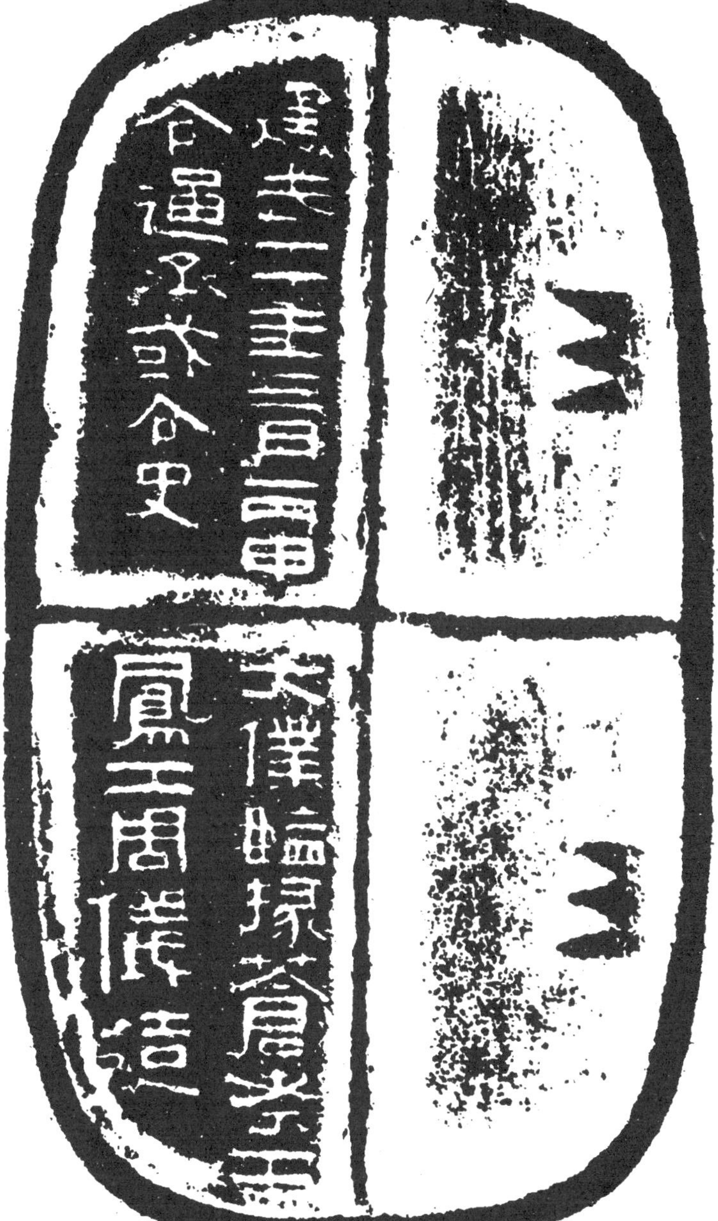

卅七廿五

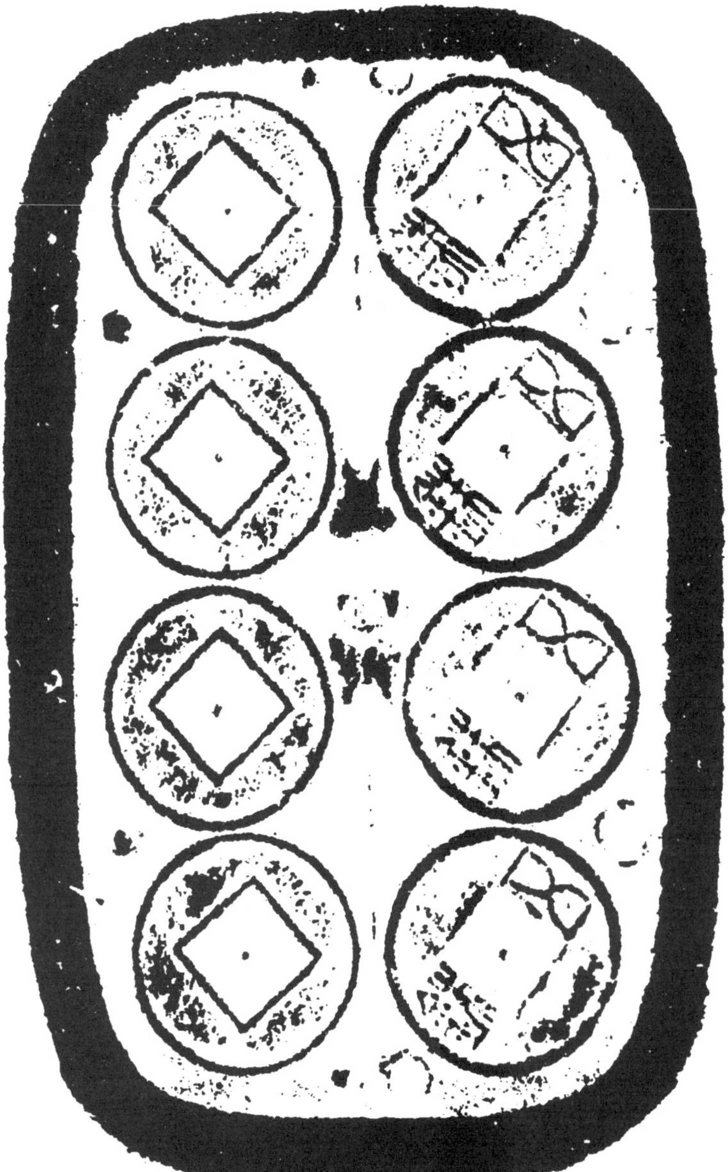

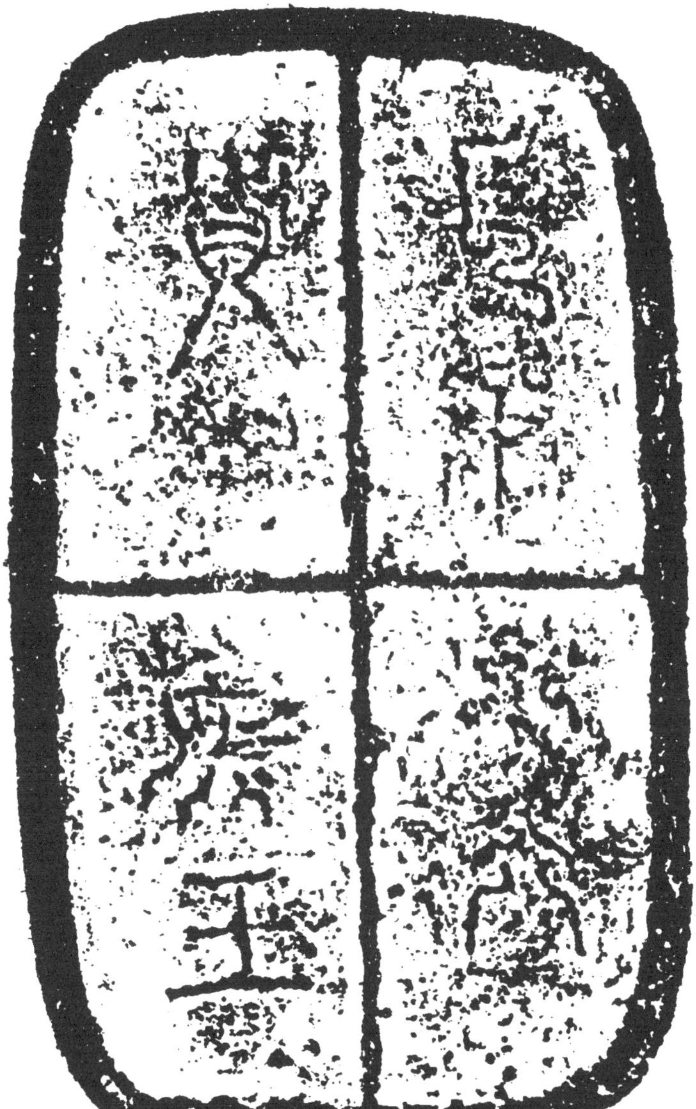

范廿六

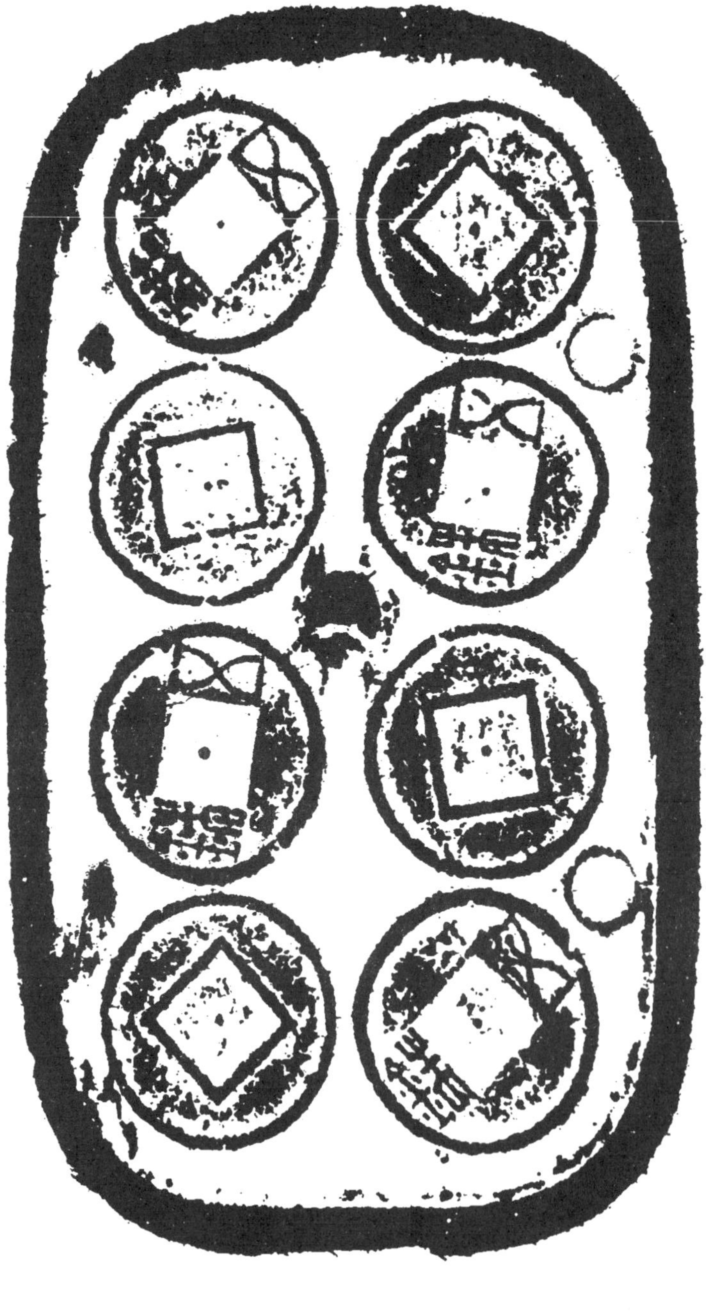

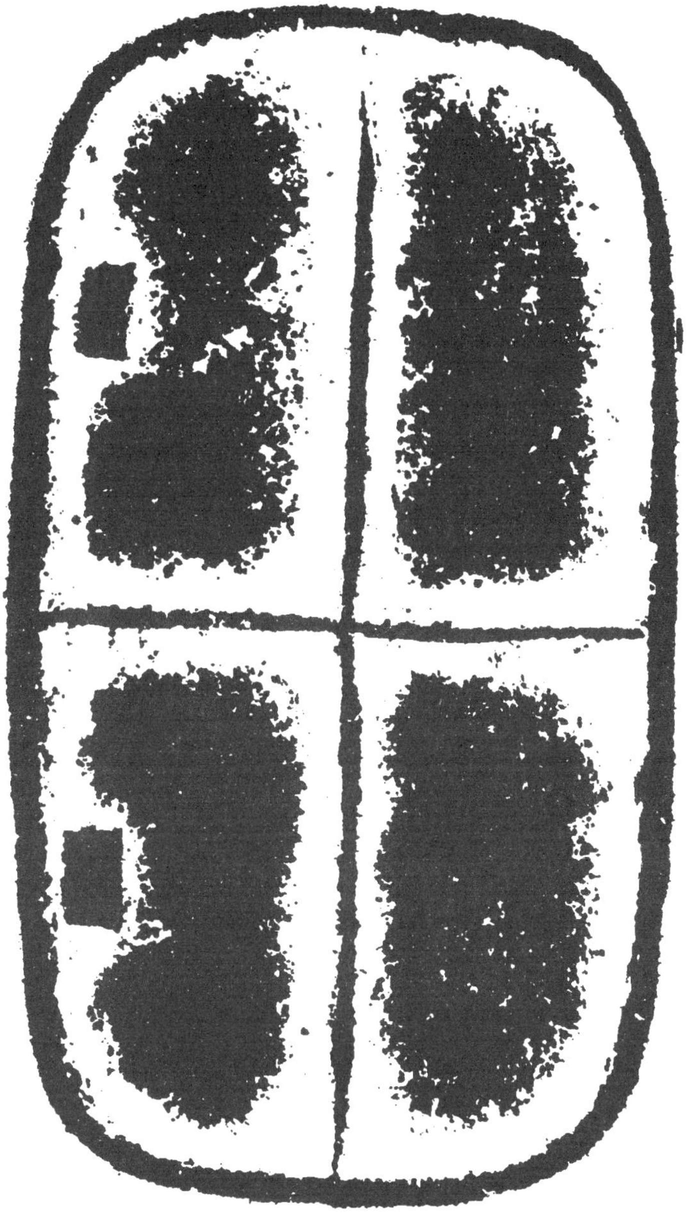

范廿七

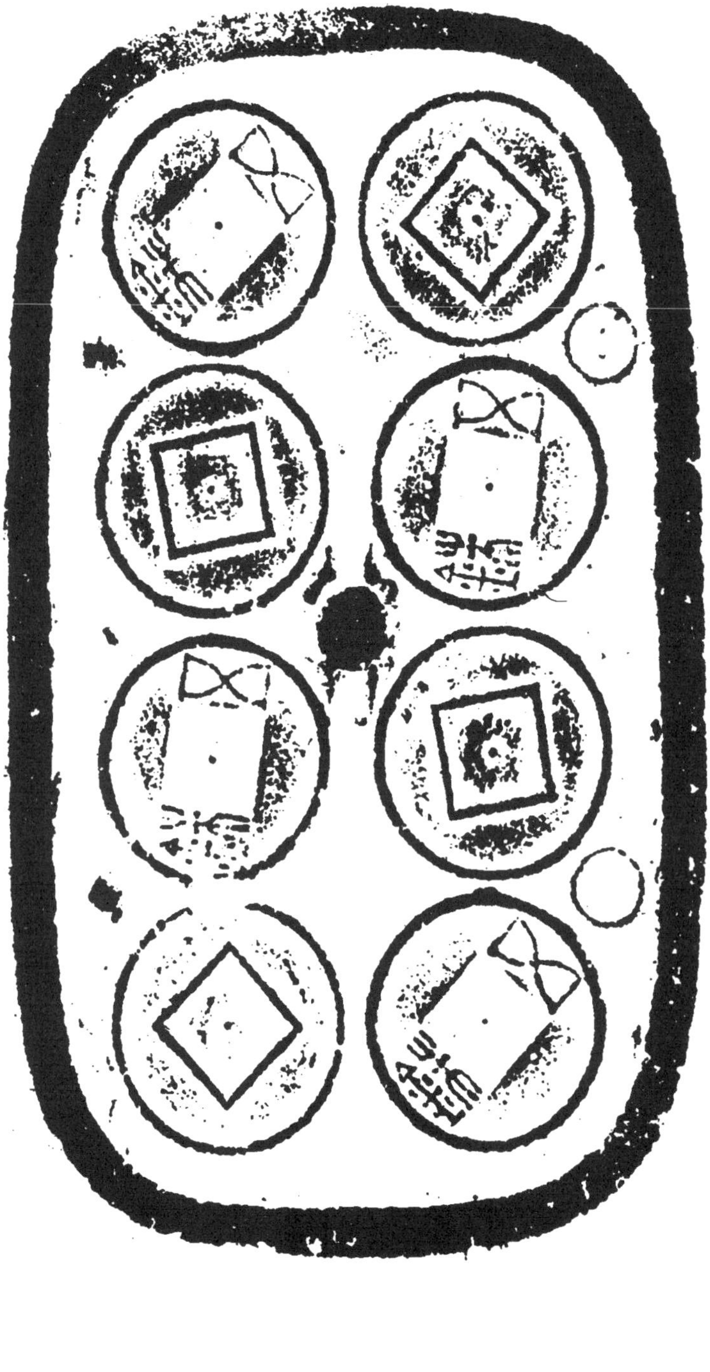

簠齋吉金録　漢器　范

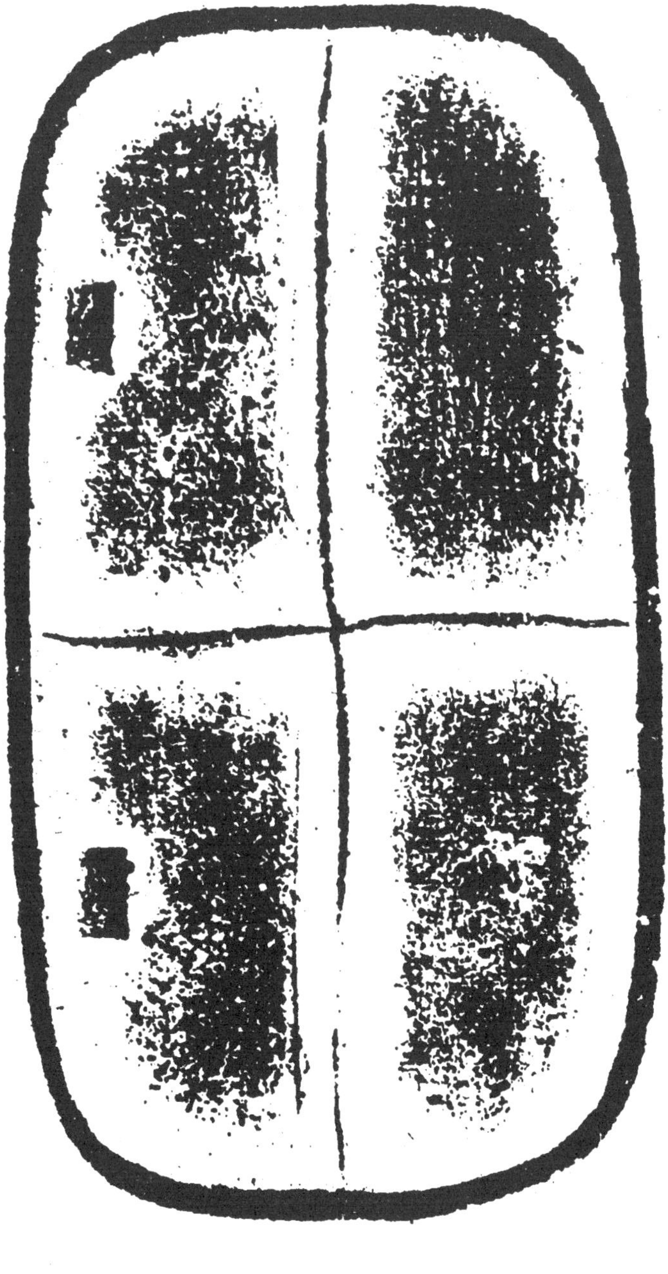

范廿八

范

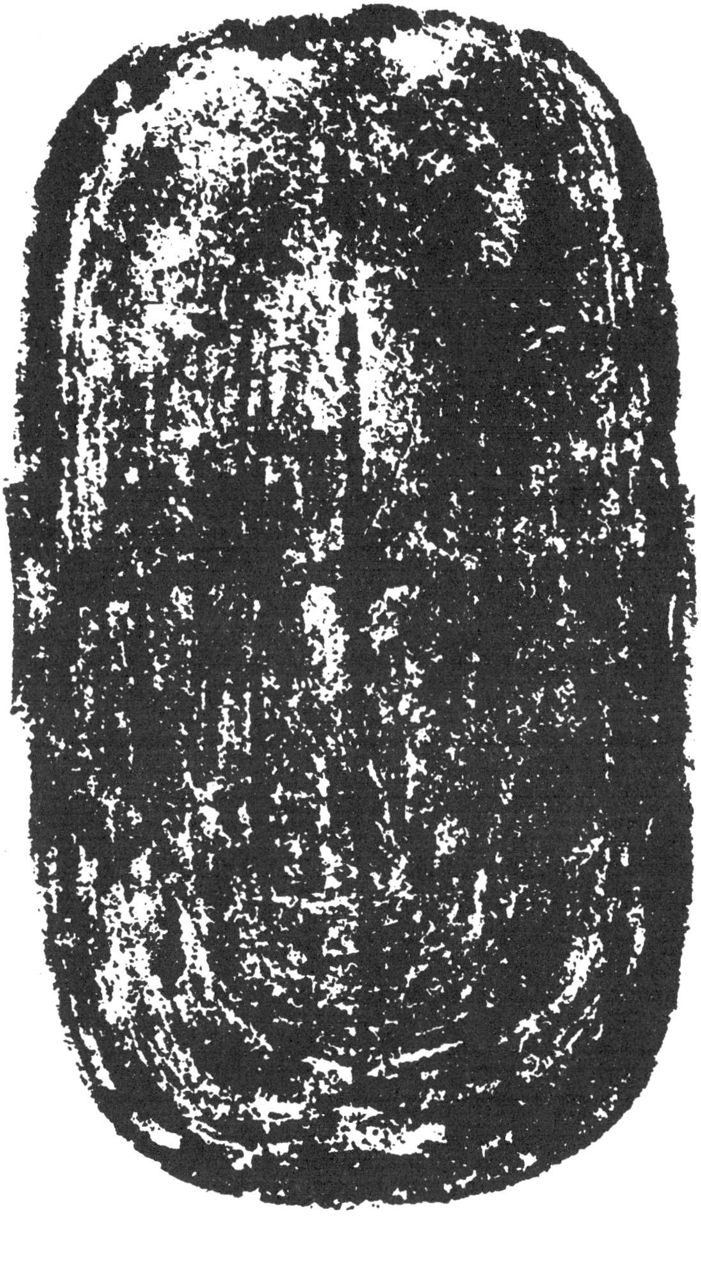

范廿九

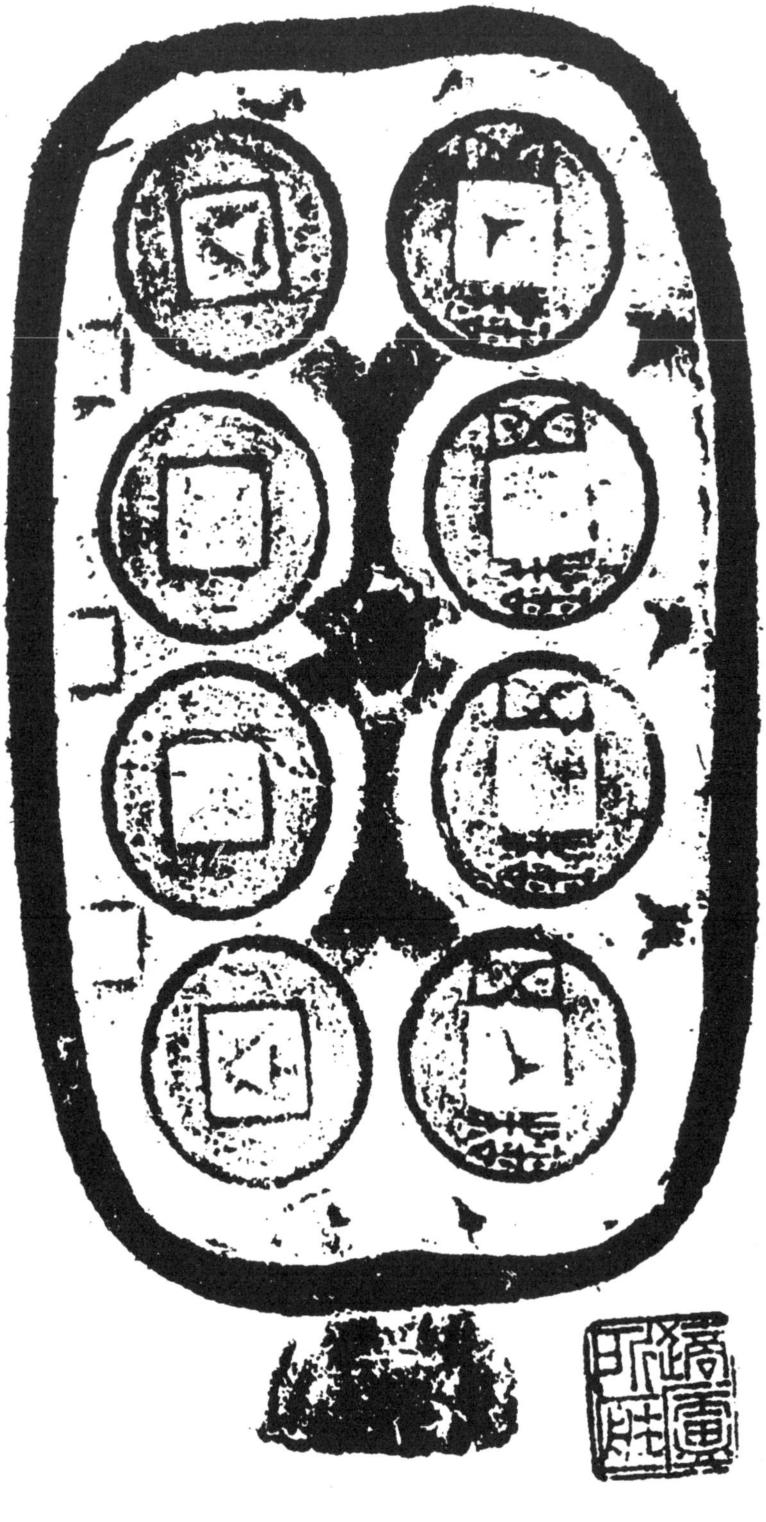

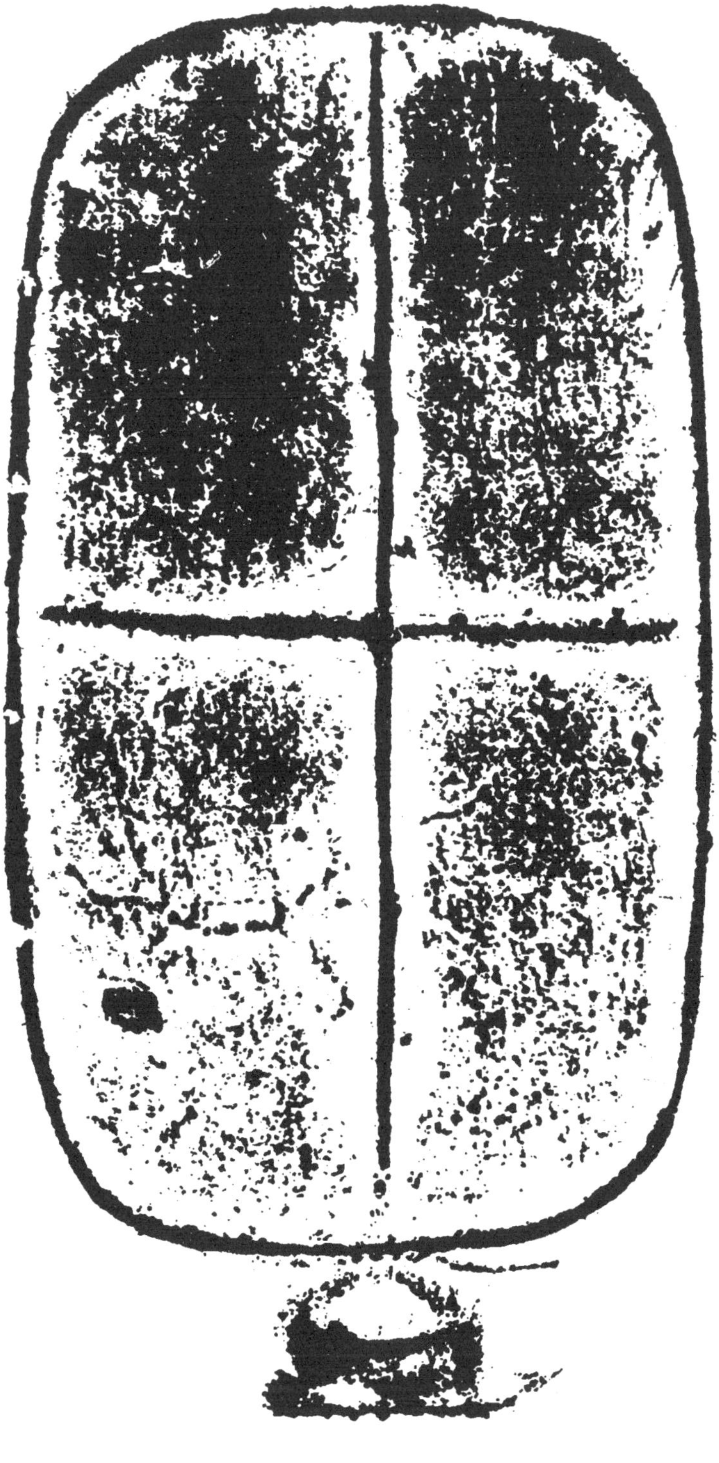

范三十

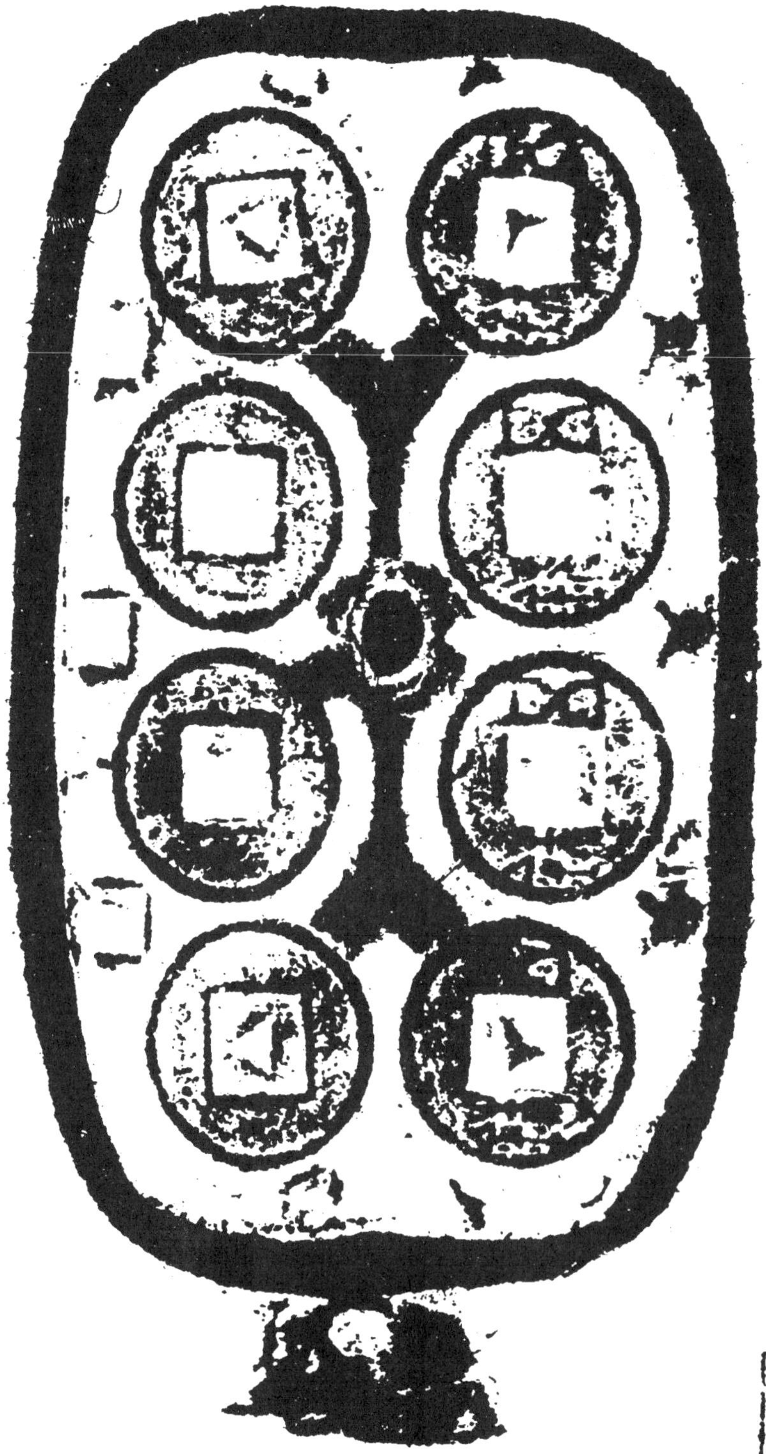

簠齋吉金録　漢器　笵

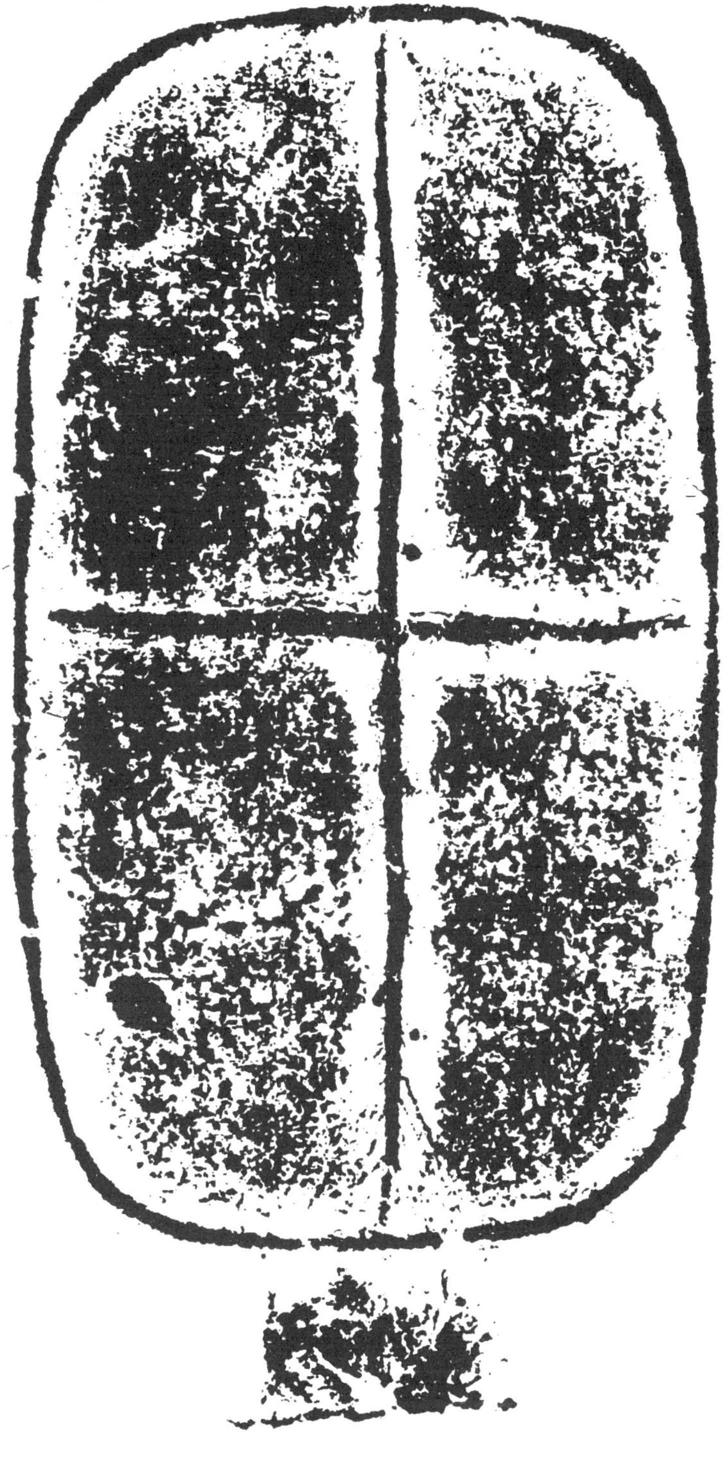

范三十一

簠齋吉金録　漢器　范

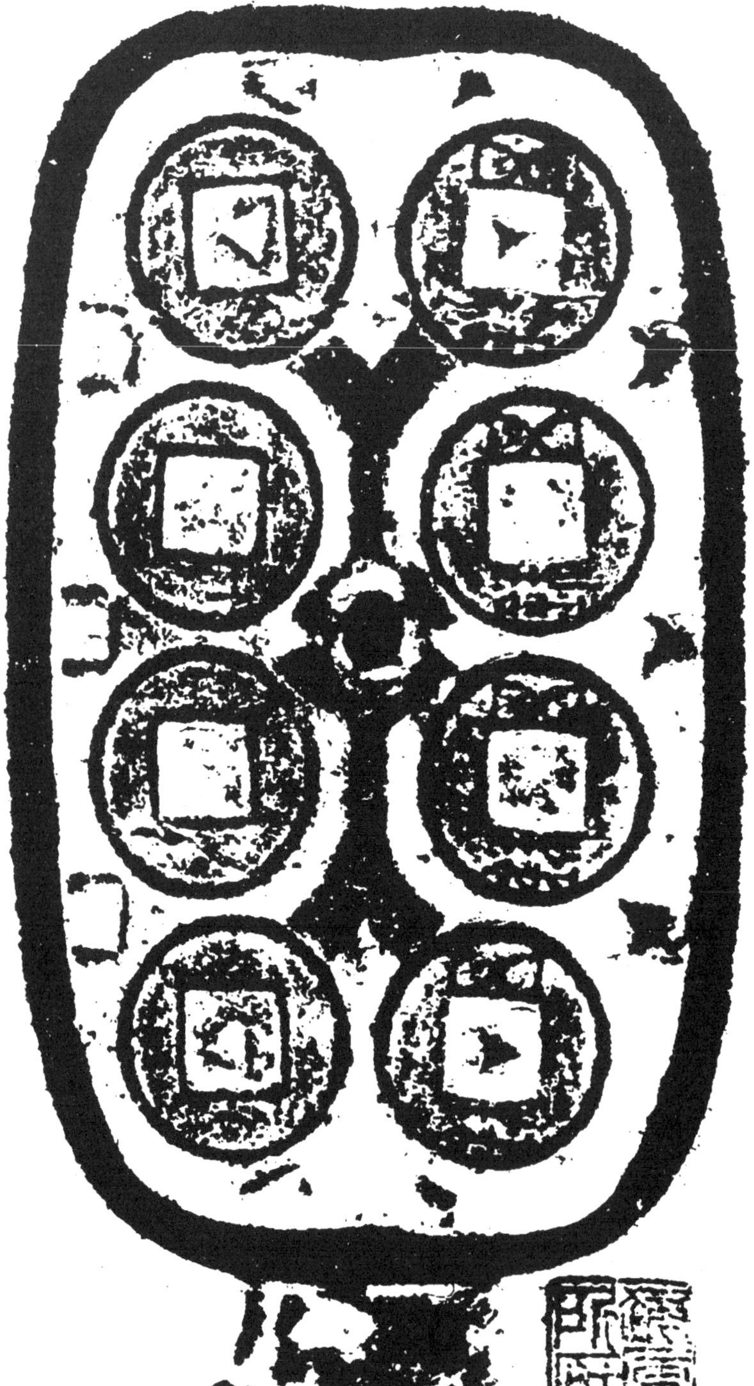

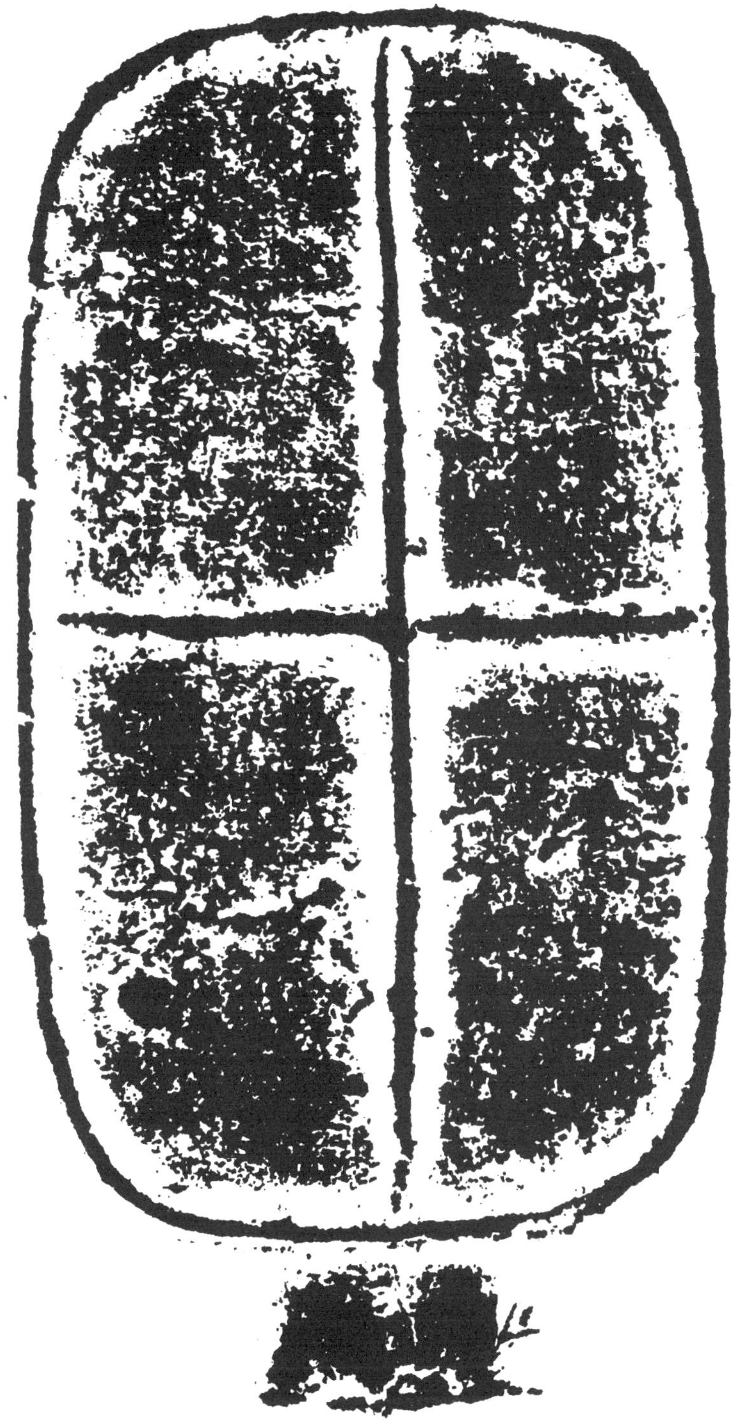

笵卅二

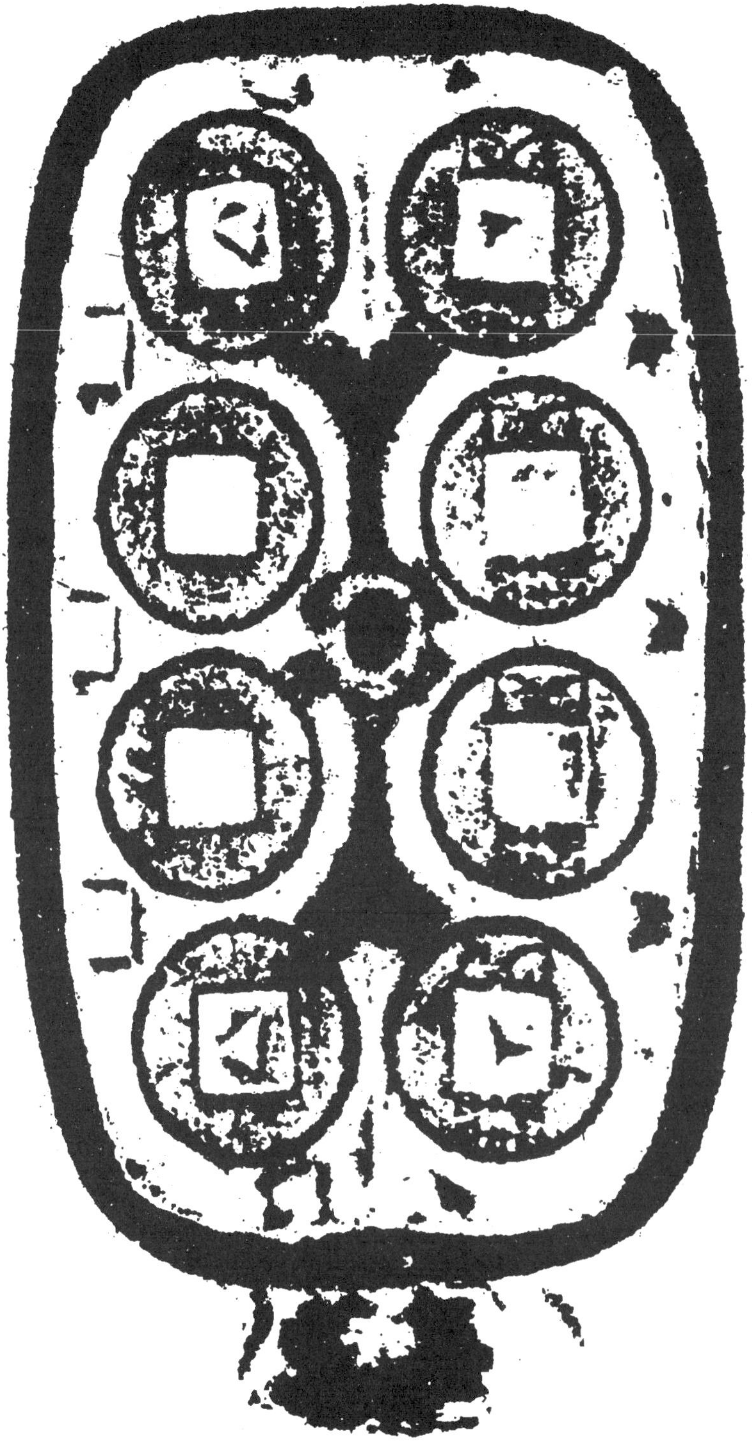

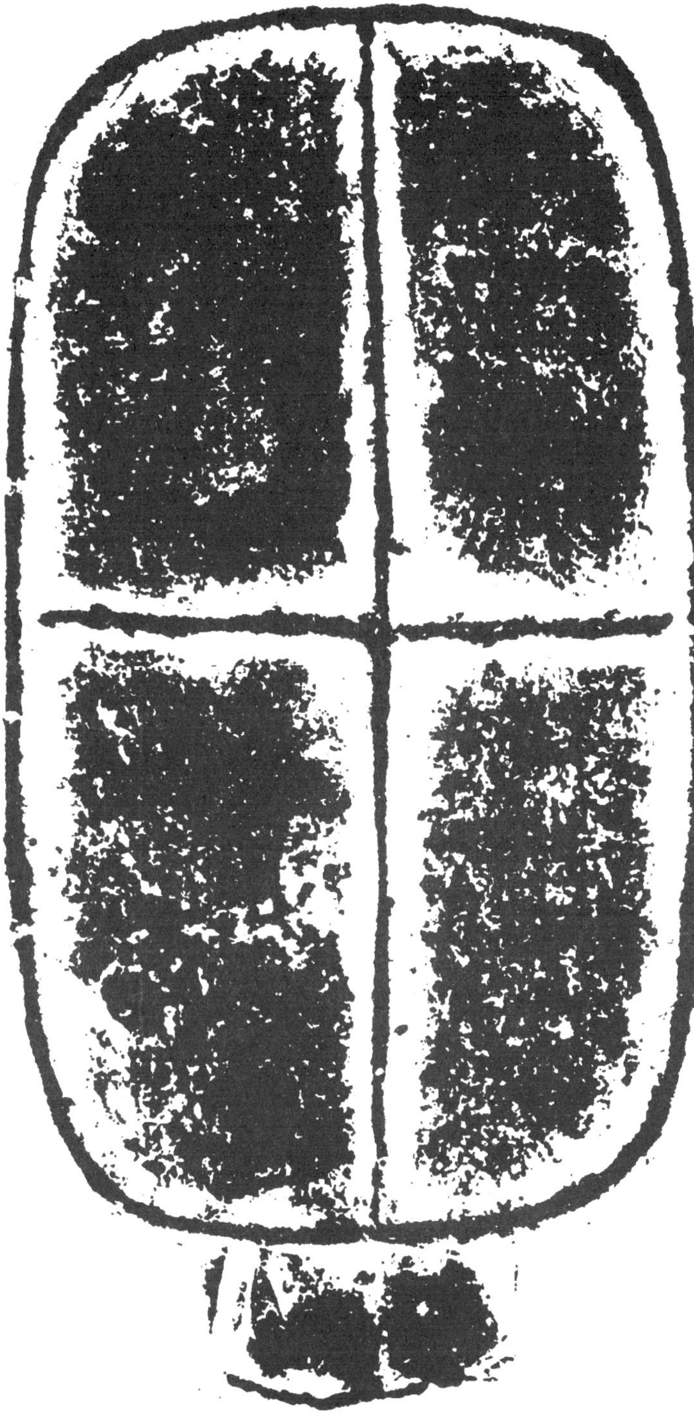

范卅三

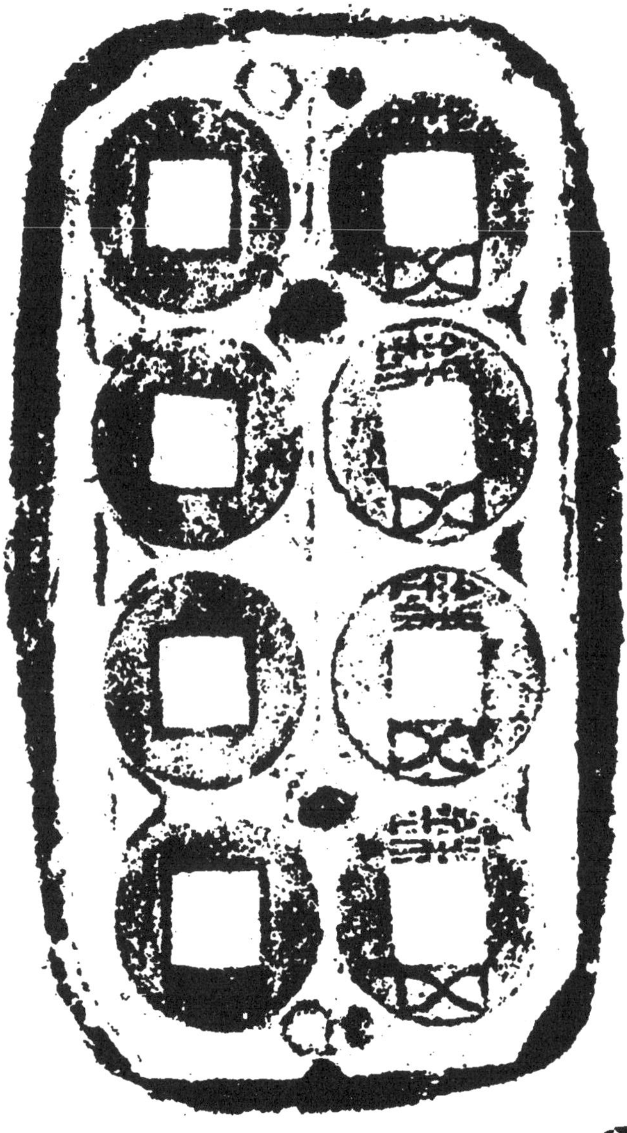

范卅四

簠齋吉金録　漢器　笵

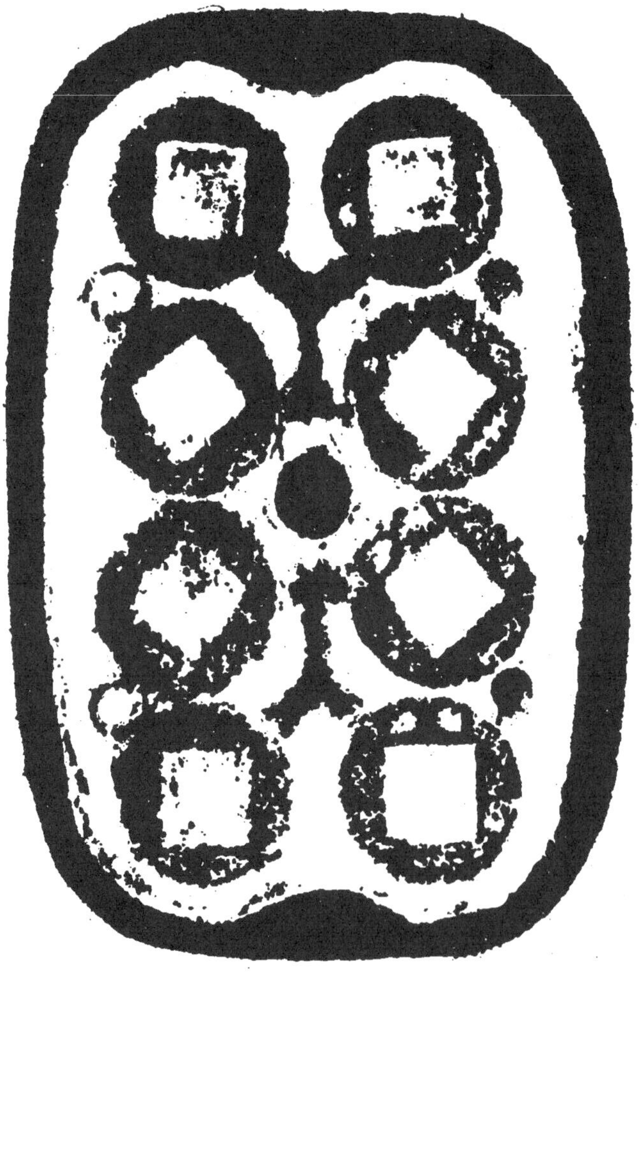

笵卅五

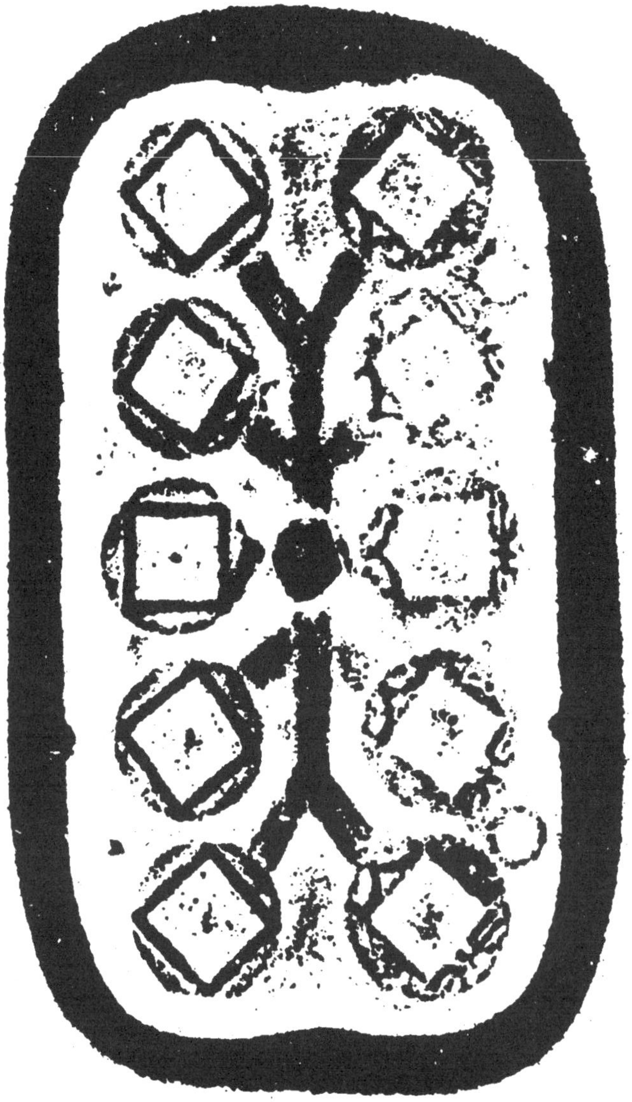

六百卅六

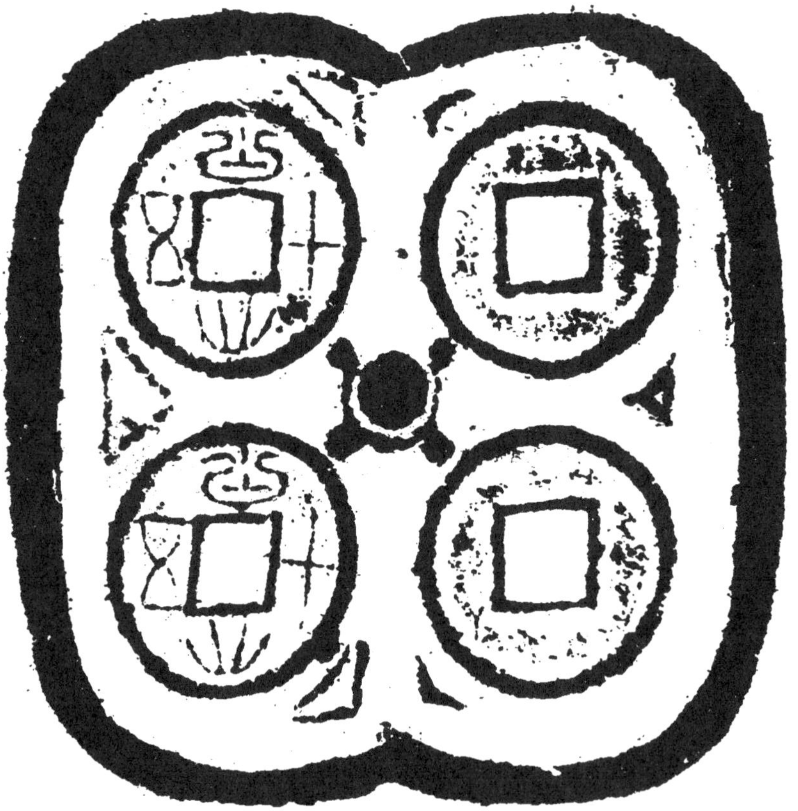

笵卅七

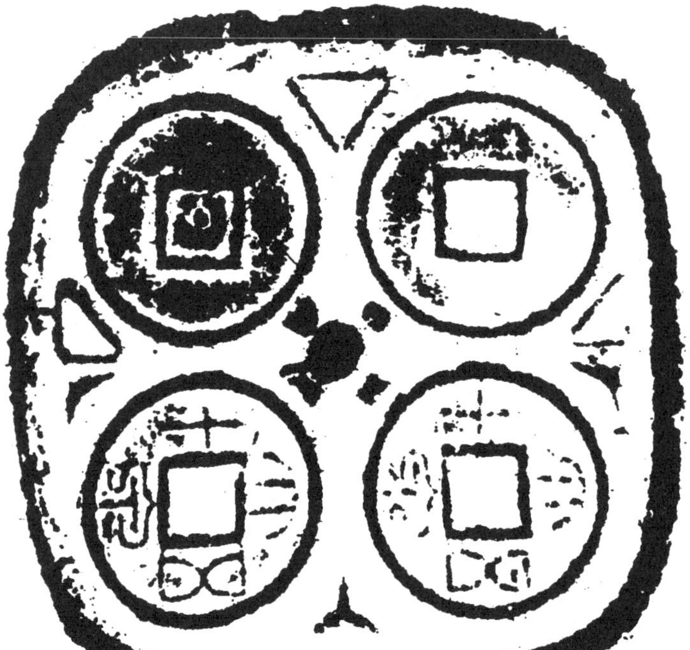

范卅八

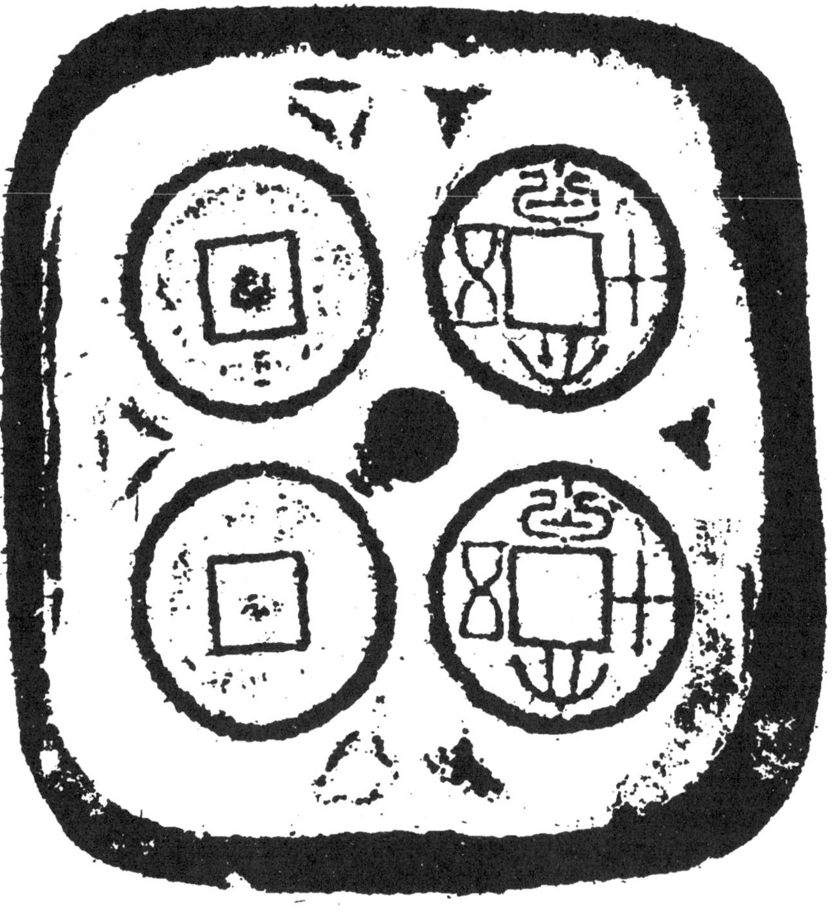

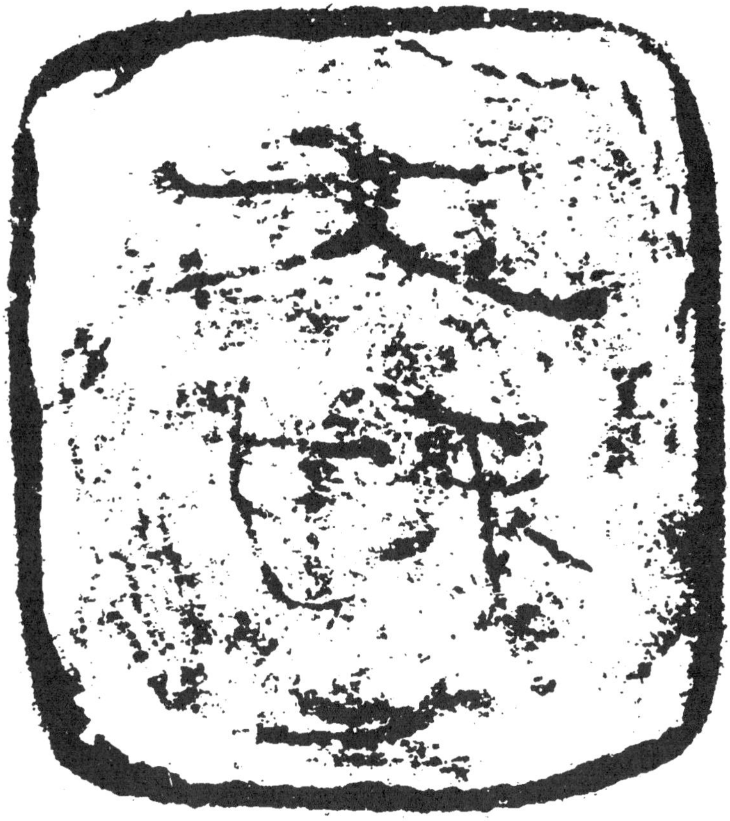

笵卅九

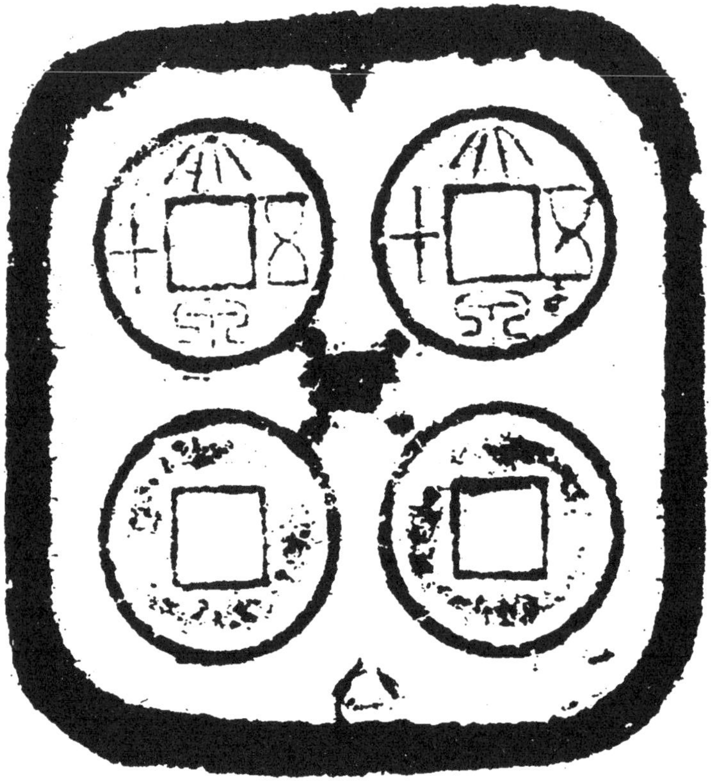

笵四十

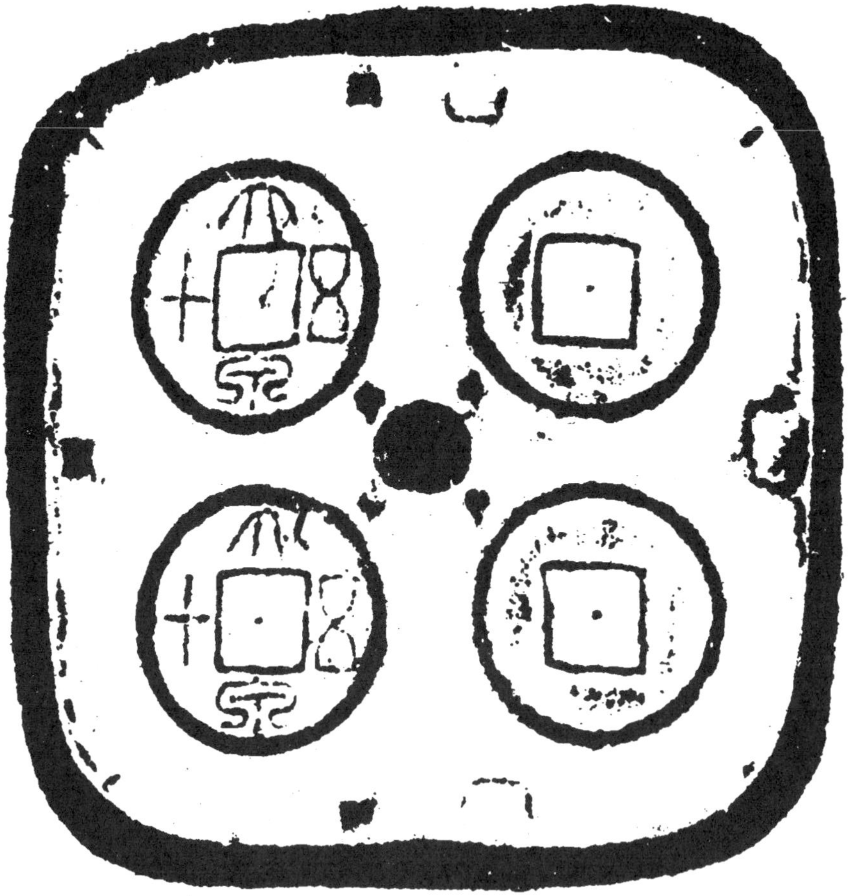

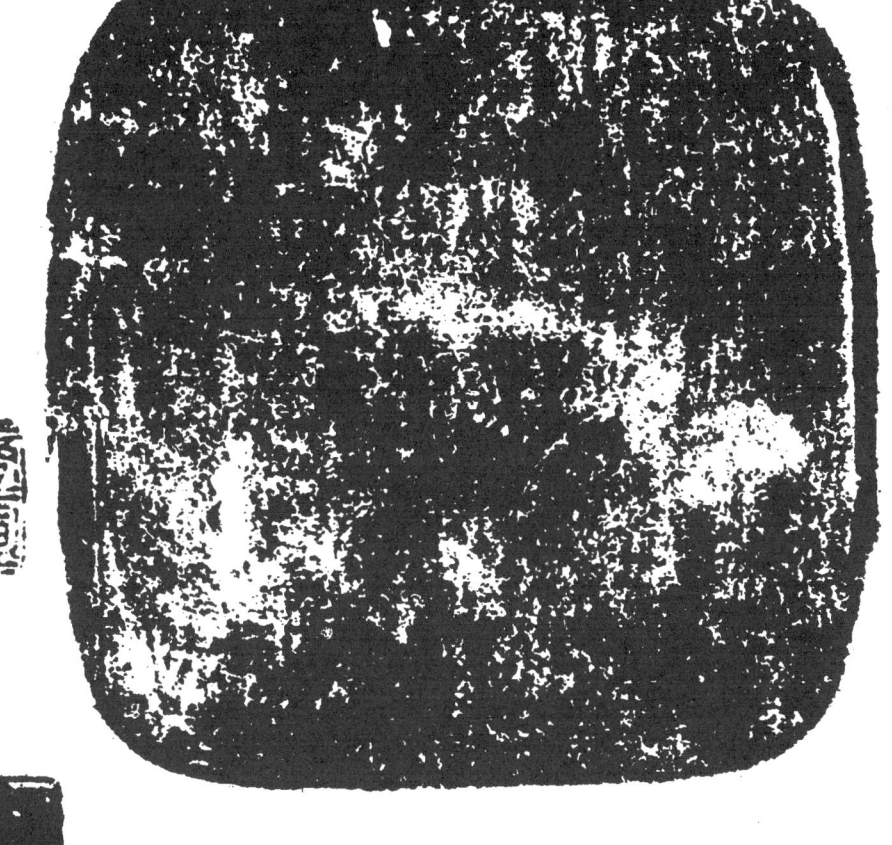

范四十一

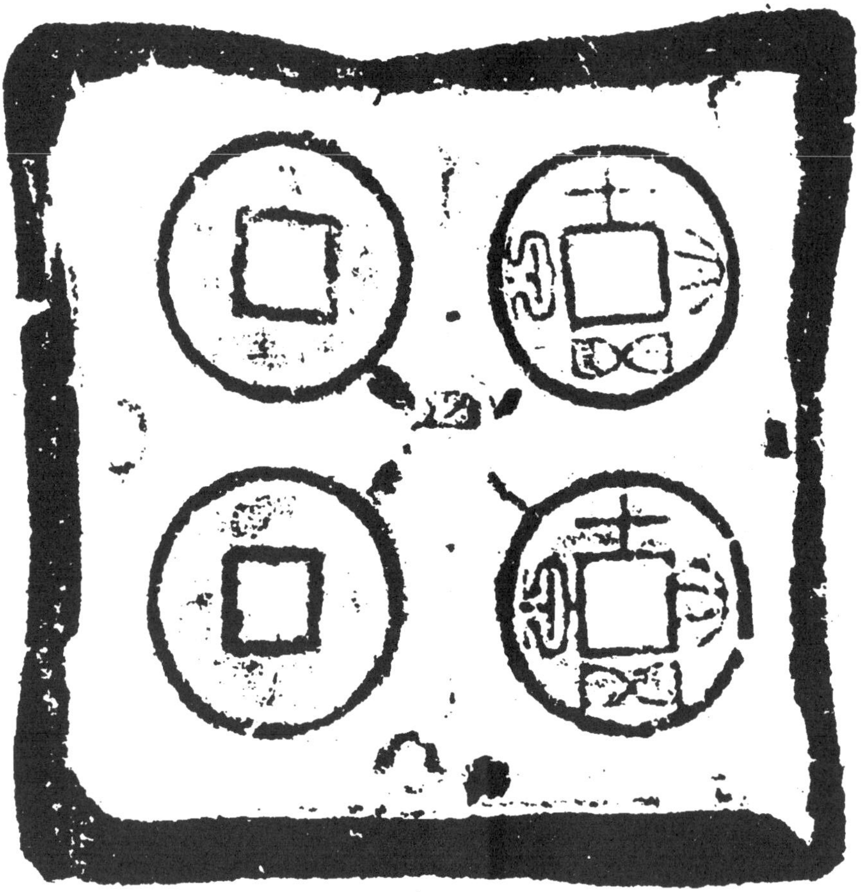

笵四二

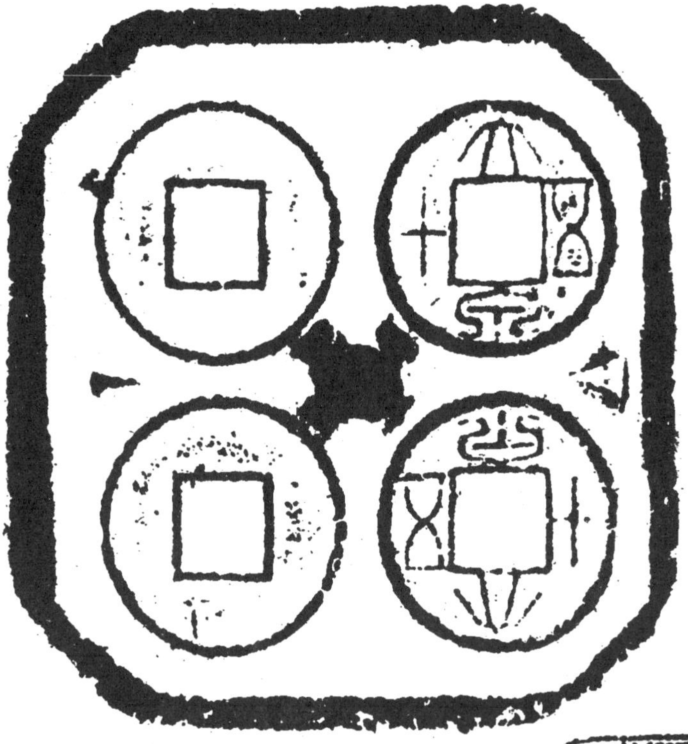

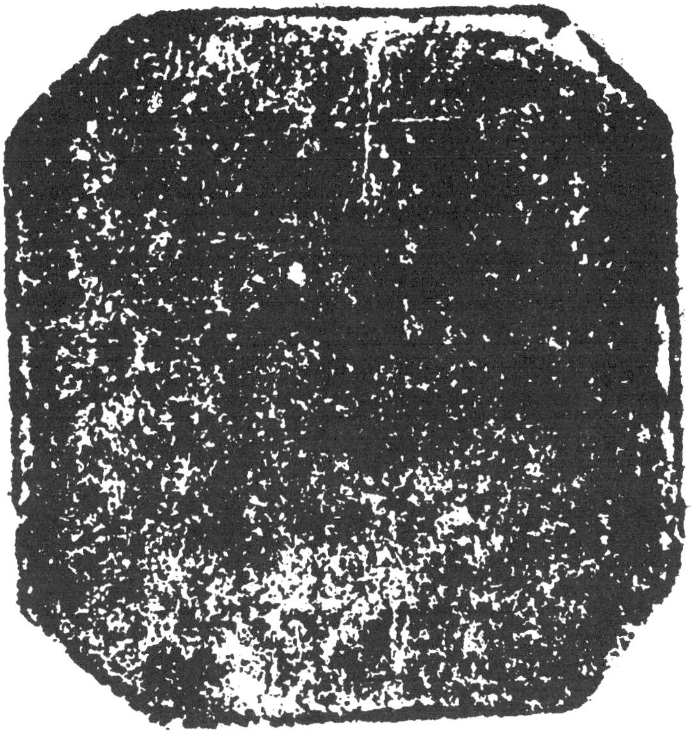

范四三

簠齋吉金録　漢器　范

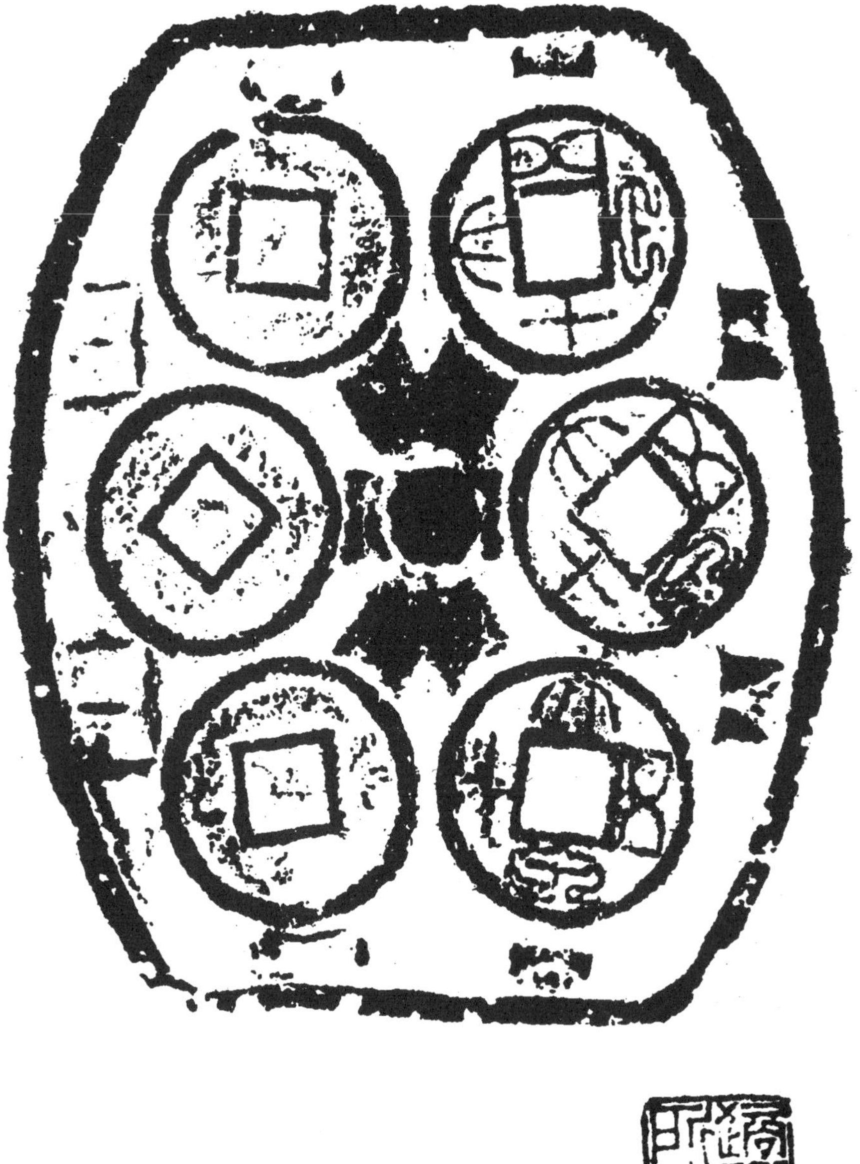

范四十四

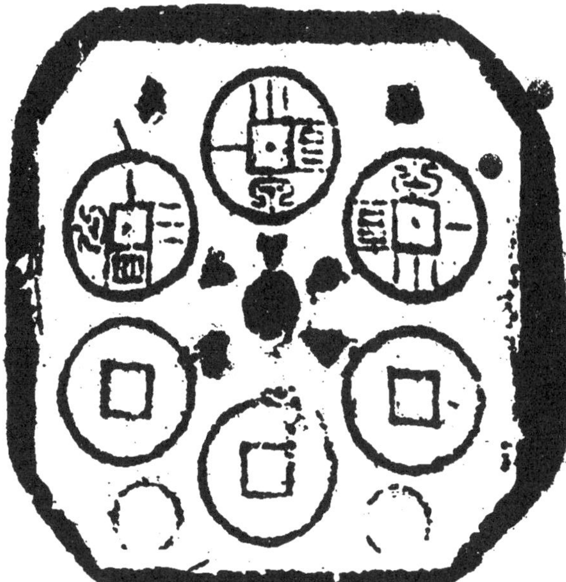

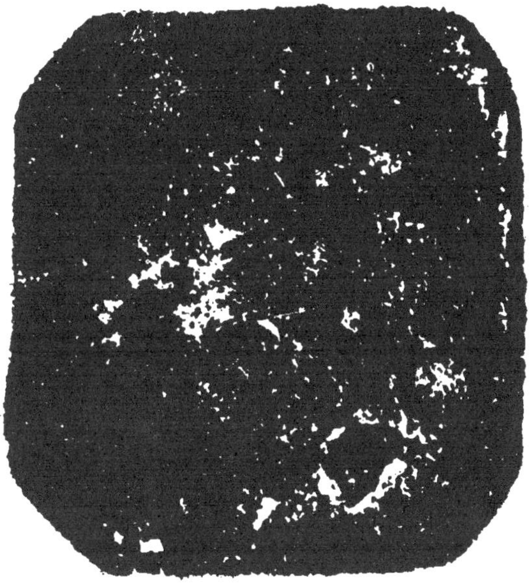

笵四十五

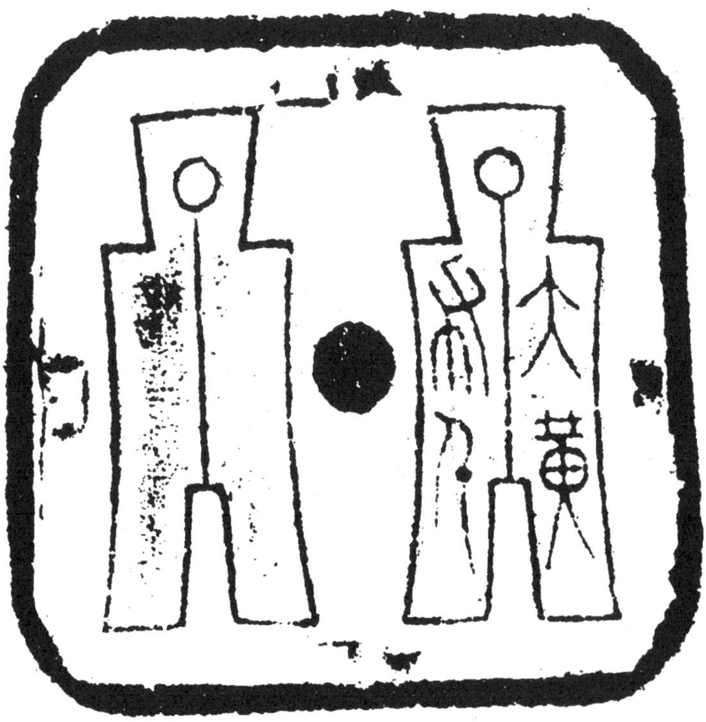

笵四六

范四七

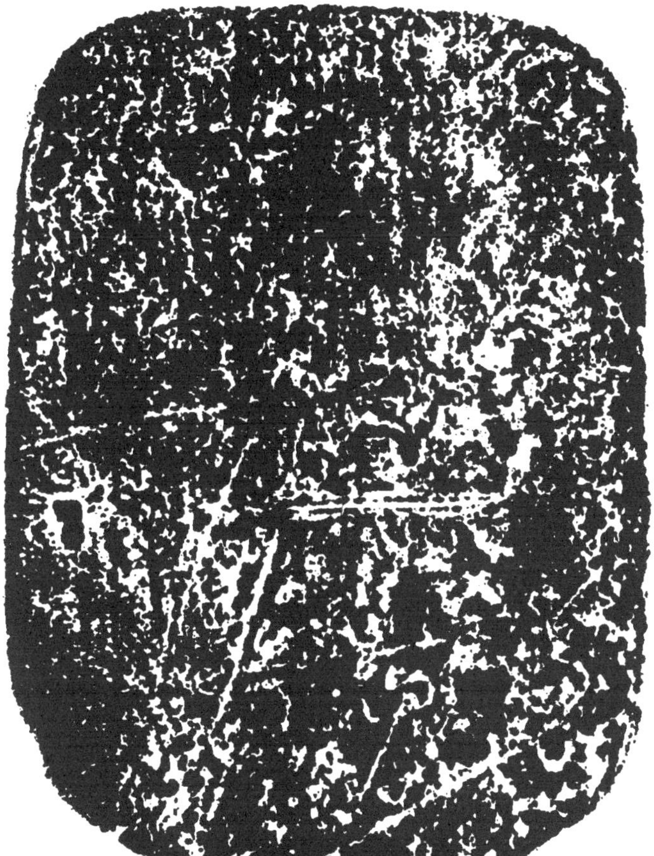

范四八

篚齋吉金録　漢器　笵

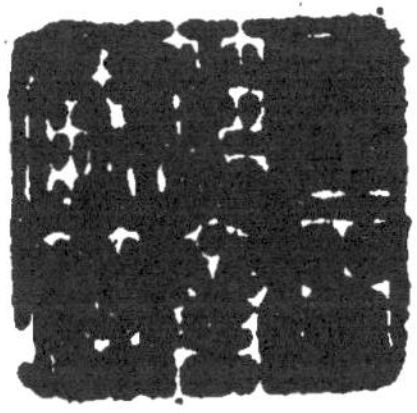

笵四九

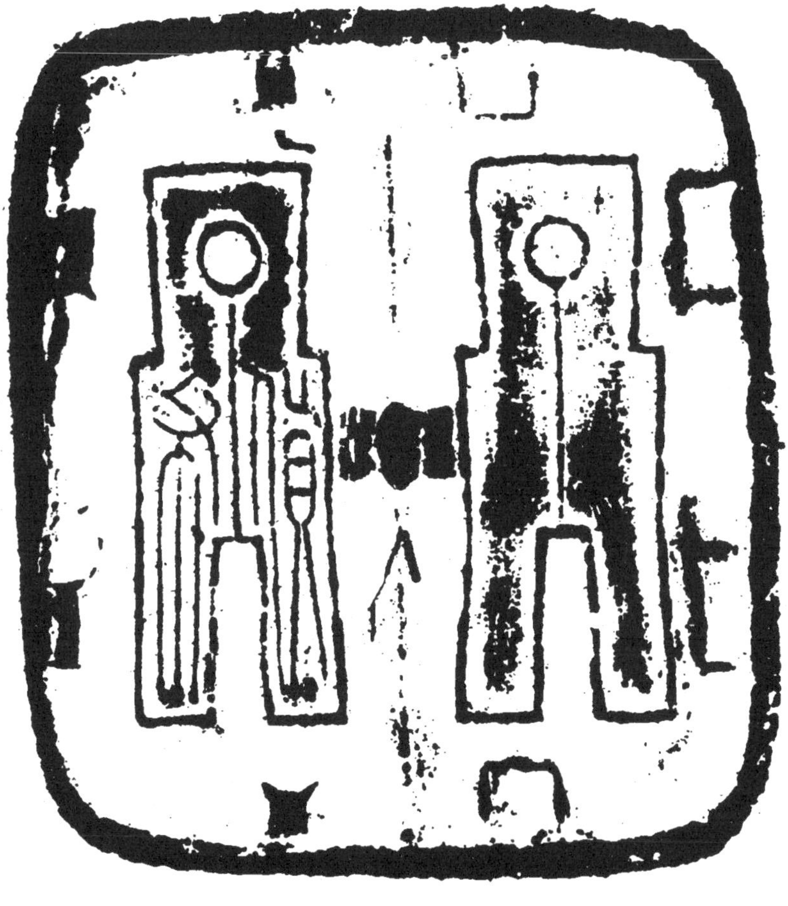

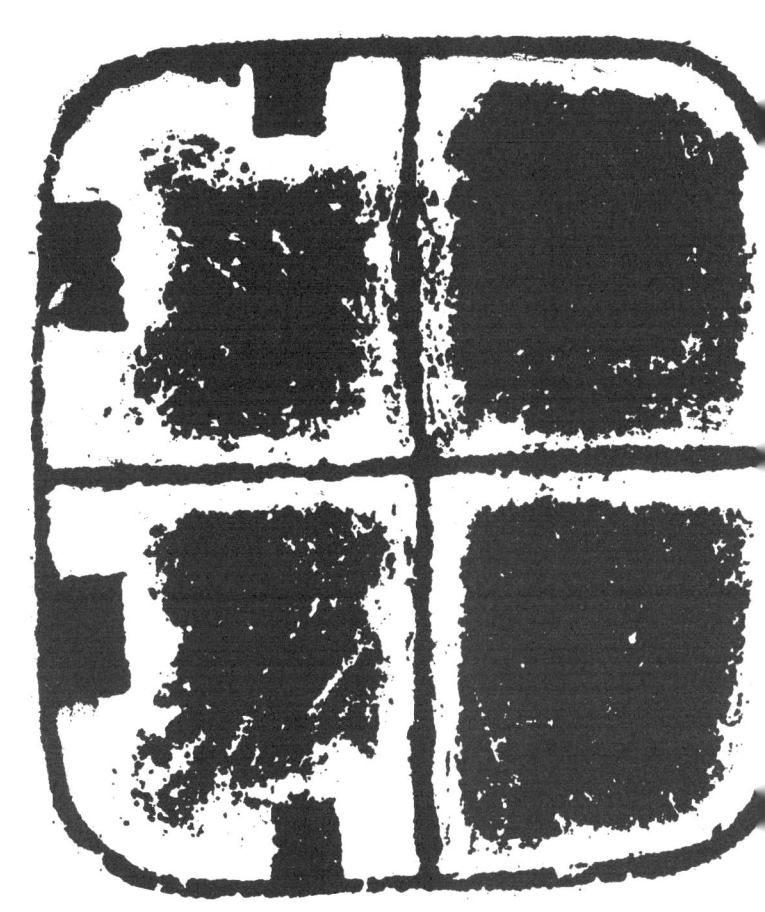

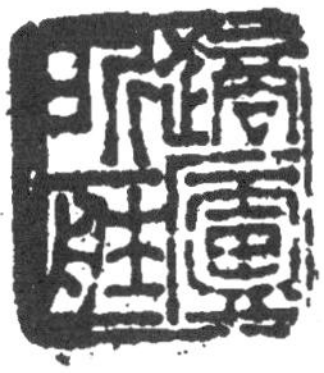

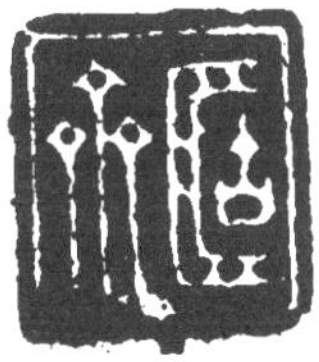

范五十

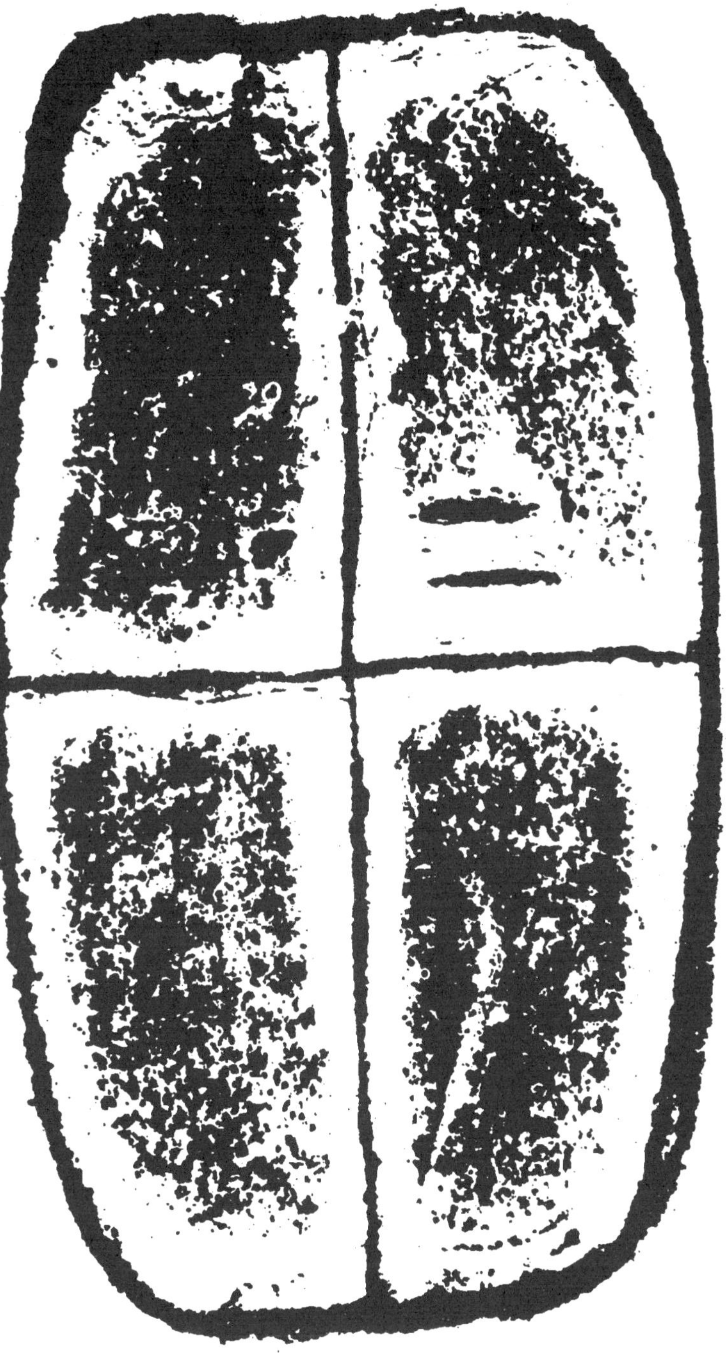

范五一

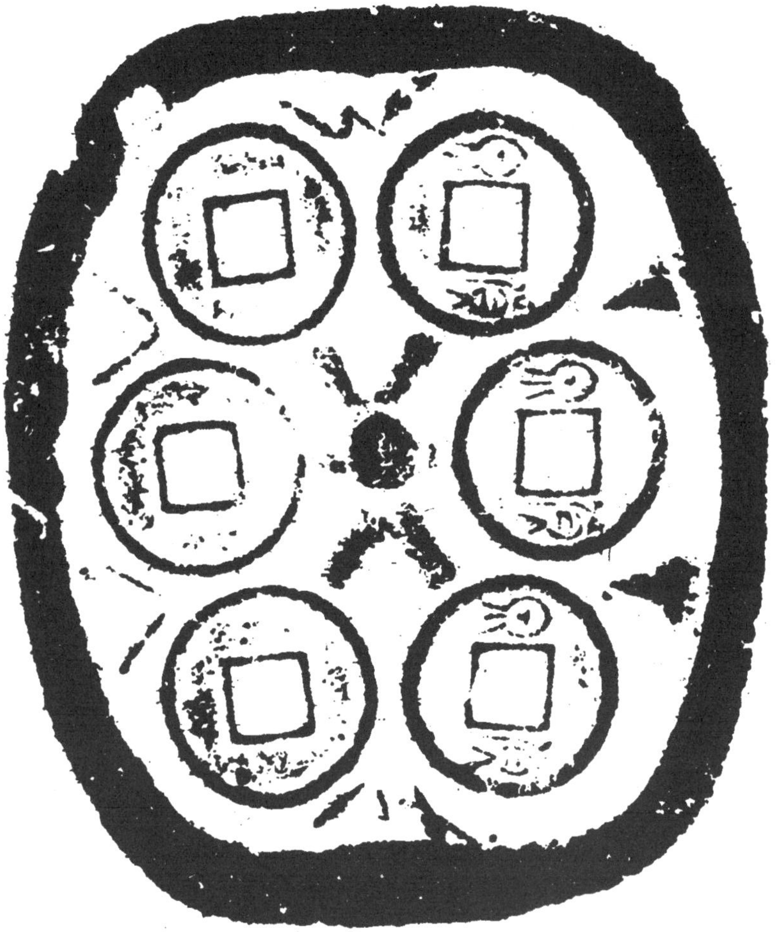

范五二

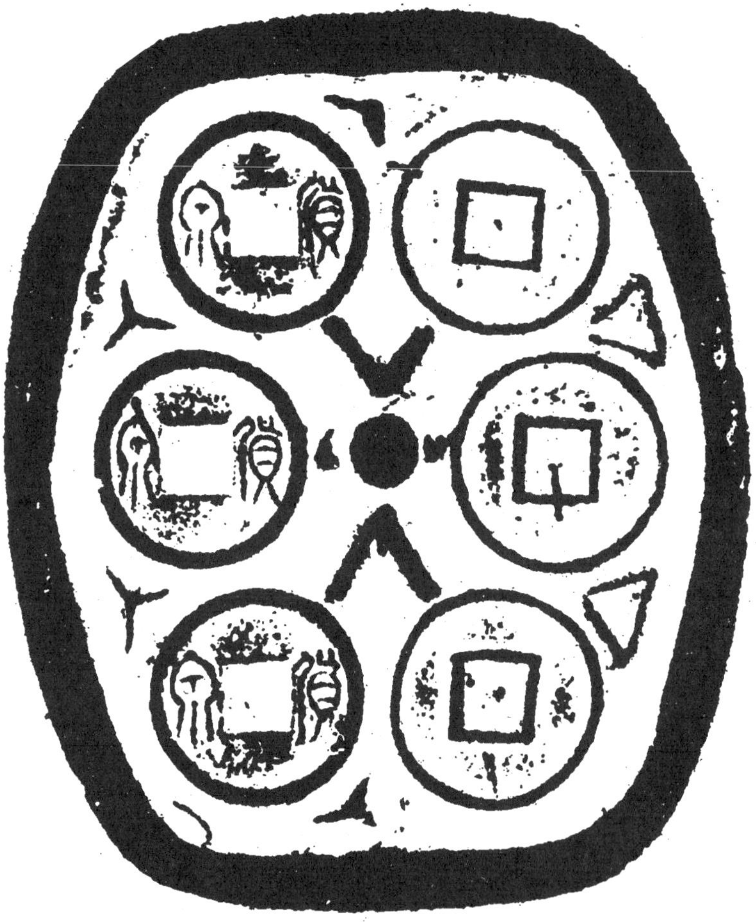

范五三

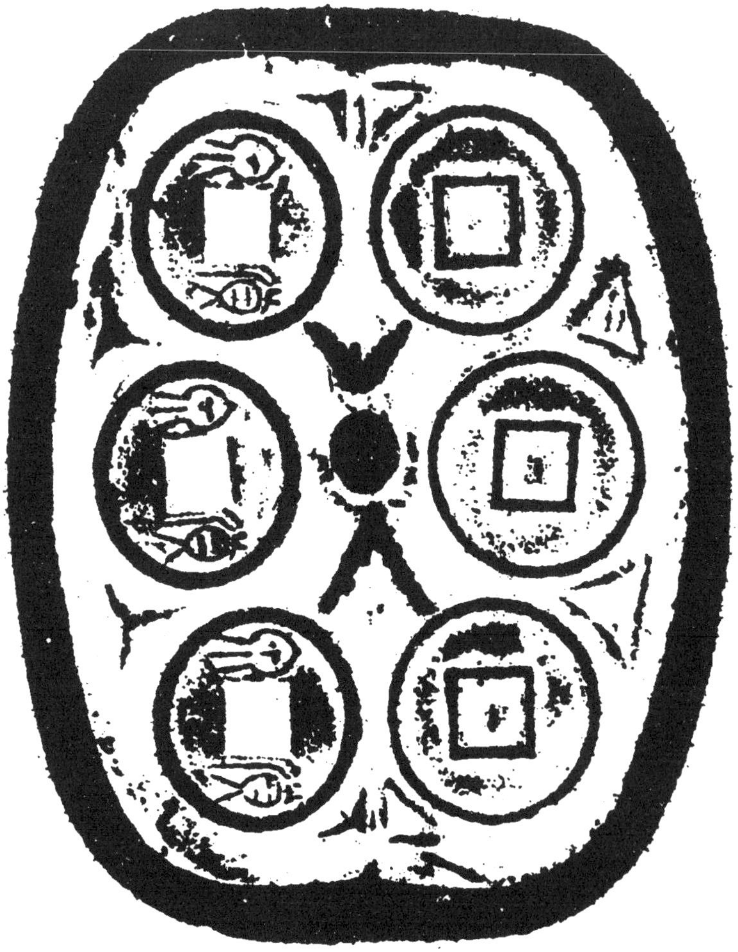

范五四

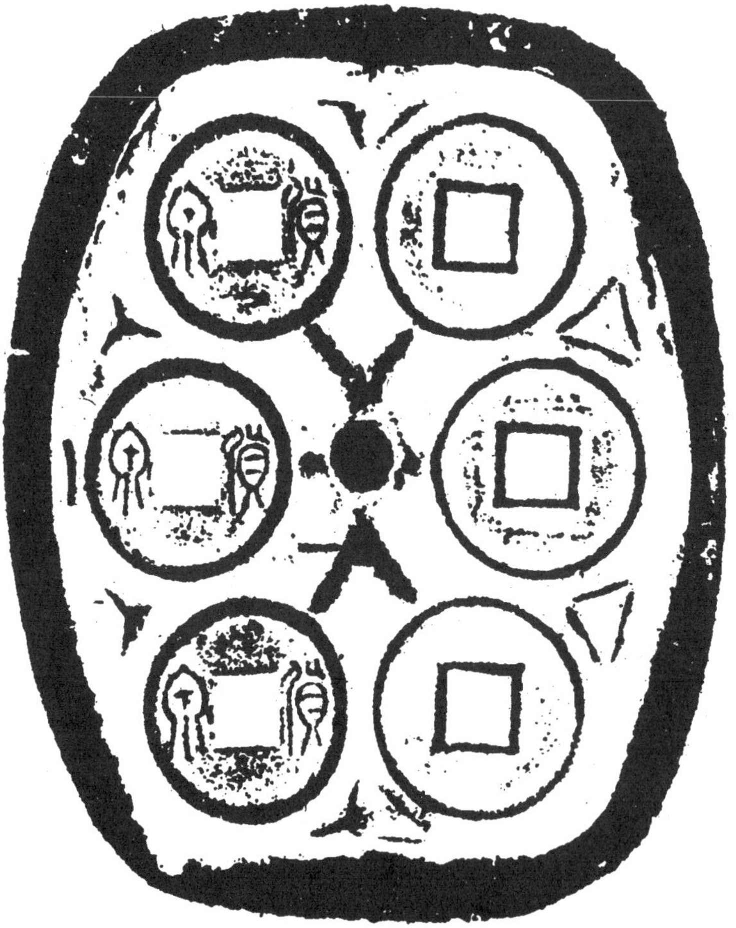

范五十五

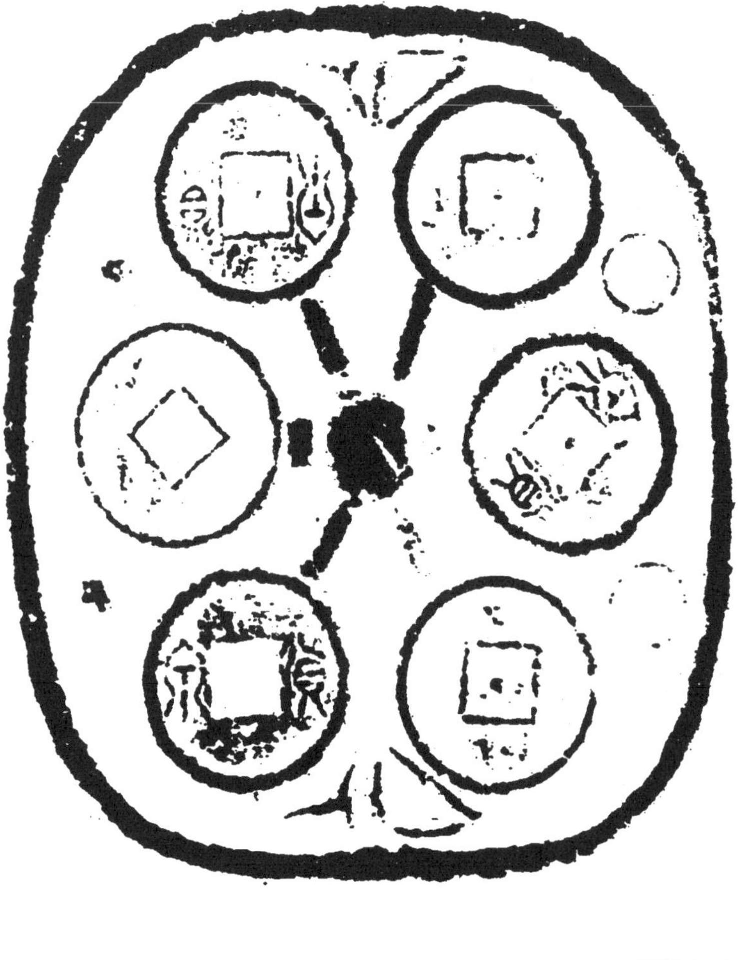

范五六

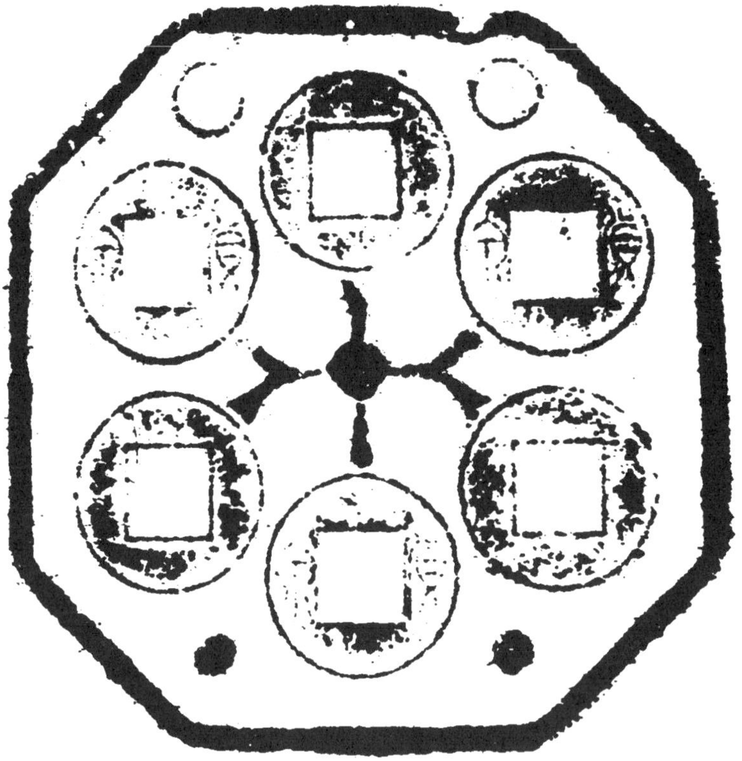

范五七

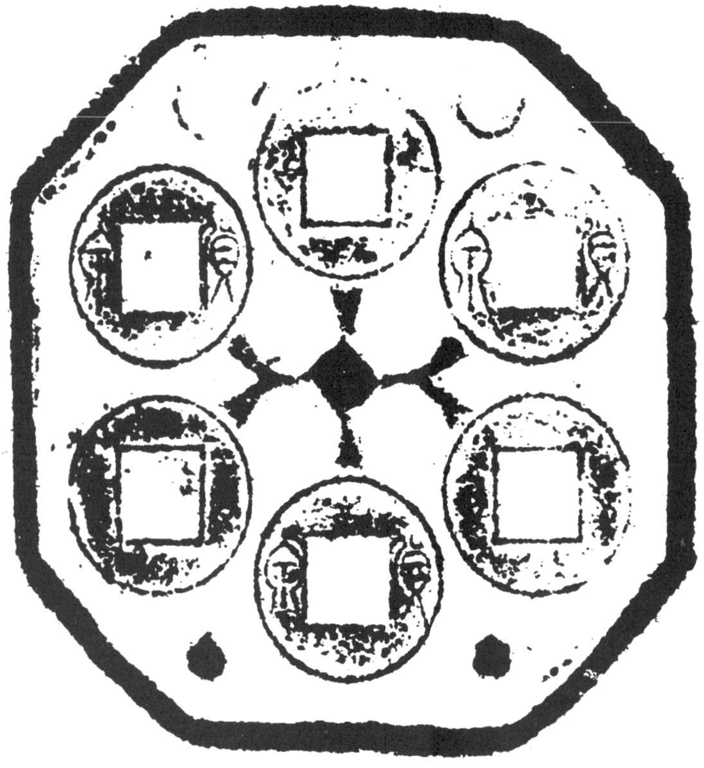

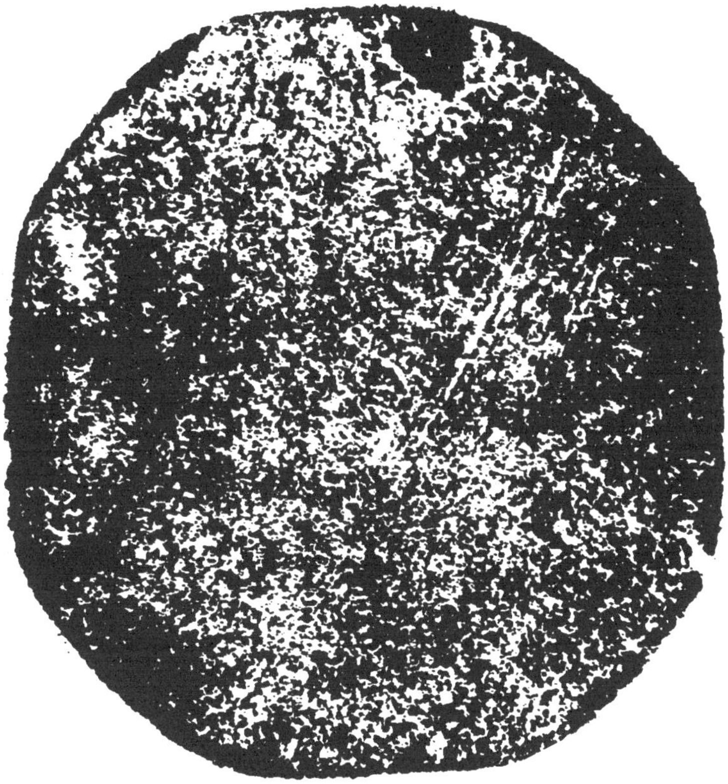

笵五八

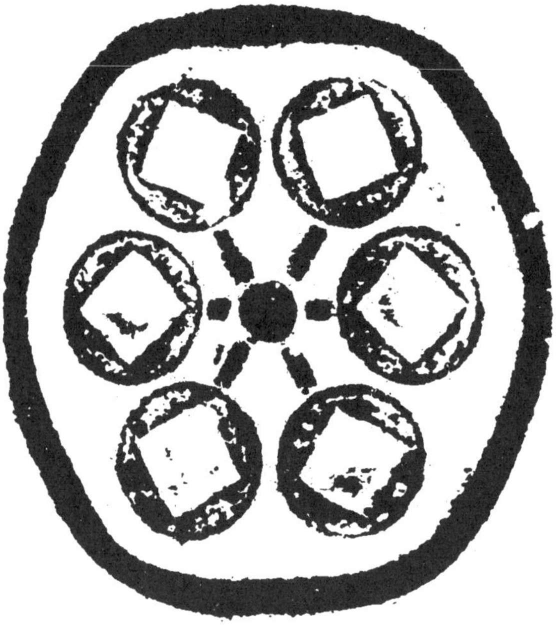

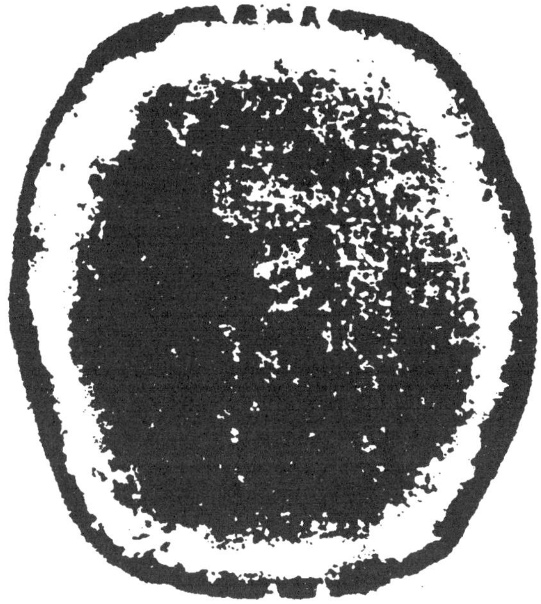

范五九

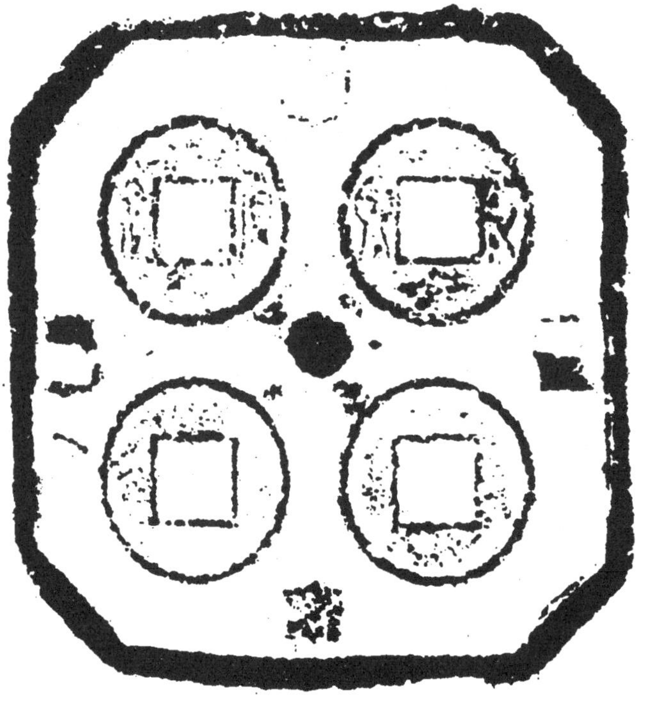

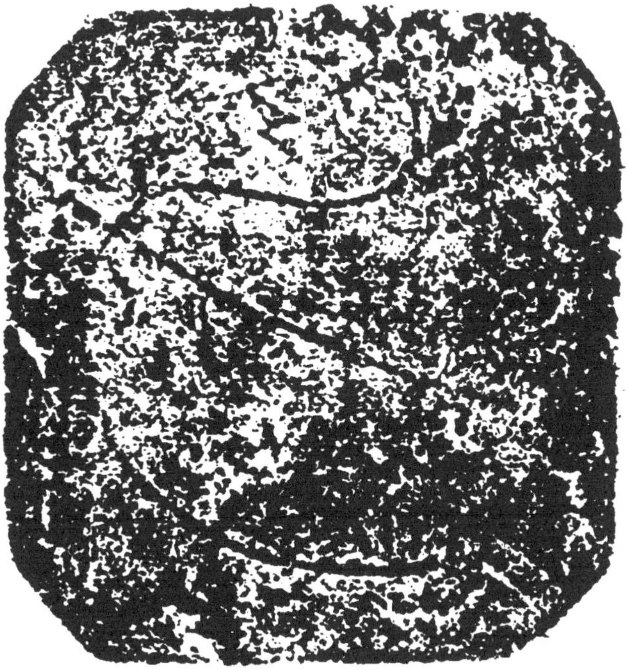

范六十

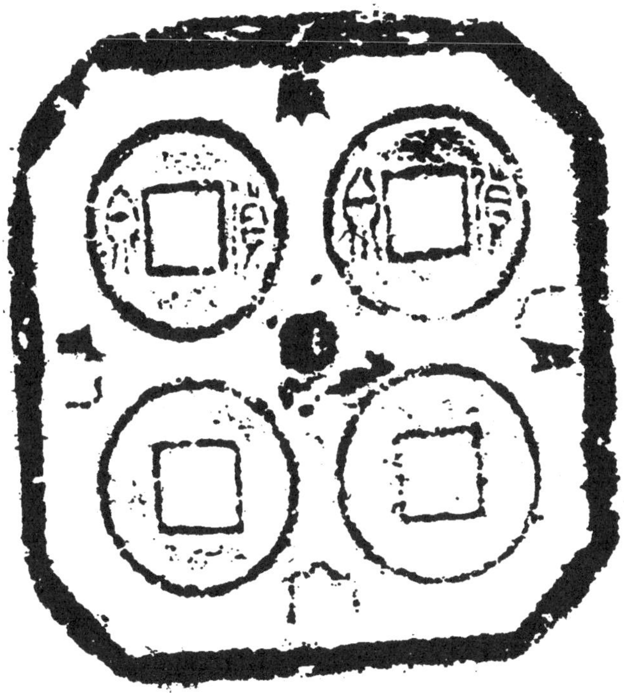

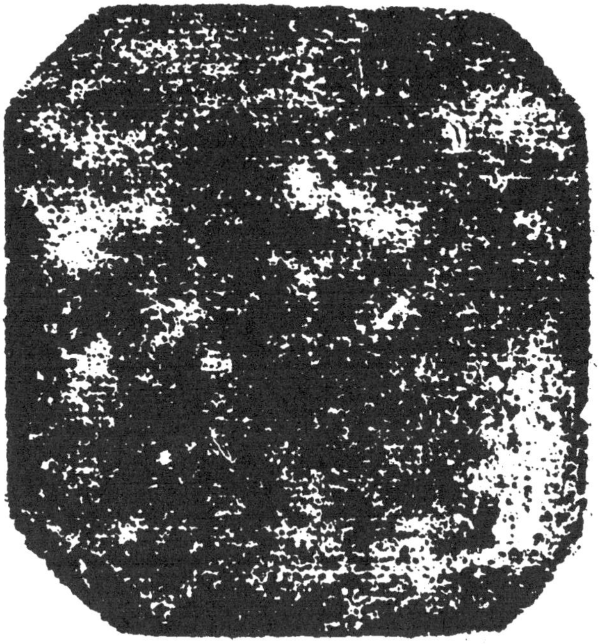

范六十一

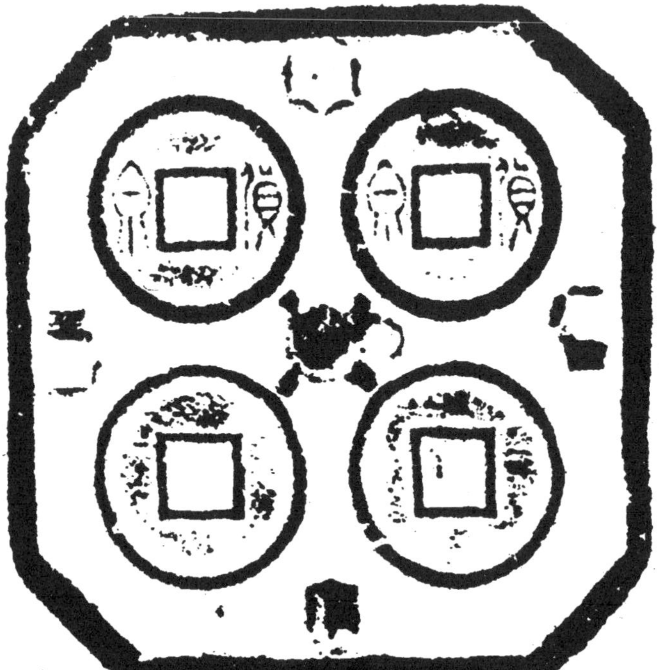

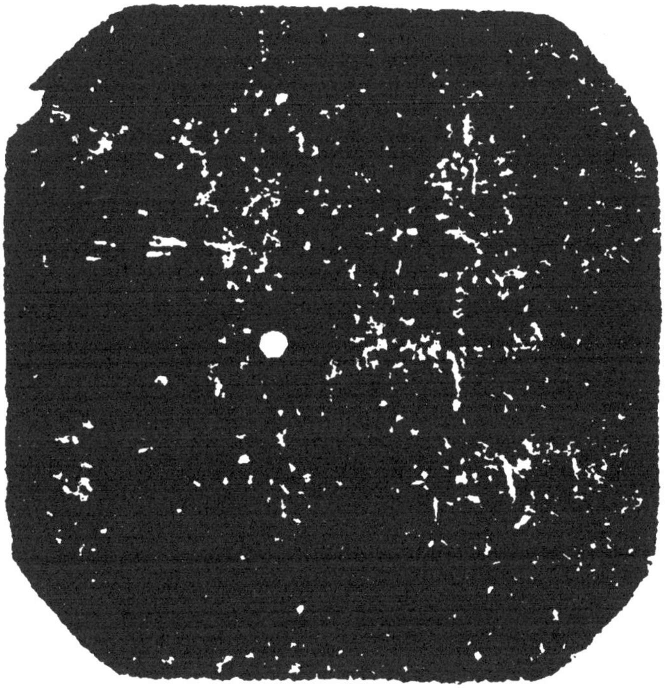

范六二

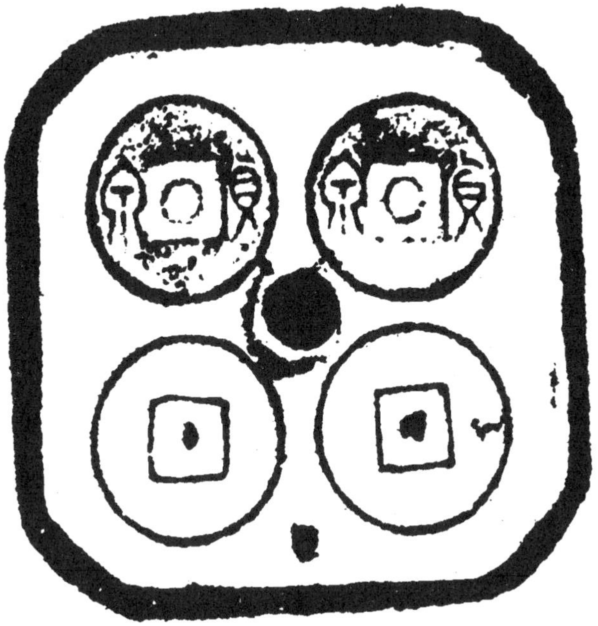

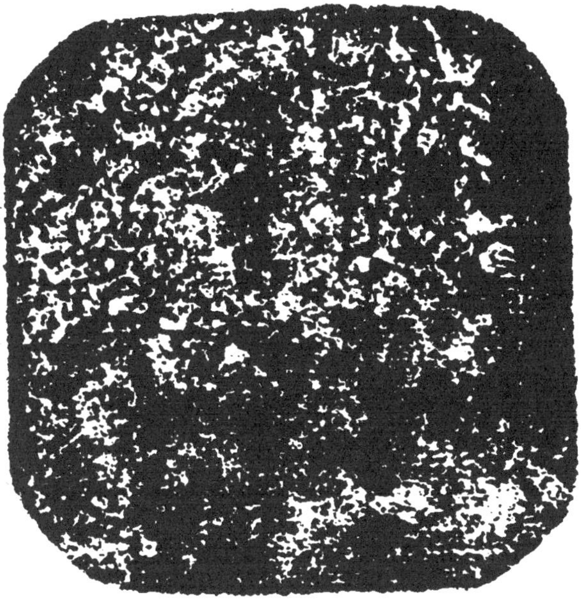

范六三

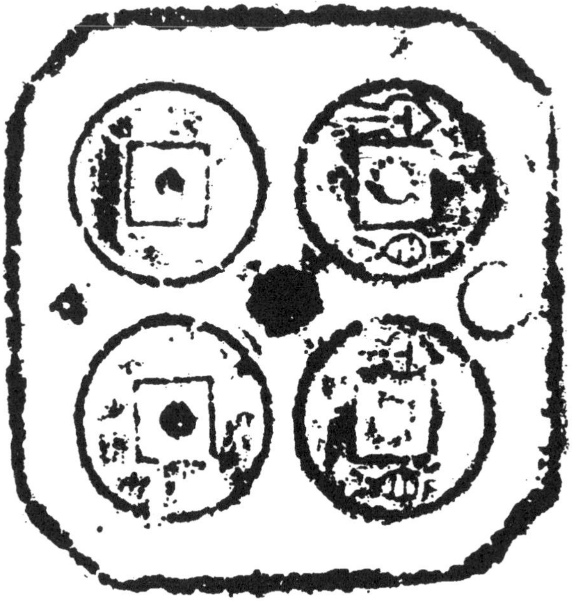

范六四

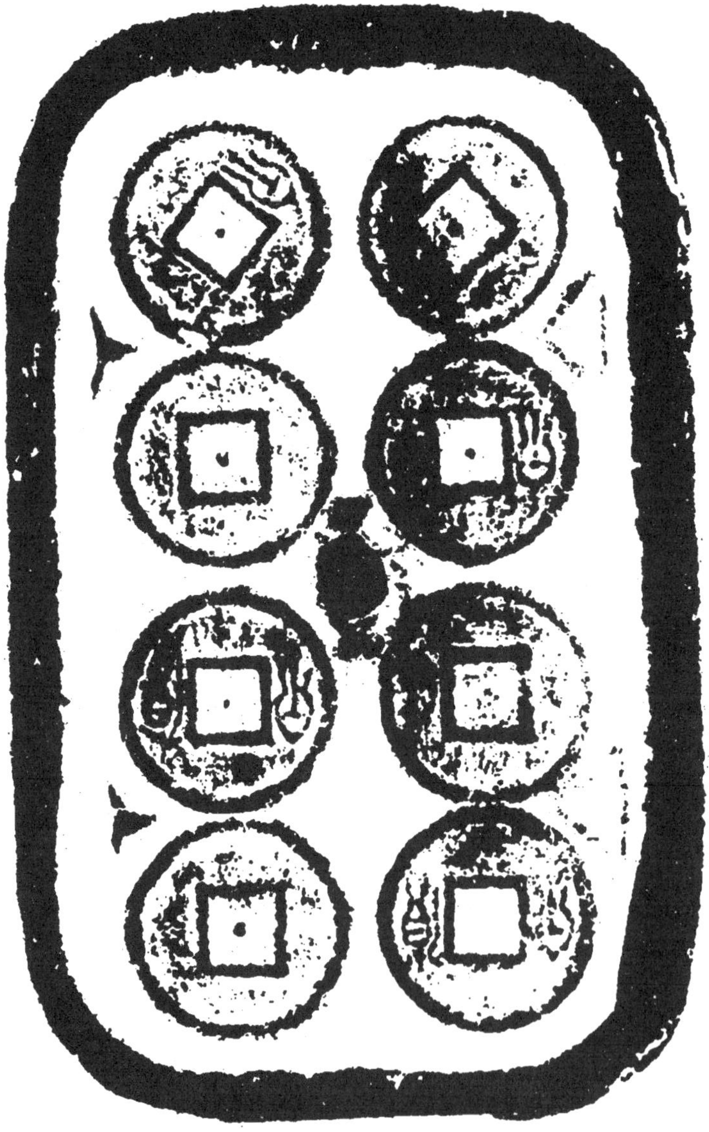

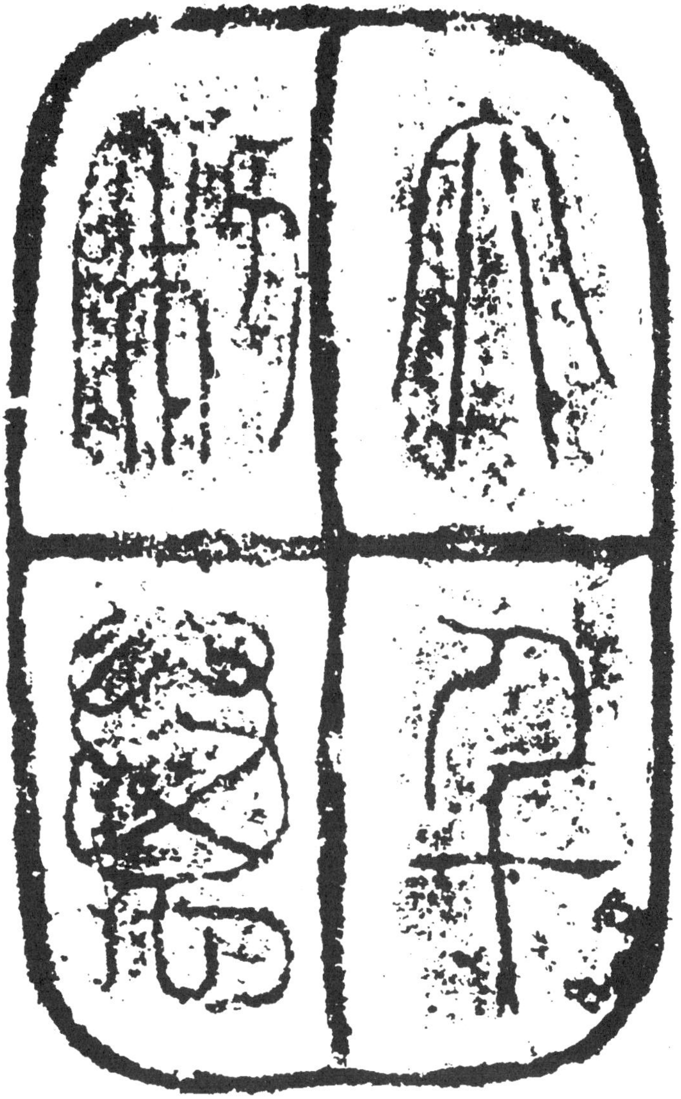

范六五

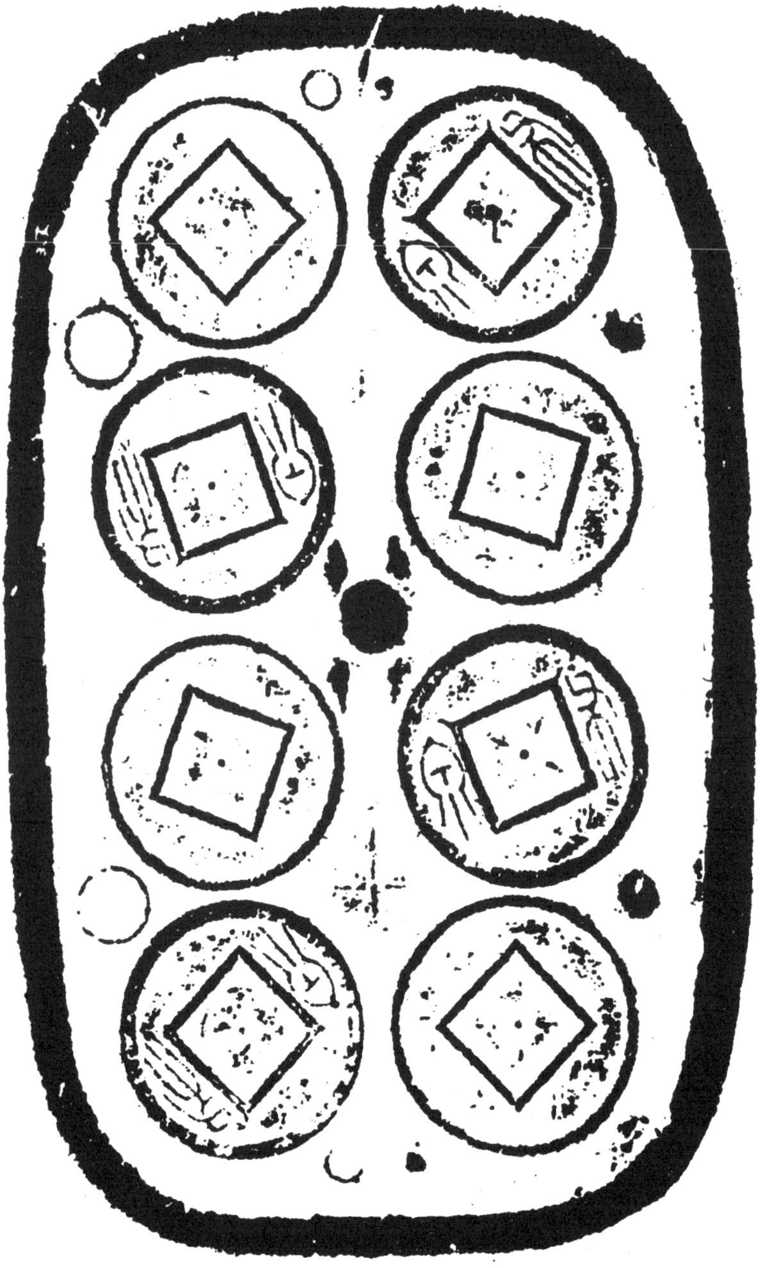

范六六

簠齋吉金録　漢器　笵

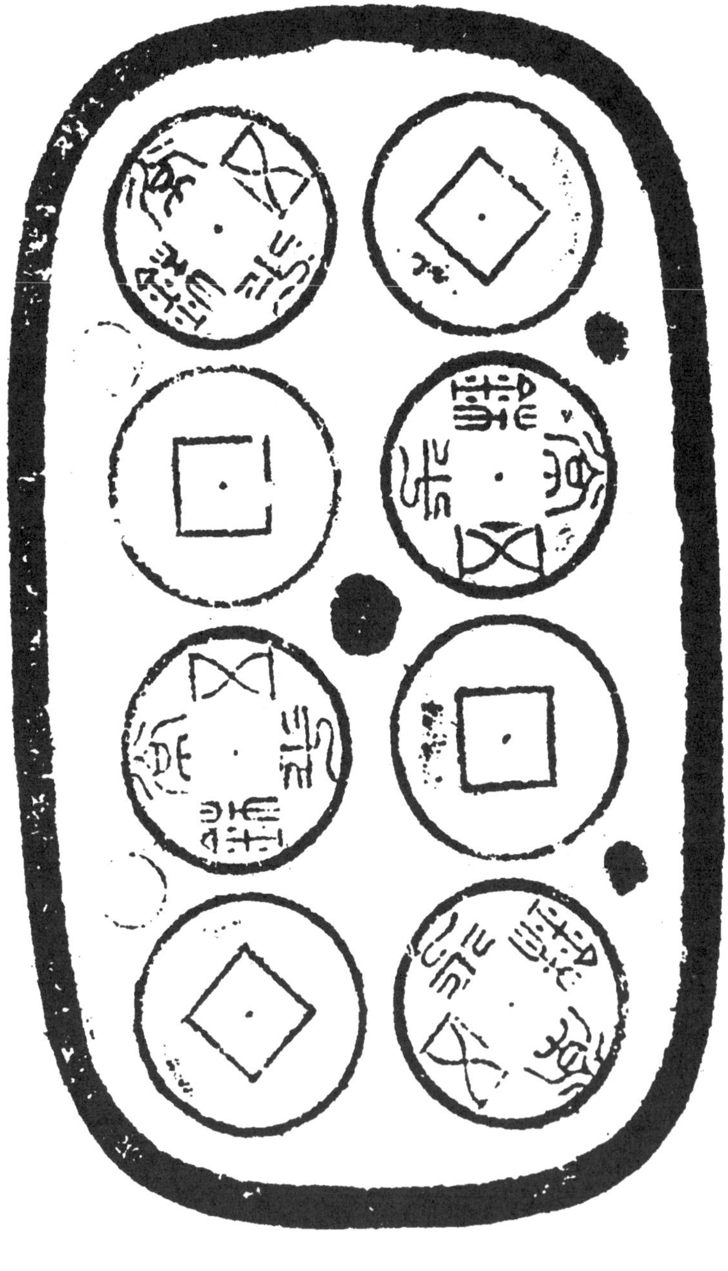

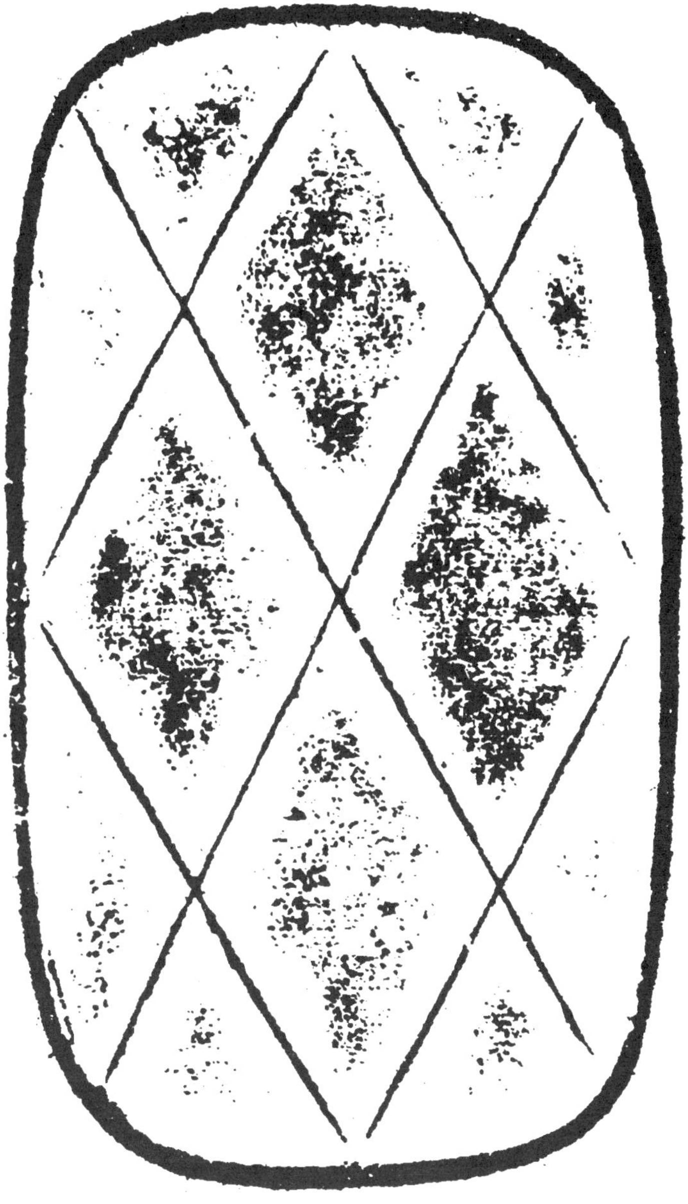

笵六十七

笵

鐵笵

簠齋吉金録　漢器　笵

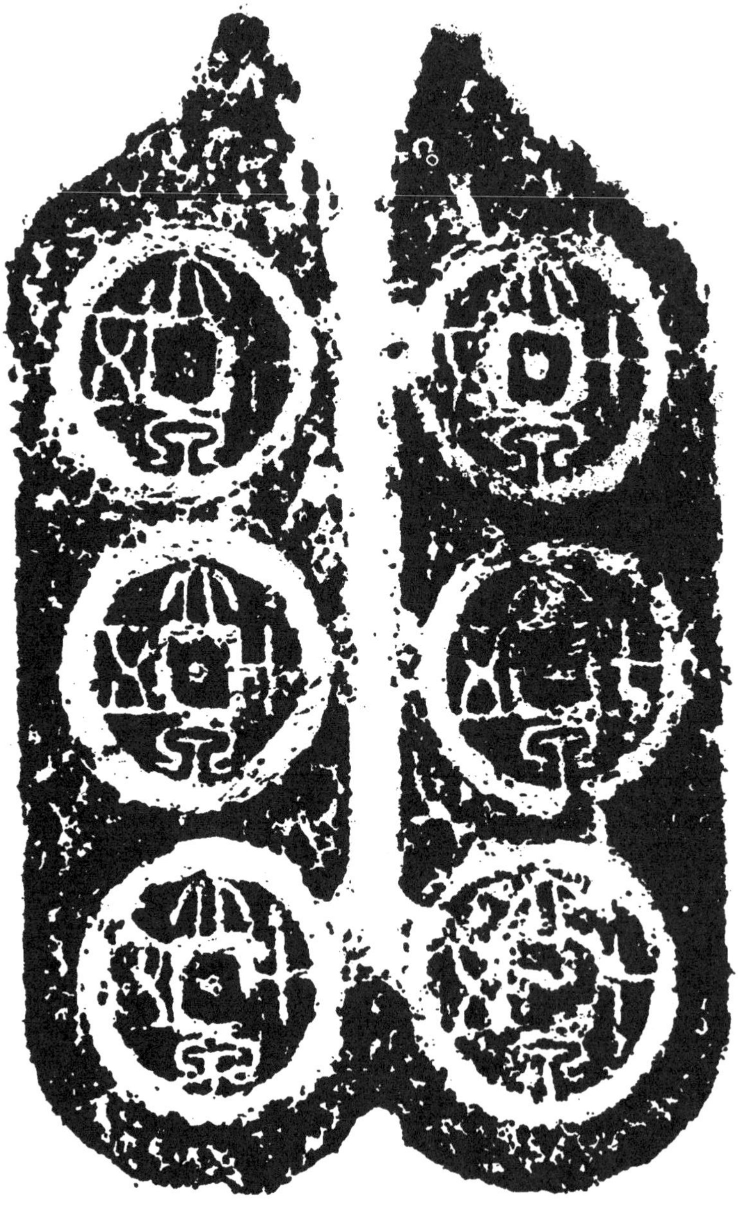

八之一

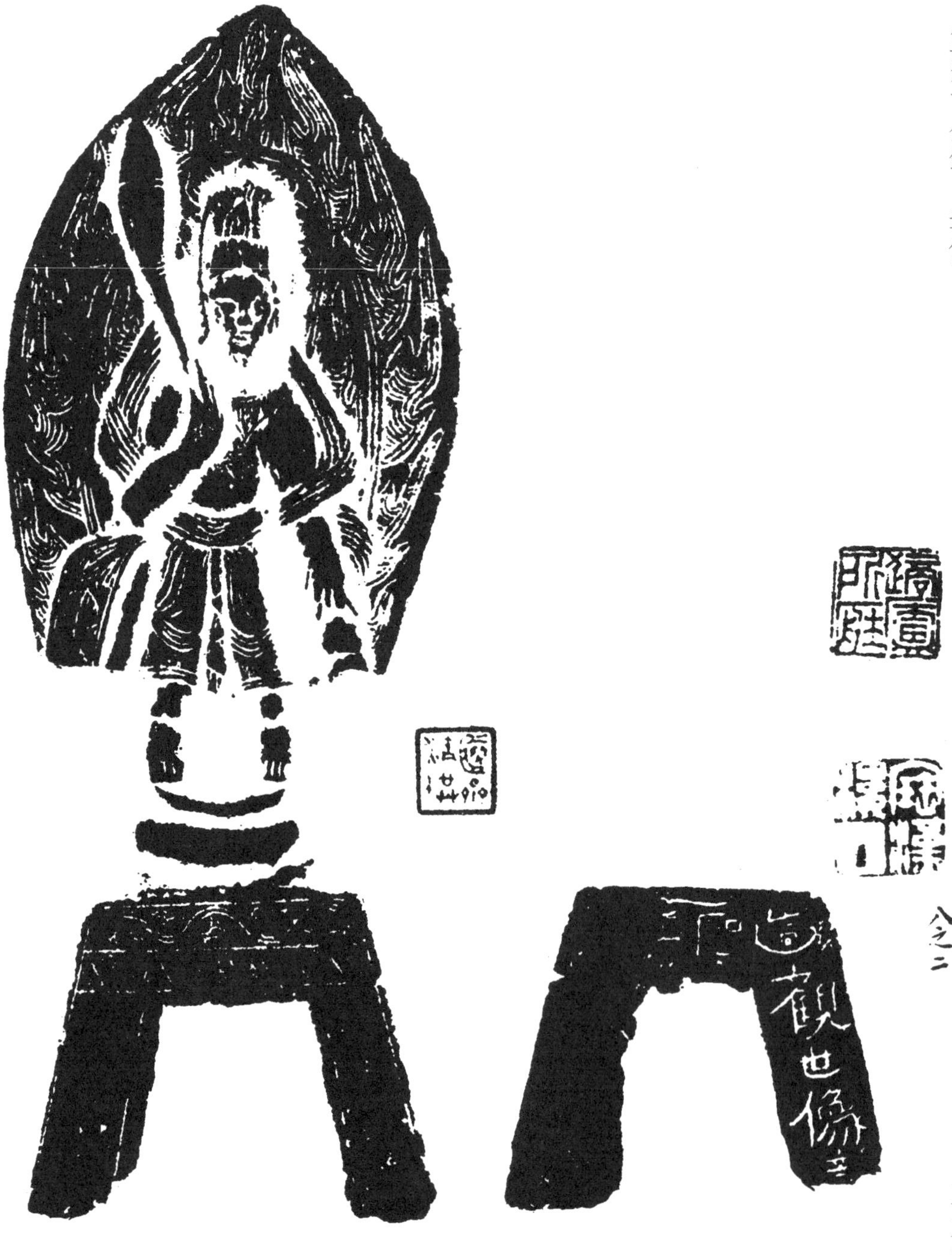

八之二

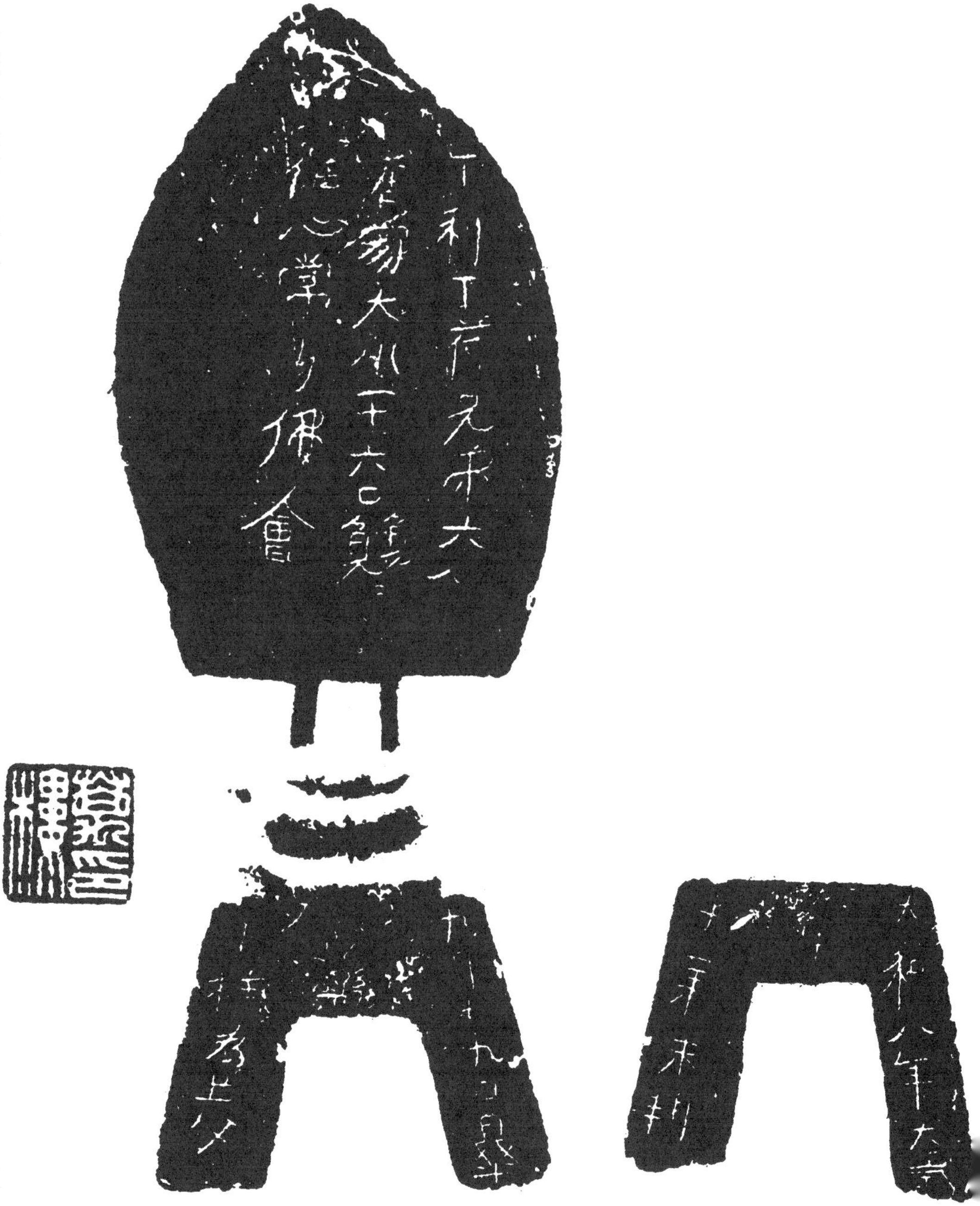

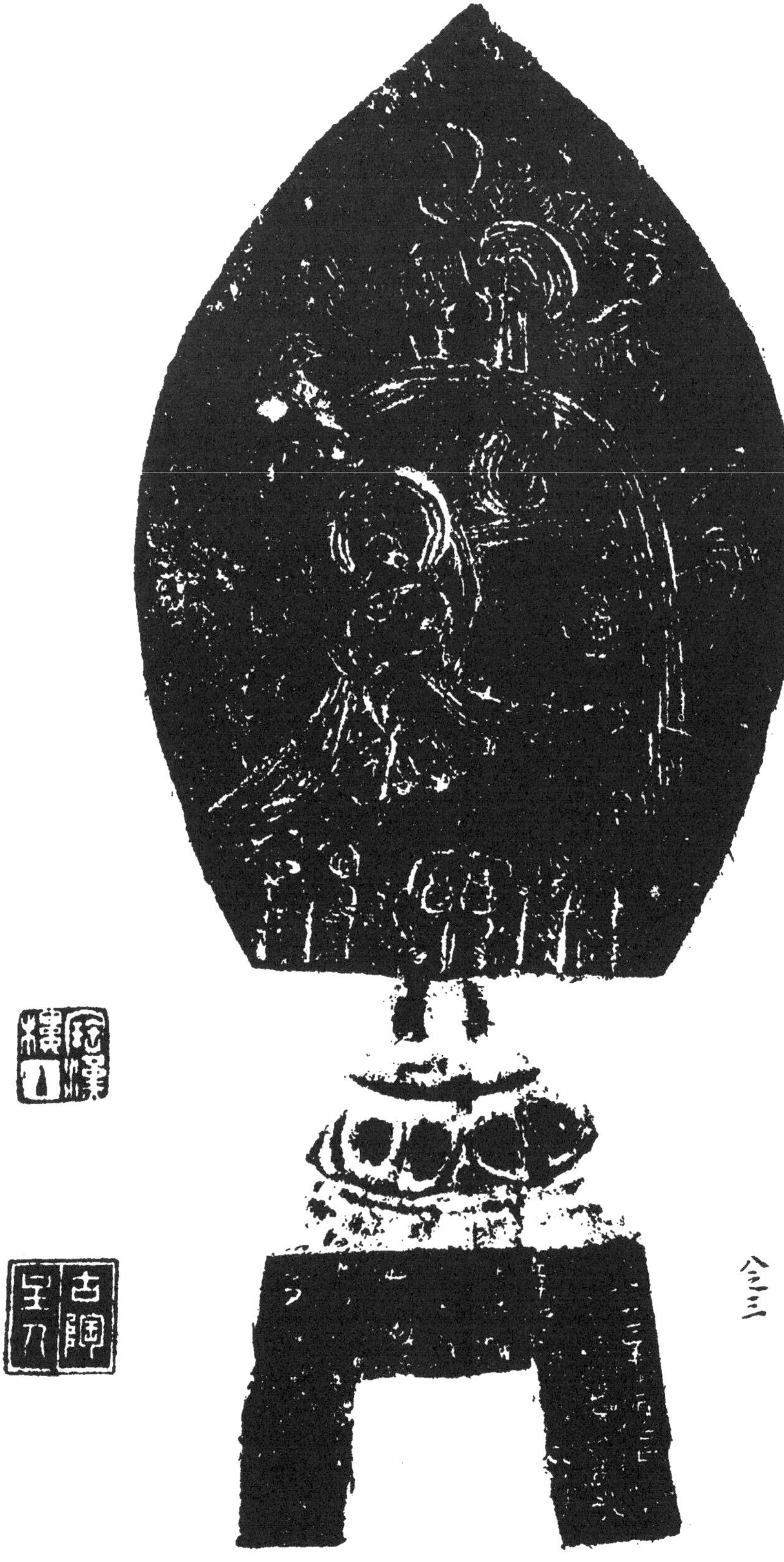

八三

八之四

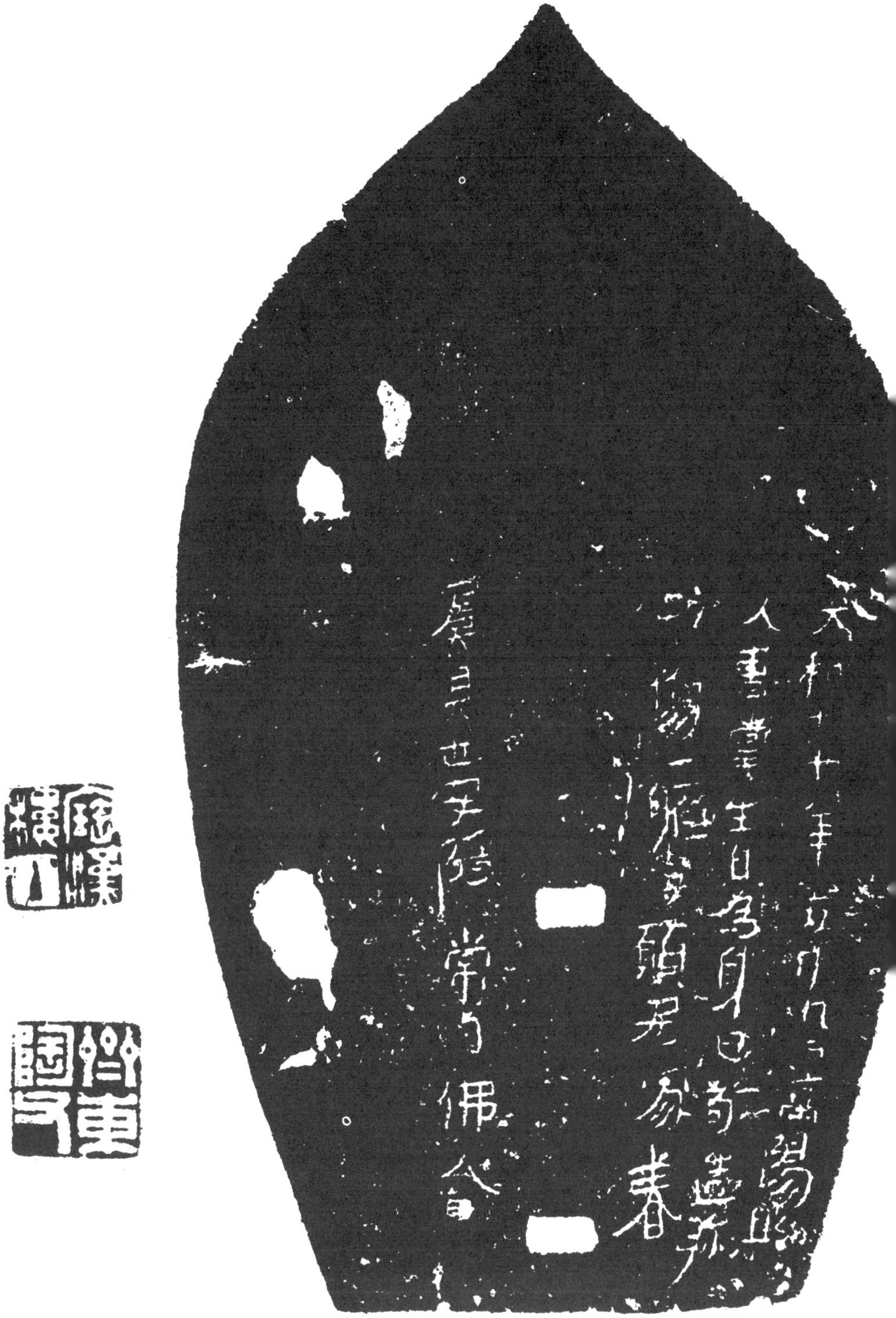

八之五

北魏景明四年五月造象

八之六

北魏永平陽信范漢世造象

八之八

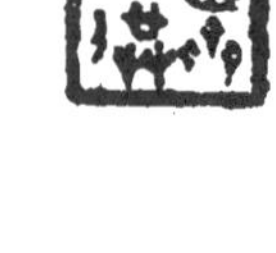

大魏興和五年歲次癸亥二月
壬八朔一日癸亥雍州長安劉
回道敬造觀世音像一軀
願使夫妻見世安隱

八之九

延昌二年三月日安丘縣人
為亡父母造像
一區現在供養

八之十

八之十一

北齊皇建元年家伯仁造象坐

金十二

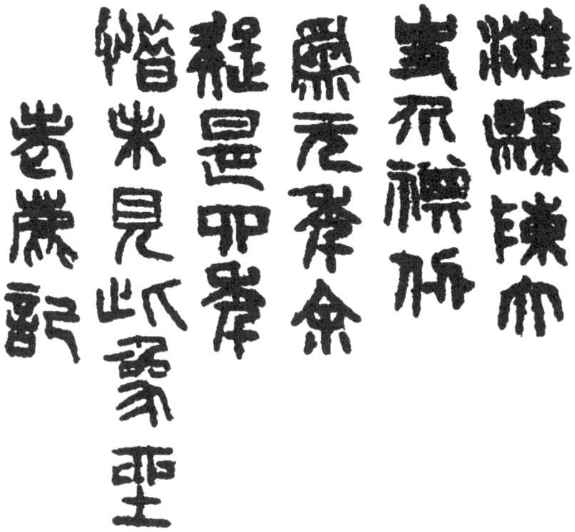

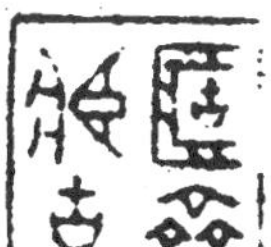

齊天保五年李始遷造象

八之十三

北周保定元年鄧仲略造象殘坐

八之十四

北周武成二年邢定國造涂金象坐

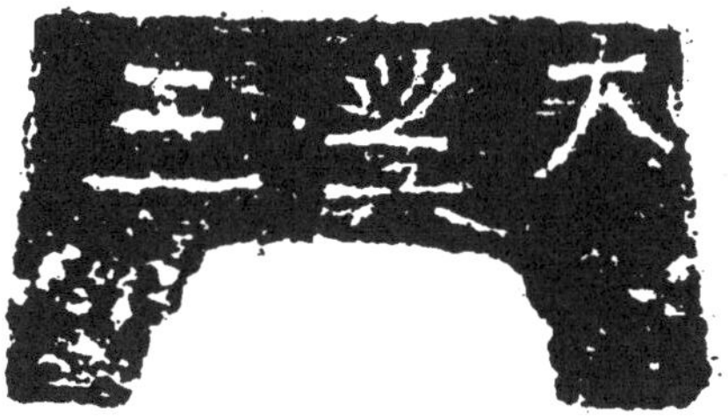

八之十五

隋仁壽四年張保亮造象

八之十六

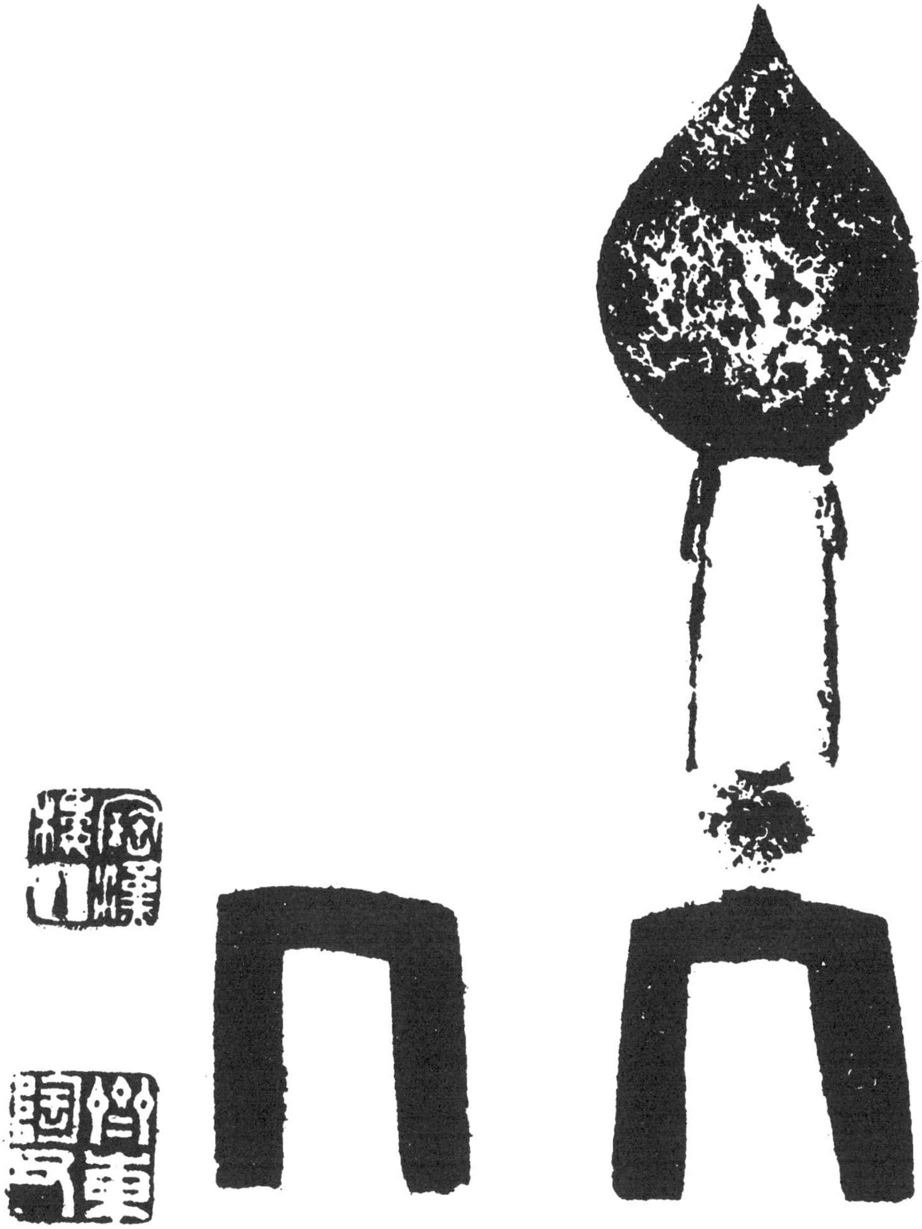

弟子胡十造象　六朝無年月

八之十七

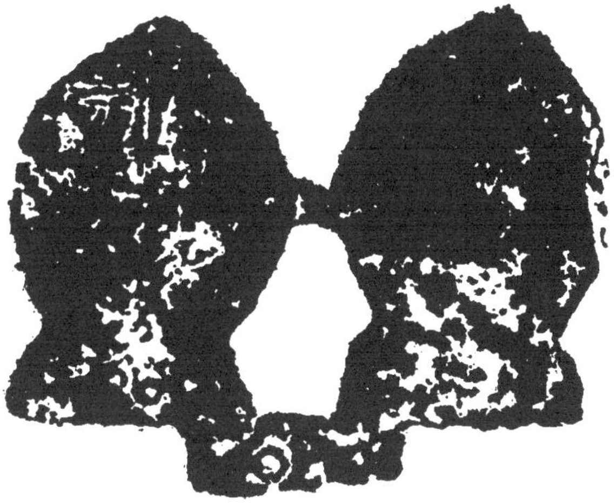

隋開皇四年陽阿魯造象

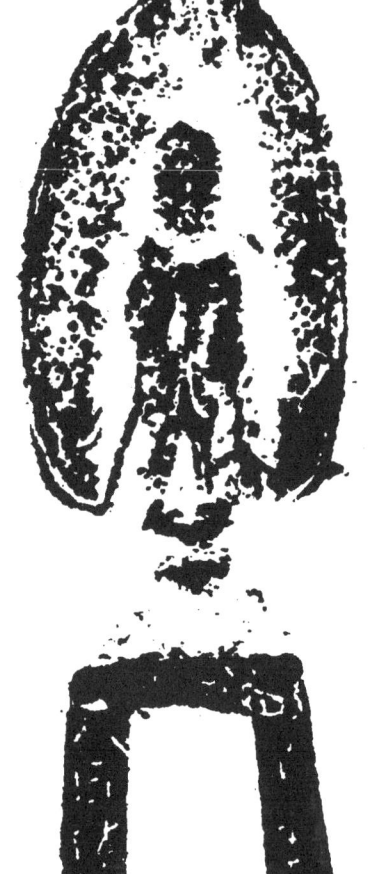

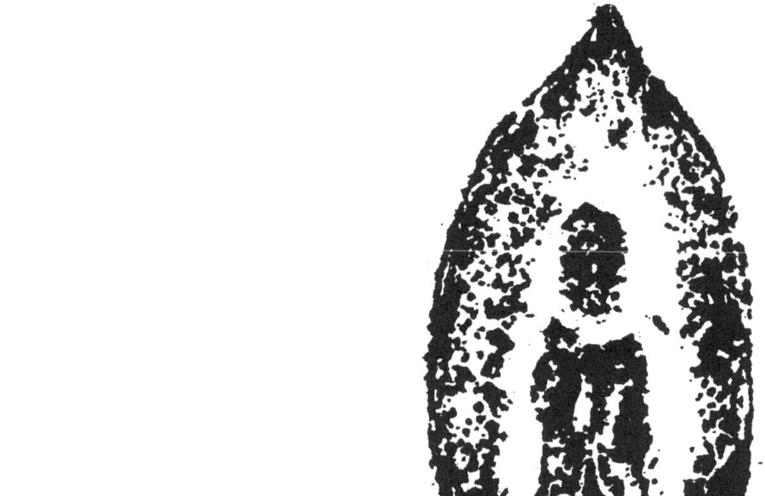

八之十八

孫買造象與隋開皇陽阿當象同村同出

八之十九

斷象彝車凡陳曶毌
木畫虎冂与錫訶魯
象同刺冂延不䙵敢罪
敕敢朼冂土曙同一切
廿（？）䙵乾陳

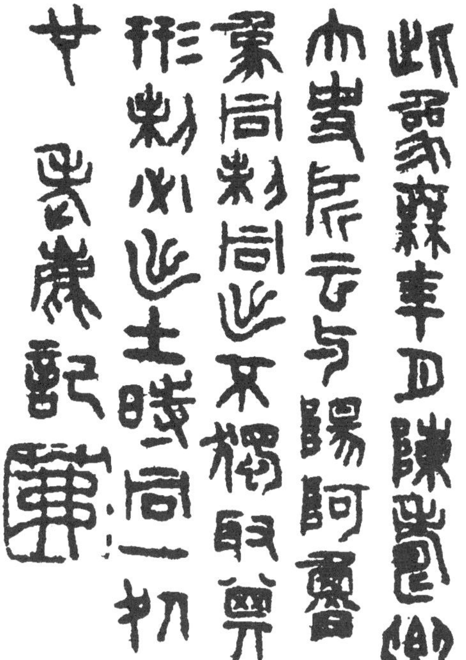

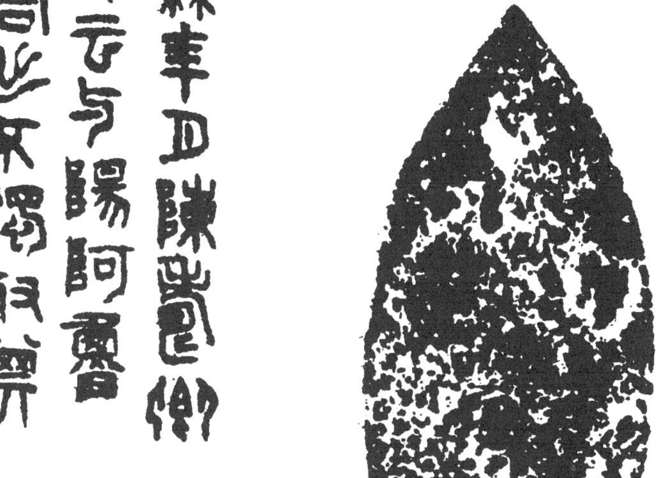

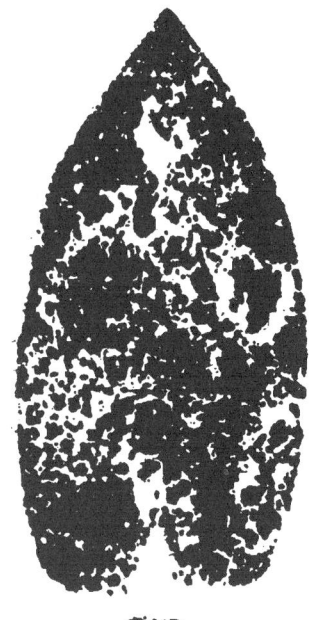

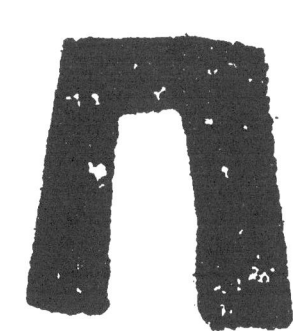

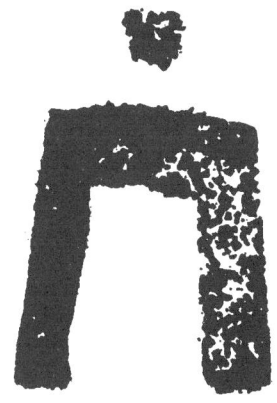

隋開皇四年五月緹□薄造銅象

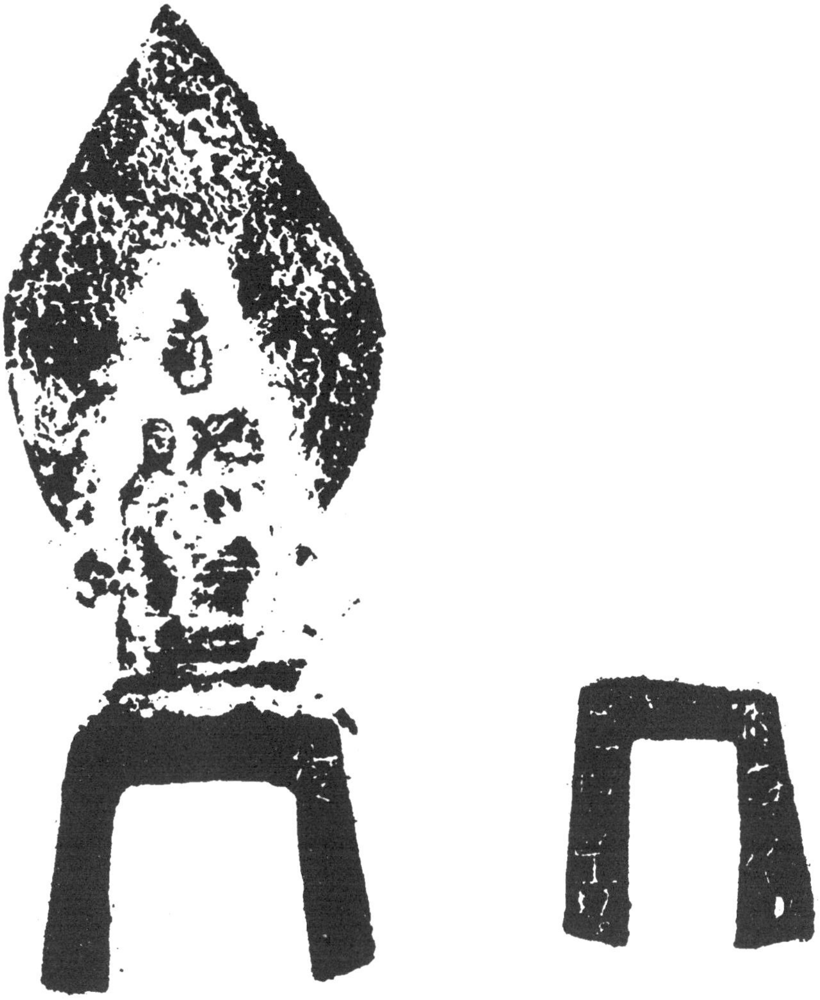

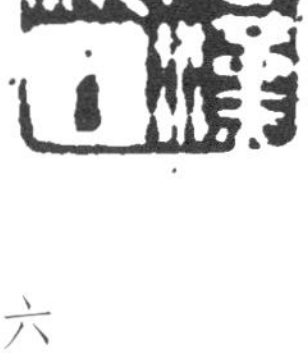

簠齋吉金録　造像

隋開皇十二年金華緒顧高造塗金象

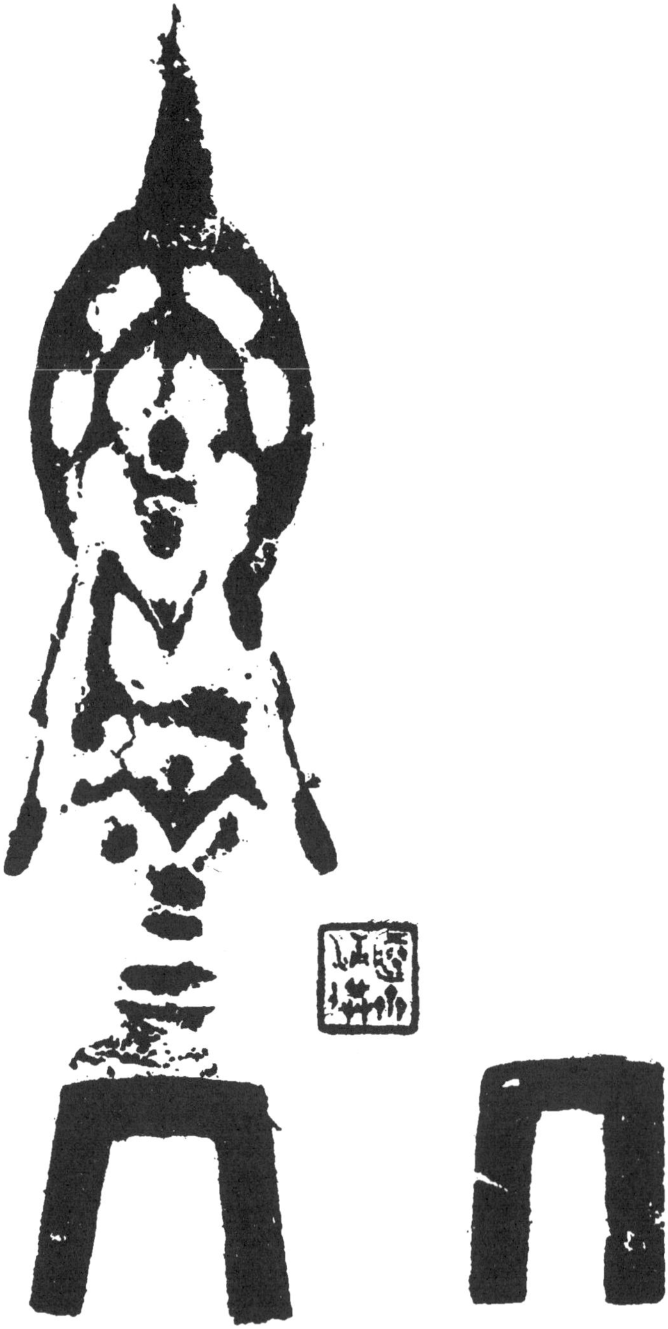

八之廿一

隋開皇十七年李崇達造象

八之廿二

隋開皇五年王口暉孫口侃造象

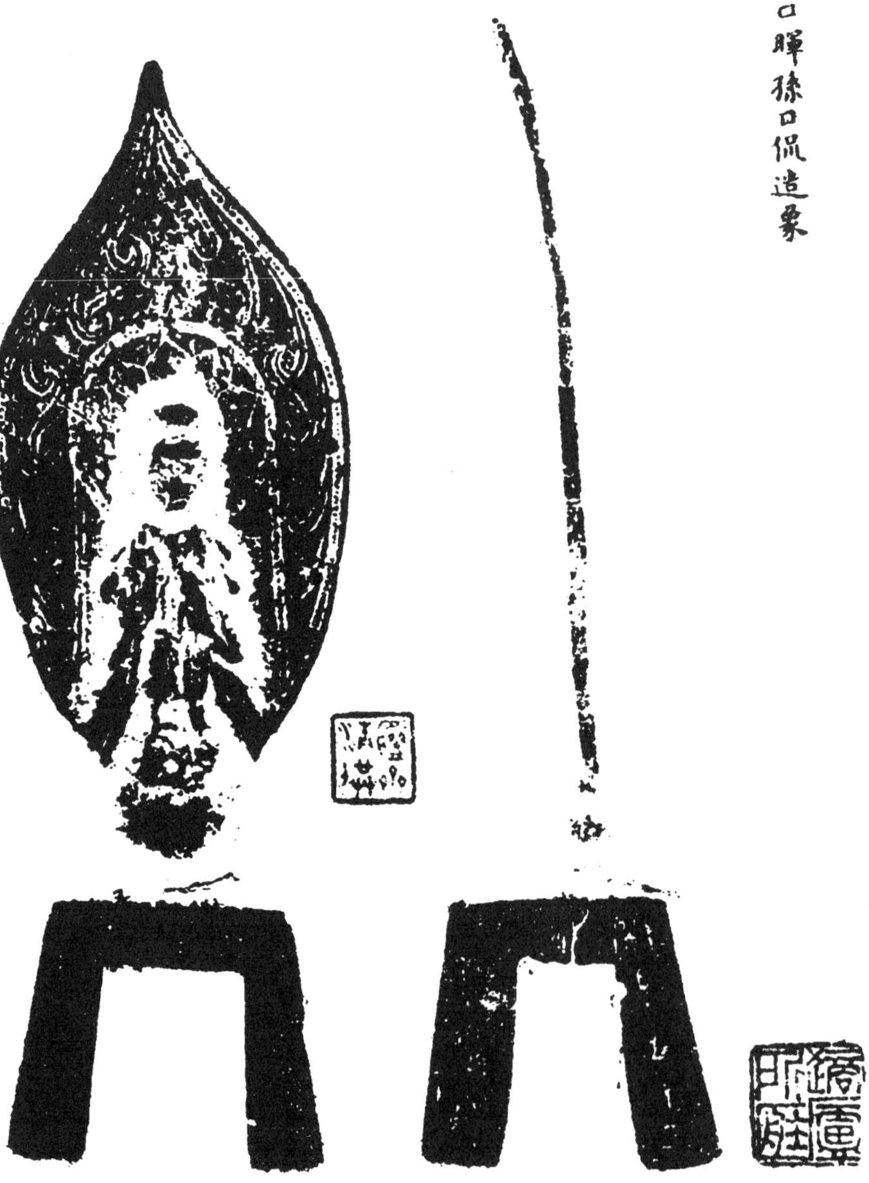

八之廿三

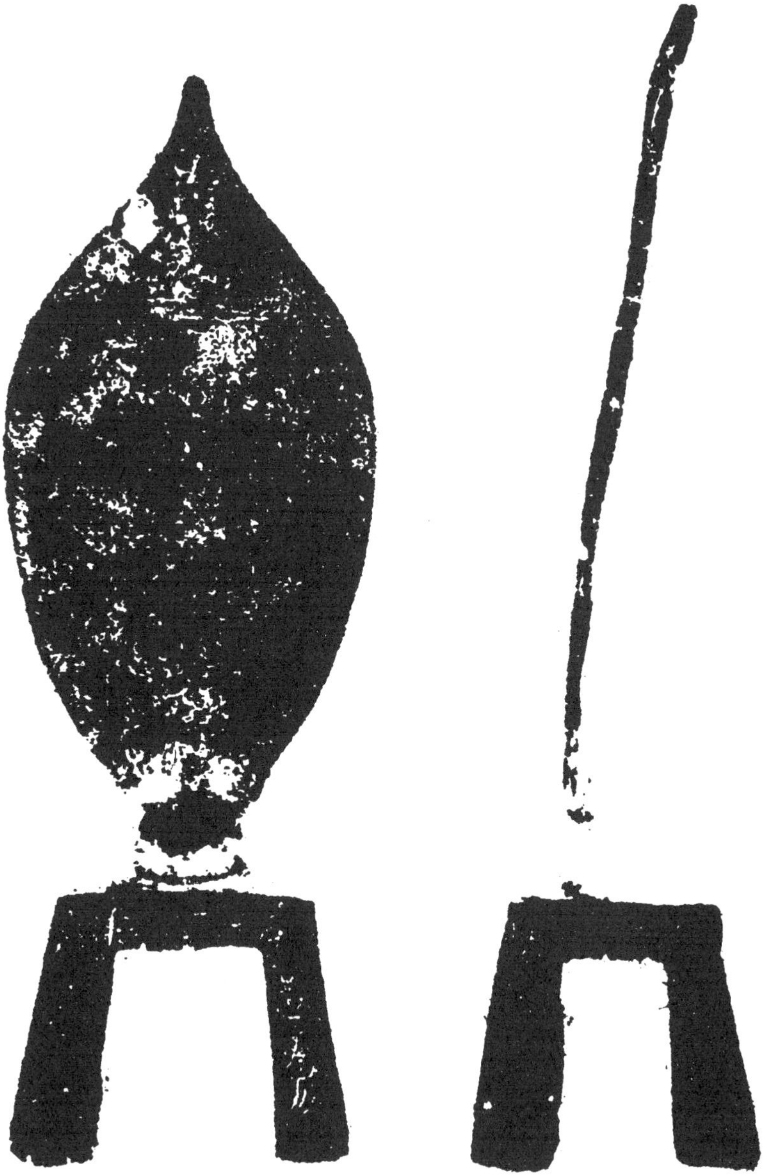

八之卅四

吳小敘造
觀世音像
一區

八之廿五

八之廿六

圖書在版編目(CIP)數據

篋齋吉金録 /（清）陳介祺藏器 ; 鄧實編次. -- 杭州 : 浙江人民美術出版社, 2024.10
（中國金石學圖譜叢刊）
ISBN 978-7-5340-6598-9

Ⅰ. ①篋… Ⅱ. ①陳… ②鄧… Ⅲ. ①金石－拓本－中國－古代－圖録 Ⅳ. ①K877.22

中國版本圖書館CIP數據核字（2018）第052881號

中國金石學圖譜叢刊
篋齋吉金録
〔清〕陳介祺 藏器　鄧　實 編次

責任編輯　霍西勝　張金輝
責任校對　余雅汝
責任印製　陳柏榮

出版發行　浙江人民美術出版社
（杭州市環城北路177號）
經　　銷　全國各地新華書店
製　　版　浙江大千時代文化傳媒有限公司
印　　刷　浙江海虹彩色印務有限公司
版　　次　2024年10月第1版
印　　次　2024年10月第1次印刷
開　　本　710mm×1000mm　1/16
印　　張　40.75
字　　數　80千字
書　　號　ISBN 978-7-5340-6598-9
定　　價　398.00圓（全二册）